2020 年度河北省哲学社会科学学术著作出版资助

数字"新声活"
全民阅读时代"听书"的调查研究

刘 冰 著

燕山大学出版社
2020 · 秦皇岛

图书在版编目（CIP）数据

数字“新声活”：全民阅读时代“听书”的调查研究/刘冰著. —秦皇岛：燕山大学出版社，2020.9

ISBN 978-7-81142-151-4

Ⅰ. ①数… Ⅱ. ①刘… Ⅲ. ①数字音频技术－应用－读书活动－研究－中国 Ⅳ. ①G252.17-39

中国版本图书馆 CIP 数据核字（2020）第 107896 号

数字“新声活”——全民阅读时代“听书”的调查研究

刘 冰 著

出 版 人：陈 玉
责任编辑：杨春茹
封面设计：刘韦希
出版发行：燕山大学出版社 YANSHAN UNIVERSITY PRESS
地　　址：河北省秦皇岛市河北大街西段 438 号
邮政编码：066004
电　　话：0335-8387555
印　　刷：英格拉姆印刷(固安)有限公司
经　　销：全国新华书店

开　　本：700mm×1000mm　1/16　　印　　张：14.25　　字　　数：220 千字
版　　次：2020 年 9 月第 1 版　　印　　次：2020 年 9 月第 1 次印刷
书　　号：ISBN 978-7-81142-151-4
定　　价：58.00 元

少而好学，如日出之阳；

壮而好学，如日中之光；

老而好学，如炳烛之明。

——汉·刘向《说苑》

序　言

从某种角度说，人类这个物种，数万年来没有变化。

数万年前，人类的祖先白天去追逐猎物以图果腹，晚上回到住处，钻进山洞，坐在石头上，与家人围坐于火堆旁边，火堆中发出“噼噼啪啪”的声响，背后的影子绰绰约约。

今天，我们白天挤着地铁或公交去工作，领取工资以维持生活，晚上回到住处，瘫在沙发上，与家人一起或是独自一人，盯着电视、电脑或手机屏幕。

行为的具体内容发生了巨大变化，但是行为的根本模式始终未变。

人类的大脑不喜抽象，所以哲学家是少的。大脑喜欢具体、新奇、有趣，符合这些特点的，就是故事。

所以我们可以想象，在远古时代，不管是一个家庭或者一个部族，当人们填饱肚子之后，围坐在火堆旁边时，最会讲故事的那位，身边一定有最多的人和最多的关注。

古今中外的名著多是小说，因为小说是故事，故事中有人物，有画面，有喜怒忧思悲恐惊，有符合人类大脑认知规律的内容。

现如今也是如此，上学时，能把知识联系到现实生活中的例子，讲得绘声绘色、生动形象的老师，永远最受学生们的欢迎。

曾经有一位人类学的老师，回答学生关于“什么考古发现是人类文明的最初标志？”这一问题，老师给的答案是“一根折断后又愈合的大腿骨”。

原因在于在远古时期，大腿骨这根重要的骨头断掉，往往意味着失去打猎能力、防卫能力、逃跑能力，在当时严酷的生存环境下，几乎等于死亡。

但是能重新愈合，说明有人在照顾受伤的人，供他吃喝，保护他的安全。这位老师说：“互相提供帮助，是人类文明的起始。”

从考古实物发现的角度，确实如此。但是当我们把视角不再局限于实物，就会发现，传承知识这件事，对于文明的意义，也丝毫不亚于互相帮助。

只有一个族群开始一辈辈传承、积累知识，才有可能吃一堑长一智，才有可能在大自然的生存游戏里，一遍遍地存档，而不是每一代都从零开始。正是祖先对于知识的传承，才造就了人类的文明。

在山洞火堆旁，伴随着手舞足蹈的故事；在茶馆酒肆中，陶醉于吟游诗人的传诵；在课堂上，听取着老师的谆谆教导。人类就如此丰富起来，强大起来。

在移动互联网的今天，知识仍然在传播着，传承着。

"君子性非异也，善假于物也。"每个时代有每个时代的工具，我们生活在一个资讯无比发达的时代，文字、声音、图像，都能以快捷便利的方式进行更好的传播。

当然，就像狄更斯的那段话："这是最好的时代，这是最坏的时代；这是智慧的时代，这是愚蠢的时代；……人们面前有着各样事物，人们面前一无所有；人们正在直登天堂，人们正在直下地狱。"

资讯无比发达，带来的副作用也很明显，甚至有时占据主要影响：沉迷于感官刺激，被大脑中的成瘾机制操控而不自觉，娱乐至死、不经大脑，越来越被"短平快"的娱乐所吸引，大部头或经典著作越发少有人读，碎片化阅读、碎片化娱乐，以致整个人也变得碎片化了。

碎片化有其优点，可以充分利用非整段的零碎时间来进行一些小规模的内容摄取工作，但是碎片化摄取永远不能替代规模化吸收，就好像零食不能代替正餐一样，代替的话，人就容易营养不良。

在每个时代，都有许多人，利用本时代的工具，做许多的事情。目前人类社会已经从互联网时代进步到移动互联网时代，信息传播工具的小型化、随身化，网络的高速化、便捷化，都对知识传播提出了新的要求。

在移动互联网时代，文字的魅力仍然经久不衰，但是音频和视频的崛起更是不容忽视的。我们也可以看到很多音频平台和视频平台的兴盛。音频和视频相较于文字而言，有其缺点也有其优点，我们没有必要完全否定，也没有必要一味肯定。

音频与视频有着比文字更大的信息含量，更丰富的表现形式，也更符合人类大脑认知的模式。但是如果一味地追求娱乐化，那么不管是音频还是视频，会不可避免地流于艳俗和空洞乏味。音频、视频都只是新时代的新工具，它们可以承载任何内容。如果优秀的内容得不到很好的展示，那么对于这项工具而言，难免会有遗憾。

而事实也表明，有很多优质内容正在拥抱新工具、新趋势。

本书做了很好的梳理和总结工作。从听书的起源、探因、内容和盈利模式、发展藩篱与未来趋势等方面作了详细而全面的介绍，同时还包括了最近兴起的视频传播方式，以及通过对某些音频节目的实例分析，进一步具体说明了音频节目的特点。

中医讲究望闻问切，西医则讲究视触叩听，这其中都有一个“看”、一个“听”，足以说明这两种方式是人类了解事物的重要途径。

通过本书，可以很好地见微知著，通过对音频视频发展的详细回顾、总结以及展望，可以引发很多的相关思考。愿读者随着本书的介绍，深刻而全面地了解知识传播这一行业。

上海昂明文化科技有限公司 总经理

张 洋

2020 年 4 月

前　言

中华民族具有崇尚读书的优良传统，历来讲究读书修身、耕读传家、诗书济世。卷帙浩繁的书籍、博大精深的文化，赋予中国人民更基本、更深沉、更持久的力量。从2006年中宣部联合相关部门共同开展全民阅读活动开始，到2019年政府工作报告中明确提出要倡导全民阅读，推进学习型社会建设，短短十余载，这已是“全民阅读”第六次被写入政府工作报告。这也意味着“全民阅读”作为国家“十三五”发展规划纲要列出的八大文化工程之一，作为我国构建公共文化服务体系的一项重要部署，已经发展升级为全国范围内有目标、有组织、有计划的社会文化系统工程，发展升级为提高全民族阅读水平和文明素质、提升国家软实力、增强国际竞争力的国家发展战略，从而在培育和践行社会主义核心价值观、实现中华民族伟大复兴中国梦等方面，具有了深远的意义。

随着移动互联技术的发展，移动音频作为新的媒介形态迅速崛起，并带来数字化有声阅读和知识付费的热潮，成为全民阅读新的重要表现形式。而随着VR（虚拟现实）、人工智能、大数据等技术的应用，进一步丰富和提升了数字阅读的应用场景和用户体验，促使致力于“耳朵经济”的听书平台脱颖而出，日益成为更多人的全新选择。根据新华社与喜马拉雅联合发布的《有声阅读趋势报告》显示，我国人均收听有声书专辑数稳步上升，2019年全年人均收听专辑数达到10.7本，而在2020年第一季度，人均收听专辑数就已经达到5.6本，预计2020年全年可能是2019年全年的2倍。另据大数据统计显示，2020年第一季度，有声阅读人数同比增长63%，有声阅读总时长同比增长100%。这是我国移动听书平台在与疫情抗击中打出的漂亮翻身仗，更是在特殊当下交给用户的满意答卷。

本书以《数字“新声活”：全民阅读时代“听书”的调查研究》为题，从媒介实践视角切入，既有对“全民阅读”国家战略确立的阐述与分析，又有全民阅读相关国内外研究发展现状及十七次全国国民阅读调查的统计与梳理；既有对中国“听书”与世界“听书”之前世今生的探寻与研究，又从“有温度”“能陪伴”“富触感”“无局限”等方面一览“听书”盛行之因；既基于“听书”的三大分类方法、四类内容生产模式进行了发展现实图景的细细描摹，又从商业广告、内容付费、粉丝打赏、购买会员、硬件销售五大类别刻画了“听书”的主要盈利方式；既从知识型IP、版权保护、跨媒体经营出发力求找出“听书”的发展藩篱并试图指明其未来趋势，又以新兴“听书”栏目中的后起之秀为实例为中小型音频制作传播企业树立了模板与范式。更为重要的是，本书紧密结合2020年突如其来的新型冠状病毒肺炎疫情，客观审视了疫情之下我国国民数字生活的变化、我国全民阅读的困局与自救、我国“听书”行业在破与立中的战“疫”征程，并以秦皇岛市为例进行了“数字新声活”建设具体流程的实施与思考，这是对理论与现实进行的最为直接的映射与观照。

在中华民族伟大复兴的征程中，无论是风和日丽的日子，还是遭遇困难险阻的时刻，一本本凝聚人类思想精华的书都给予我们前行的智慧、勇气和力量。如今，乘着行业发展的东风，借助此次抗击疫情中积累的宝贵经验，“听书”将作为主要方式进一步持续推行全民阅读活动的开展，并与时俱进、不断创新，逐步在阅读方式拓展、阅读内容深化的基础上构筑起我国全民阅读的“数字新声活”。最是书香能致远，这是写作本书的出发点与落脚点，更呈现了积少成多、积沙成塔、积跬步以至千里的每位国民参与阅读、推动阅读、享受阅读的崭新景象。

本书在编写过程中经历了多次框架的重构与问题的重组，力争将研究不仅置于全民阅读与听书发展评析的理论模块中，更置于新冠病毒肺炎疫情浸淫下的实践考量中。本书一稿完成后正值相关统计数据与研究结果的新一轮公布发表之际，笔者又全部重新梳理，对全书进行了多次数据更新与实例“换血”，以尽可能呈现更新、更全、更精的钻研成果。

在本书即将出版之际，衷心感谢行业典范开浩御书房及上海昂明文化科技有限公司的倾情授权；衷心感谢我的闺蜜在国外资料搜集与整理上的鼎力相助；衷心感谢我的爱人为我解生活上的忧、编写中的愁；衷心感谢吾儿麦桐的可心鼓励与贴心陪伴，更惊喜于“妈妈是榜样”的暖心表达；最后要感谢我的妈妈，还没有放下照顾我起居的活，又毅然挑起了养育孙辈的担。谨以此书，献给我的妈妈，作为2020年这个母亲节最好的礼物。

刘 冰

2020年5月7日

目　录

第一章　全民阅读时代的到来

2020 年 4 月 23 日，联合国教科文组织总干事奥德蕾·阿祖莱在世界图书和版权日到来之际致辞："在这个不确定的时期，很多人纷纷拿起书籍，投入阅读，以应对禁足隔离，缓解内心焦虑。……在阅读如此值得珍视的当下时期，我们对在阅读中融入并通过阅读融入的共同承诺凸显出其全部重要价值。因此，值此世界图书和版权日，我邀请大家拿起一本书，翻开书页，从中获取面对现在和未来的力量。"

人类对于阅读的崇尚由来已久，对于书籍、优秀作者乃至图书从业人员的重视与保护更是直接催生了世界范围内图书与版权活动的开展与延续。事实上，书籍所具有的娱乐和教寓的独特功能早已成为人们的共识。"书籍是一种媒介，可以让我们走出自我，与一位作者、一个世界或者一种文化相遇；也可以让我们沉入内心，度过一段与自己相处的时光。书籍带我们在人类精神世界里遨游，享受摆脱时空限制的自由。当下阶段，我们所需要的就是书籍的这种魔力，而让我们不约而同想到的，是文学乃至所有其他艺术对我们来说是多么重要。"不仅是书籍，书籍的作者们也因其对于经典学说与优秀知识的体察而一如既往地受到广泛赞誉，"是他们为我们分享了生命体验，揭示了不同现实空间，打开了通向世界的窗口，提供了观察人生的视点"。同时，在新的时代背景下，包括编辑、出版和翻译人员等在内的所有与图书相关的从业者，缘于其"使文学遗产的传播成为可能，使新的创作得以发表，使思想得以流传"的重要作用，从而日益受到保护和重视，得到了联合国教科文组织、国际图书馆协会联合会、国际出版商协会、世界各国优秀出版行业协会等权威机构的积极配合与大力支持。

正值第 25 个世界图书与版权日的来临，面对 2020 年新冠肺炎疫情及其对作为人际交流系统的文化所构成的深远且持久的威胁，笔者以"全民阅读"为着眼点和落脚点，探讨全媒体影响与冲击下我国以及世界范围内阅读活动的新变化、新情况、新形势，摸索新时代背景下全民阅读的“数字新声活”，以期充分发挥阅读的力量，真正“使每个人都能通过阅读有所寄托、体验梦想、汲取知识并开展思考”。

第一节　“全民阅读”国家战略的确立

一、“世界读书日”的缘起与庆祝活动

在西班牙加泰罗尼亚地区，为了纪念只身战胜恶龙、解救被囚禁公主的勇士乔治，人们将每年的4月23日定为“圣乔治节”，并将传说中公主回赠给勇士乔治的礼物、象征胆识与力量的信物——书，作为节日里亲友互赠互换、表达心意的物品。援引这一习俗，1995年，西班牙政府采纳国际出版商协会的创意，向联合国教科文组织提交了关于设立“世界图书日”的议案，提议将4月23日订立为“世界图书日”。而这一天，也是西班牙著名作家塞万提斯和英国著名作家莎士比亚的辞世纪念日。其实早在1972年，联合国教科文组织就曾向全世界发出过“走向阅读社会”的号召，因此，联合国教科文组织接受了这一提议，宣布将每年的4月23日正式确定为“世界图书与版权日”，简称“世界图书日”或“世界读书日”，期望以此推动更多的人享受到阅读的乐趣、尊重并保护知识产权。联合国教科文组织设计的“世界图书与版权日”相关图标如图1-1所示。

每年的“世界读书日”，联合国教科文组织与代表图书业三大部门——出版商、书商和图书馆的国际组织都会推选一个城市作为世界图书之都。自每年4月23日起，当选城市即享有这个称号，为期一年。2020年，吉隆坡承诺努力促进扫盲事业以及包容性图书文化的发展，提出“阅读吉隆坡，阅读传达关爱”的口号，并将主题设定为“城市普及阅读，城市充满关爱”，重点关注包括推动阅读形式多样化、发展图书业基础设施、提

图1-1　联合国教科文组织“世界图书与版权日”的图标

升阅读的包容性和数字空间的便捷性以及通过阅读促进儿童成长在内的四大方向。同时，吉隆坡还计划建设一个图书城（Kota Buku 综合设施），发起一个火车通勤者阅读活动，改善马来西亚国家图书馆为残疾人提供的数字服务和无障碍环境，并为吉隆坡贫困住宅区的 12 个图书馆提供新的数字服务。正是由于吉隆坡重视培育阅读和包容的教育与文化，积极建设知识型社会，致力于在城市的任何角落为全体市民提供阅读便利的一系列理念与举措，其“世界图书之都”方案获得了青睐，吉隆坡也因此当选为“2020 年世界图书之都”。

每年的“世界读书日”，世界 100 多个国家都会举办各种各样的庆祝和图书宣传活动。在“世界读书日”的发祥地加泰罗尼亚，人们会在当天互赠书籍与玫瑰，寓意书籍能够“赠人玫瑰手有余香”。因此，虽然当天书籍减价 10%，但是玫瑰价格却陡增也就不足为奇了。在英国，英国自己的世界读书日始于 1998 年，全球性的世界读书日庆祝通常定在 3 月的第一个星期四，以避免与复活节学校假期和圣乔治节发生冲突。英国的庆祝活动极具本地特色并且非常盛大，每年单是学校、图书馆、书店所举办的庆祝活动便已超过 1000 项，包括书展、作家交流会、图书拍卖等。当地教育机构和书店还会向小朋友们发出面值 1 英镑的图书日代用券，以到图书日成员书店换购心仪的图书。美国同样将传统世界读书日的庆祝活动提前到 3 月份举行。同时，从 1996 年开始，美国即将每年的 4 月一整月定为“全国诗月”。这样一来，持续性的图书市集及街头庆祝等活动得以不断展开。期间众多作家、诗人、出版商云集，不仅为爱读书的人们提供了阅读、选购图书的好机会，更是大大提高了阅读的影响力与感染力。德国是名副其实的爱书之国，全国的阅读氛围非常浓郁。在世界读书日当天，德国会举办邀请读者参观出版社的“做客出版社”活动，多达数百家的出版社会在这一天敞开大门，允许读者进入参观，甚至还会准备各色美食与酒水，将参观活动变为一场身心享受的盛宴。德国阅读基金会还会发起针对儿童的“送你一本故事书”活动。赠送的故事书是由德国阅读基金会精心挑选优秀少儿作家专门撰写并出版的，在节日期间可以凭赠书券在指定书店免费领取。韩国一般会在这一天发行“世界读书日”纪念邮票，不仅是教育本国的孩子要深刻领会阅读与版权的重要意义，更是希望通过这枚小小的邮票，推动阅读与版权理念在全世界的宣扬与传播。

“世界读书日”的意义，正如其主旨宣言所说的那样：“希望散居在全球各地的人们，无论你是年老还是年轻，无论你是贫穷还是富有，无论你是患病还是健康，都能享受阅读带来的乐趣，都能尊重和感谢为人类文明作出巨大贡献的文学、文化、科学思想大师们，都能保护知识产权。”

二、我国“全民阅读”国家战略的确立

在我国，与“世界读书日”类似的提法是“全民阅读”。1997 年，中共中央宣传部、文化部、国家教委、国家科委等九部委联合发出了《关于在全国组织实施“知识工程”的通知》，并成立了全国“知识工程”领导小组，标志着我国“倡导读书、传播知识、推动社会文明与进步”的全民阅读推广活动的开始。2000 年，全国“知识工程”领导小组把每年的 12 月定为“全民读书月”。2004 年 4 月 23 日，全国知识工程领导小组、文化部、中图学会、国家图书馆等组织的“世界读书日”活动在全国开展，这是我国首次大范围、大规模地宣传和组织“世界读书日”主题活动。2006 年 4 月 5 日，新闻出版总署会同中宣部、中央文明办、文化部等十部委，联合发布了《关于开展全民阅读活动的倡议书》，自上而下的全民阅读工作开始逐步铺开。之后，在 2011 年 10 月的《中共中央关于深化文化体制改革、推动社会主义文化大发展大繁荣若干重大问题的决定》和 2012 年 2 月的《国家“十二五”时期文化改革发展规划纲要》等文件中，都提出要“深入开展全民阅读、全民健身活动”。

如果说，此时的“全民阅读”还只是国家层面的倡议与号召，那么到了 2012 年之后，“全民阅读”则升级为全国范围内有目标、有组织、有计划的社会文化系统工程，升级为提高全民族阅读水平和文明素质、提升国家软实力、增强国际竞争力的国家发展战略。2012 年 11 月，“开展全民阅读活动”被写入了中国共产党第十八次全国代表大会报告，2014 年、2015 年又两次被写入了国务院政府工作报告。同时，国家先后颁布了多项立法对全民阅读予以保障。这一系列举措，代表着“全民阅读”已经由原先的纯民间自愿行为，上升为国家发展战略。至此，“全民阅读”作为国家“十三五”发展规划纲要列出的八大文化工程之一，作为我国构建公共文化服务体系的一项重要部署，在培育和践行社会主义核心价值观、提高国民思想道德素质和科学文化素质、建设社会主义文化强国、实现中华民族伟大复兴中国梦等方面，具有了深远的意义。

在众多的法规性公文中，《全民阅读促进条例》《全民阅读“十三五”时期发展规划》是其中比较有代表性的、促进全民阅读顺利开展的专门性法律文件。

1.《全民阅读促进条例》

2016 年，国家新闻出版广电总局根据国务院立法工作计划起草了《全民阅读促进条例》(征求意见稿)，并向社会公开征求意见。《全民阅读促进条例》的提出缘起于 2013 年全国两会期间 115 位政协委员联名签署的《关于制定实施国家全民阅读战略的提案》。这篇提案明确提出“由全国人大制定《全民阅读法》、国务院制定《全民阅读条例》”的建议，认为应以法律法规的形式推动全民阅读工作纳入法制化轨道，并将政府确立为促进全民阅读的责任主体，同时设立专门机构不断推动全民阅读的全面铺开；应将全民阅读经费纳入财政预算，制订全民阅读规划，发布全民阅读调查情况，提供公共阅读场所，举办全民阅读活动，保障公民阅读权利等。

考察我国全民阅读的实际情况，与国际社会尤其是发达国家相比，无论在人均阅读数量、阅读习惯，还是在阅读设施及服务等方面，确实都普遍存在着较大差距。整体来看，我国国民的阅读能力与水平在总体上有待提高，需要采取有力的推进保障措施；未成年人阅读状况不容乐观，亟待改善；国民阅读公共资源和设施不足、不均衡；阅读内容良莠不齐，需要积极引导和扶持；全民阅读工作缺乏统一规划、组织保障和经费支持。最终，为了进一步促进全民阅读，保障公民的基本阅读权利，提高公民的思想道德素质和科学文化素质，培育和践行社会主义核心价值观，传承中华优秀传统文化，推动社会文明程度显著提高，2017 年 6 月，国务院法制办办务会议审议并原则通过了《全民阅读促进条例(草案)》，并自 2017 年 6 月起实施。对于《全民阅读促进条例》的意义，从网络上广为流传的一张漫画可见一斑，具体如图 1-2 所示。

图 1-2《全民阅读促进条例》意义之漫画版

《全民阅读促进条例》共 6 章 37 条，内容涵盖全民阅读服务、重点群体阅读保障、促进措施、法律责任等多个方面，旨在用法律保障对全民阅读的服务，促进全民阅读持续发展。《促进条例》明确规定：“国务院和地方各级人民政府应当依法保障公民参加全民阅读活动的权利。”“应当遵循公益性、基本性、均等性、便利性的原则，培养公民阅读习惯，提高公民阅读能力，提升公民阅读质量，传播有益于公民全面发展和社会文明进步的科学文化知识。”

2.《全民阅读“十三五”时期发展规划》

随着“倡导全民阅读”“推动国民素质和社会文明程度显著提高”被列为“十三五”时期的重要工作，2016 年 12 月，国家新闻出版广电总局历时三年多编制的《全民阅读“十三五”时期发展规划》（以下简称《规划》）出台并印发，这是我国制定的首个国家级“全民阅读”规划。

《规划》根据《中共中央关于制定国民经济和社会发展第十三个五年规划的建议》《中华人民共和国国民经济和社会发展第十三个五年规划纲要》和《国家“十三五”时期文化改革发展规划纲要》等相关要求，明确了全民阅读工作的指导思想、基本原则和主要目标，明确了“十三五”时期的重点任务及时间表、路线图等，以进一步推动全民阅读工作的常态化、规范化，共同建设书香社会。

《规划》指出，要坚持政府主导、社会参与。强化政府责任，完善机制，健全制度，加强宏观指导和政策推动。鼓励、动员和引导社会力量共同参与，加强理念创新、制度创新、方式创新，推动全民阅读长期深入开展。要坚持重在内容，提升质量。加强优秀作品的创作生产，进一步完善创作出版扶持和激励机制，拓宽传播渠道。加强对数字化阅读的规范和引导，推动传统阅读和数字阅读相融合。要坚持少儿优先，保障重点。将保障和促进少年儿童阅读作为全民阅读工作的重点，从小培育阅读兴趣、阅读习惯、阅读能力。要着力保障农村留守儿童、城市流动儿童和贫困家庭儿童的基本阅读需求。要着力保障残疾人、进城务工人员等困难群体、特殊群体的基本阅读需求。要坚持公益普惠，深入基层。加快推进全民阅读推广服务体系城乡一体化建设，坚持公益性、基本性、均等性和便利性相统一，面向基层、面向群众，保障全民平等享有基本阅读权益。

《全民阅读“十三五”时期发展规划》的九大任务与相应举措具体如图 1-3 所示。《规划》提出，到 2020 年，要实现“全民阅读法制化建设取得积极进展，全民阅读工作体制机制更加健全，基本形成与全面建成小康社会发展要求相适应的以人为本、面向基层、惠及群众、兼顾重点的全民阅读推广服务体系，推动国民素质和社会文明程度显著提高”。

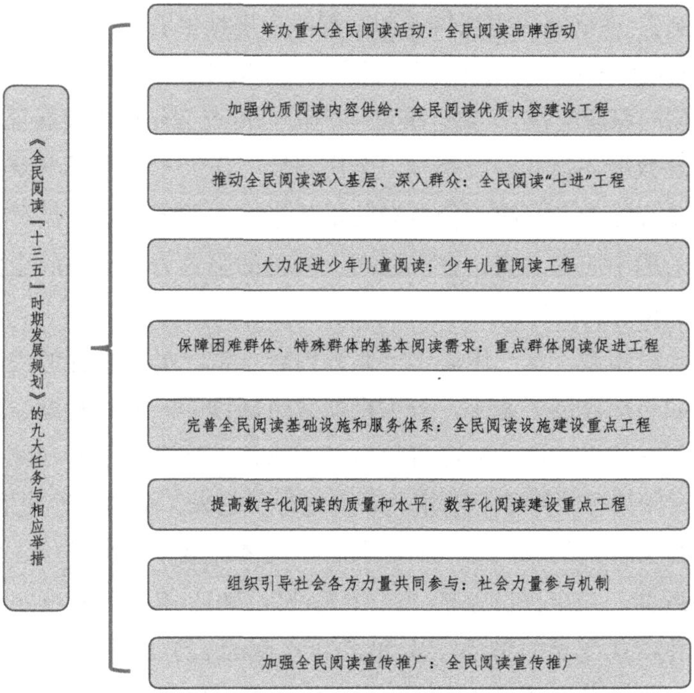

图 1-3《全民阅读“十三五”时期发展规划》的九大任务与相应举措

三、我国“全民阅读”活动的持续推进

2019 年 3 月 5 日，李克强总理代表国务院在十三届全国人大二次会议上所作的政府工作报告中强调：“倡导全民阅读，推进学习型社会建设。”这也是“全民阅读”继 2018 年以来第二次被补充写入政府工作报告和自 2014 年以来第六次被写入政府工作报告。全民阅读作为文化建设的一项重要内容，在全国持续开展中。

在党的十九大报告中，习近平总书记提出要“建设学习型社会”。提高国民素质需要补上短板、抓住重点，很关键的一点在于实现优质资源的共享，全民阅读无疑是让更多人享受更优质教育的重要一环；2019 年 8 月 21 日，习近平总书记在考察读者出版集团时强调，要提倡多读书，建设书香社会；9 月 9 日，习近平总书记在给国家图书馆老专家的回信中提出要“创新服务方式，推动全民阅读，更好满足人民精神文化需求”。这些政策和举措充分体现了党和政府对于持续推进全民阅读的高度重视，对于倡导全民阅读、实现建设书香中国的坚定信念。

2019年11月，党的十九届四中全会在《中共中央关于坚持和完善中国特色社会主义制度 推进国家治理体系和治理能力现代化若干重大问题的决定》中指出：“发展社会主义先进文化、广泛凝聚人民精神力量，是国家治理体系和治理能力现代化的深厚支撑。”要“推进中华优秀传统文化传承发展工程，完善青少年理想信念教育齐抓共管机制”。“全民阅读”作为丰富人民群众精神文化生活、培育和践行社会主义核心价值观的重要举措，作为广泛开展群众性精神文明创建活动的题中应有之义，在汇聚向上向善的强大力量、决胜全面建设小康社会的工作中起着积极作用。

围绕“全民阅读”这一中心，一系列内容丰富、形式多样的主题读书活动在各地如火如荼地开展了起来，一大批如北京阅读季、书香荆楚、南国书香节等有影响力和有感染力的活动品牌培育了起来，一连串关于阅读体系建设、阅读推广规划、阅读评估标准等的相关研究进行了起来。全国各地捷报频传，“全民阅读”取得了喜人的成绩。例如，书店作为渗透城市文化品位、蕴含城市深度与广度的载体，是全民阅读的“文化火种”。2018年，西安市实体书店在数量上呈现出井喷式增长的态势，从2017年年底的827家增加到2018年年底的1927家，书店总量从全国第14位跃升至第5位，并荣获“2018中国书店之都”称号。借助数量众多、风格多样、特色鲜明的实体书店，匹配“书店＋咖啡＋茶吧＋文创＋零售＋互联网”等新型业态，辅以24小时书店、读书月、社区书屋等“书香生活空间”的打造，西安正在逐渐由“书店之都”成为“书香之城”。四川以农家书屋、农村出版物发行网点建设等探索乡村阅读新模式，在农家书屋新增了电子书阅览屏，一方面提供数字图书阅读服务，村民既可在现场阅读，也可用手机扫描二维码下载后将数字图书“带回家”。另一方面，电子阅览屏还提供购买服务，村民可直接下单购买与其后台相连的纸质图书。同时，在每本书的封条里都粘附了一块电子芯片。已录入身份证信息的村民只需选好想要借阅的图书，在智能借还机系统上就能自己进行借还书操作，无须手动填写图书借阅登记表，借书人、借还书时间、借阅数量等所有信息均被该智能系统完整记录，村民的“阅读轨迹”一目了然，还可实现异地借还书。这种“乡阅24小时智能书店”使农村群众能够“随时想看随时借、随时想购随时买、此网点借彼网点还”，享受与城市阅读同步的文化服务。由此可见，西安致力于打造城市个性化、创新性阅读体验，四川着眼于深入乡村进行阅读新模式建设，二者发力点不同，但同样成绩斐然，也折射出了全国范围内形式各样、侧重点各异的全民阅读体系构建之硕果累累。

按照全面建成小康社会的总体要求，“全民阅读”活动的开展，应当以满足人民群众精神文化需求为出发点和落脚点，不断完善体制机制，创新方式方法，将丰富阅读活动内容与提升思想文化内涵相结合，将出版精品与推荐精品相结合，将公益活动和市场推广相结合，将传统阅读与数字阅读相结合，将服务与管理相结合。当前，国家层面的高度重视正在促进各地形式丰富、特色鲜明的阅读活动持续开展，正在推动新技术新模式对于阅读方式方法的革新与改良，正在实现“全民阅读”自觉性理念在全体人民中的渗透与发酵，这必将有利于全面提升我国全民阅读质量和水平，推动国民素质和社会文明程度显著提高，从而为实现“两个一百年”奋斗目标和中华民族伟大复兴中国梦提供强大的精神动力和文化支撑。

第二节 “全民阅读”的国外发展现状

客观来说，目前我国的国民图书阅读率与许多国家相比有很大差距，推动全民阅读任重道远。在时间上，国外开展全民阅读的时间要早于国内；在实践上，国外许多学者就全民阅读相关研究提出了有意义的研究成果，许多国家的实践与推广都卓有成效，非常值得学习与借鉴。因此，对全民阅读的国外研究现状进行分析与总结，取其精华，是非常必要的。在本节，基于英国、美国、德国、西班牙、葡萄牙、韩国、日本、法国、俄罗斯、新加坡等国的国民阅读推广活动的分析研究，从制定阅读推广的法律法规、多渠道开展阅读调查、设立国家读书节或读书年、注重儿童阅读推广等方面，探讨其对我国国民阅读推广活动的借鉴意义。

一、英国的国民阅读推广活动

1. 全民阅读年

2008 年 1 月 8 日，英国全民阅读年启动仪式正式举行。英国 2008 年全民阅读年（National Year of Reading，NYR）活动旨在庆祝和鼓励各种形式的阅读。

它的目的是促进家庭内外的阅读，打造一个爱好阅读的国家，其口号是“让国民爱上阅读，并将阅读当成生活中必不可少的一部分”。NYR 的活动从 1 月持续到 12 月，各地政府和组织要在 1 月到 3 月制订相关支持计划。英国儿童学校和家庭部（Department of Children’s Schools and Families，DCSF）委托英国国家读写能力信托（National Literacy Trust，NLT）来负责 NYR 活动。2008 年 4 月，NYR 交付启动，以促进国民素质提高为目标，让家长和家庭参与亲子阅读，提高成人素质。这个长达一年的活动确定了以下几个关键价值：①“影响力”——无论是个人的还是社会的；②“庆祝”——积极、愉快的体验；③“多样性”——阅读体验和社区的多样性；④“参与”——与社区和合作伙伴共同制作；⑤“开发创新和交付”；⑥“遗产”——为生活和系统创造持久变化。

英国全民阅读年活动的策略是建立一个官方合作网络（http://www.yearofreading.org.uk/），为 NYR 活动提供参与途径，特别是在教育方面和图书馆方面。其目的是鼓励以社区为基础的阅读活动，并帮助宣传和加强已经进行的项目。公共图书馆是 NYR 活动的中心，全国 149 家公共图书馆 100% 签约参与了活动。这个活动需要关注的是吸引人们开始阅读的方法或发展他们的现有技能。全国性媒体宣传主要基于三个关键信息：第一，一切从阅读开始；第二，加入图书馆——所有你想读的，都免费；第三，不管何事、何时、何地，阅读总是好的。

2.“阅读起跑线”计划

“阅读起跑线”计划（Bookstart）是世界上第一个专为学龄前儿童提供阅读指导服务的全球性计划，以让每一个英国儿童都能够在早期阅读中受益，并以享受阅读的乐趣为基本原则，培养孩子对于阅读的终身兴趣。

该计划于 1992 年由图书信托基金会（Book Trust）、伯明翰图书馆服务部（Birmingham Library Services）和基层医护服务信托基金会（Basic Medical Service Trust）联合发起，具体包括“阅读起跑线”计划、“一起写作”计划和国际儿童图书周三大部分。在“阅读起跑线”部分，将免费为每名儿童提供市值 60 英镑的资料，如针对 0 ～ 12 个月婴儿设计的“阅读起跑线”婴儿包，主要是为了提起父母对于儿童阅读的重视，帮助婴儿通过儿歌、童谣等方式初步接触阅读，培养兴趣；专门为 1.5 ～ 2.5 岁幼儿提供的“阅读起跑线”高级包，不仅有图书，还有画画板、蜡笔、藏书标签等，以鼓励孩子阅读和涂鸦，尽情展开想象力，在书海中徜徉；适合 3 ～ 4 岁儿童的“阅读起跑线”百宝箱，印有“最高机密”的神秘小箱子中收纳的五颜六色的小礼物尝试引导孩子学会识字、写字，为之后的自主阅读打下坚实基础。以上免费资料的提供都依托健康检查、幼儿园、图书馆等展开，从而最大限度地保障了每一个孩子都能获得这份权益。

英国“阅读起跑线”计划的成功是基于慈善机构、赞助机构、政府机构的通力合作。2004 年 5 月，英国政府设立“确保开始”中心，为“阅读起跑线”计划提供经费支持和辅助管理。这标志着，由慈善机构负责日常管理，以塞恩斯伯里股份有限公司、红房子书友会、儿童读物出版商等为代表的私人机构倾情赞助，政府文化艺术、教育和健康等公共服务体系予以监管与保障的运营体系得以建立并完善，促使计划得以持续发展。目前，除发起国英国外，该计划的参与国还包括日本、韩国、泰国、澳大利亚、美国、智利、意大利、墨西哥、波兰、南非和印度等，已经发展成为一项全球性的阅读计划。

3. 其他阅读计划与研究

英国对儿童阅读习惯、阅读行为的重视是贯穿始终的，除了全民阅读年、“阅读起跑线”等举措外，还从 2000 年起推出了“夏季阅读挑战”，鼓励儿童每年夏天读 6 本书，这是英国阅读协会针对儿童所举行的一项长期阅读推广活动。通过公共图书馆以及主要媒体的参与不断扩大活动的影响力与辐射力，后期还设立了专门的网站，以进一步拓展活动的方式与渠道。另外，以全体读者为对象，英国从 1995 年起开展了“读者发展”活动，这项旨在促进读者自身发展的活动致力于全体国民阅读素质的提升、阅读质量和水平的提高。由英国图书馆学会牵头，号召各级图书馆、媒体、出版商、慈善机构等积极参与，为活动专业人员提供知识、技能培训，为阅读服务人员提供业务帮助，为读者提供阅读技能指导与信息资源。通过一系列举措，为读者营造良好的阅读体验，形成浓郁的阅读氛围，从而最终实现读者自身的发展。

在阅读研究方面，2012 年，英国的 Carolynn Rankin 基于在约克郡收集到的 NYR 相关数据，研究了一般社会结果（Generic Social Outcome，GSO）对于促进公共图书馆积极效应方面的潜力。Rankin 的研究旨在利用定性研究方法调查全民阅读年在约克郡产生的影响。该研究以一般社会结果为理论框架，通过深度访谈和焦点小组座谈来收集数据，利用 MAXQDA 计算机辅助定性数据分析软件（Computer-Assisted Qualitative Data Analysis Software，CAQDAS）进行数据存储。使用GSO框架的研究结果显示，大量证据表明NYR相关活动支持3个一级社会成果（first-tier social outcomes）：“更强大和更安全的社区”“健康和福祉”和“加强公共生活”。GSO架构可为业界提供证据，证明公共图书馆如何为不同的工作计划 作出贡献，以及如何证明公共图书馆对社会的价值。公共图书馆可以利用这些证据进行规划和宣传，争取包括地方和中央政府在内的各种受众。

二、美国的国民阅读推广活动

1. 国家阅读小组

1997年，美国国会安排美国国家儿童健康与人类发展研究所（National Institute of Child Health and Human Development，NICHD）指导下的一个委员会与美国教育部组织了一个研究小组，由14名来自教育、科学、管理等各个不同阅读相关领域的专家，共同对现有阅读研究的成果案例进行分析整理，以期寻找到儿童阅读教学的最佳路径。这个研究小组即美国国家阅读小组（National Reading Panel，NRP）。2000年，美国国家阅读小组在提交了最终研究报告后宣布解散，但是其研究成果却作为美国总统教育改善计划的重要组成部分，对美国的阅读教学起到了较大的指导与借鉴作用。现就相关研究结果阐述如下。

阅读流利性方面。美国国家阅读小组在2000年的报告中得出了关于阅读流利性的作用和对实践的敏感性的结论，研究中使用的文本被分为四类。其中三种文本类别（即1990年以前的基础文本（pre-1990 basals）、技能构建者文本（skill builders）和高兴趣/低词汇量文本（high-interest/low-vocabulary texts））使用受控词汇（controlled vocabulary），约占专家组审查的研究中使用的所有文本的75%。将这些受控词汇文本的各种特征与当前主流的教科书程序进行比较时，主要的区别在于对罕见词汇（rare words）的处理。与受控文本相比，当前主流教科书程序中出现的罕见词要多得多，约有70%的罕见词只出现一次。

语音方面。国家阅读小组的报告由美国国会授权，旨在综合研究教授儿童阅读的有效方法，然而该报告持续引起争议。NICHD报告使用了实证方法来综合研究结果（元分析meta-analysis），有两篇代表语音合成和语音意识教学的同行评议文章（Ehri Nunes Stahl & Willows，2001；Ehri Nunes Willows，et al，

2001）。尽管如此，自2000年发布以来，该报告特别是涉及语音的部分，受到了高度关注。报告显示，音素是构成单词的基本单位，经常进行亲子阅读或者接触过韵律型听读材料的孩子更容易建立音素意识，而音素意识的建立则是进行下一步学习的前提。

尽管一些评论者不同意NRP关于支持系统语音教学比其他语音教学方法更有效的结论，但是对于“引导性朗读”（guided oral reading）的作用却达成了共识。学者普遍认为，孩子在教师、家长或者同学面前进行朗读，能够及时获得听众的反馈，更正错误、找出问题，对于提升阅读流利度有重要作用。这一研究结果应用到实践中，即美国在儿童启蒙阅读教育方面非常提倡“read aloud”（大声朗读），认为大量的大声朗读可以帮助孩子提高理解的能力。如果一个学生每天读30分钟，那么一个学年他会读5400分钟，相当于一年会读270万字，也就是差不多30本书。如果能够很好地坚持，孩子有望在未来的学校学习中成为佼佼者，这对于孩子自信心的培养大有裨益。

2. 其他阅读主体与活动

1977年，美国国会图书馆第12任国会图书馆馆长Daniel J.Boorstin依据公共法案95-129建立了美国国会图书馆全民阅读图书中心（The Center for the Book in the Library of Congress），希望能够借助国会图书馆丰富的资源与权威的地位，策划、统筹、举办一些全国性的阅读活动，以推广图书、阅读、信息素养及图书馆，提高公民阅读兴趣。1984年起，各州开始陆续设立州属的图书中心，目前全美50个州及华盛顿特区和维京岛都设有图书中心。这些图书中心共同组成了阅读推广伙伴关系网络，不断加强与作者的合作，注重阅读活动的有效性与长效性，尤其重视青少年阅读活动推广工作，推出了一系列经典活动。例如1987年发起的首个全国性的阅读推广活动——“全国读者年”，1992年举办的“探索新世界——阅读”活动，1995年推出的“塑造你的未来——阅读”，1997年推出的“建设阅读之国”活动，1998年的“一城一书”活动，2008年的“全美青少年文学大使选拔”，2010年的“好奇的乔治”，等等。

另外，美国还开展了其他一些卓有成效的阅读推广活动。例如，1997年克林顿政府提出了“美国阅读挑战运动”，旨在帮助孩子在三年级结束前能够独立且流利地阅读。这一计划的实施涵盖了包括学校、图书馆、社区、媒体、公立机构、商业机构等在内的多个主体，需要社会各方面的参与与支持，协助儿童迎接这场阅读挑战。2001 年，布什政府基于《不让一个孩子掉队》教育改革法案提出了阅读先行计划，主要包括三项内容：一是创设一套综合性的、州政府范围内的阅读计划，以确保每个儿童到三年级都能够阅读；二是建立公平起点的家庭读写计划；三是通过儿童早期阅读行动来辅助阅读先行计划，在学前计划和开端计划中资助阅读学习。

三、其他国家的阅读推广活动

1. 德国

在德国，91% 的国民有阅读习惯，其中，23% 的国民年阅读量为 9 ～ 18 本，25% 的国民超过 18 本。德国年均出版新书 11.5 种 / 万人。而且，德国每 1.7 万人就拥有一家书店，书店密度全球最高。

德国人认识到阅读习惯养成的重要性，并致力于从幼儿时期培养家庭中的阅读理念。2010 年，为期八年的德国联邦教科部的阅读启蒙项目“阅读启航——阅读三连跳”正式启动。“三连跳”即三个阅读推广阶段，德国将儿科医生、图书馆馆员、学校教师作为不同阶段的阅读推广员。具体如下：

第一阶段：对于 10 个月～ 3 岁左右的幼儿及家长，由儿科医生通过免费发放图书大礼包的形式进行推广阅读。大礼包包含一册彩色绘图本及阅读指南、一张海报、一册给家长的亲子阅读建议、一张内含三个案例短片的光盘、一册实录孩子阅读素养发展的笔记本。这一阶段旨在敦促家长充分认识阅读对于孩子发展的重要性，培养幼儿的语感和认识拼写等。

第二阶段：对于 3 ～ 6 岁的儿童及其家长，由全国 5000 余家图书馆进行阅读推广，为孩子们推出适龄的彩色绘图本，并配以亲子阅读指南。这一阶段旨在敦促家长携带幼儿走进图书馆，养成并强化儿童早期的阅读习惯，并进一步敦促图书馆强化其教育功能等。

第三阶段：对于 6 岁入学后的孩子及其家长，由学校教师配合教学，为不同学龄的孩子布置相应的校内校外阅读任务。这一阶段旨在协助家长培养学龄儿童自主阅读，加强家长对亲子阅读的认识程度，从而为今后阅读习惯的养成奠定良好的基础。

2. 西班牙与葡萄牙

西班牙早在 1995 年就提出了将 4 月 23 日设立为“世界图书日”的建议，

并最终得到了联合国教科文组织的认可，西班牙可以称得上是全民阅读推广的先行者，其在阅读推广方面做出了许多有益的尝试。比如在2006年，西班牙马德里大区政府推出了“民众阅读习惯培养计划”，其中重要的一点就是通过设立地铁图书馆等方式，为民众营造便捷的阅读渠道。每个地铁图书馆的面积将近20平方米，藏书1300本左右，一般设立在客流量比较大的站点。为了方便借阅，图书馆根据地铁流量高峰将开放时间调整为了13：30—20：00，并配置了专门用于查询和还书的电子触摸屏和书籍，同时扩大了办理权限，任意一个地铁图书馆都能为持有身份证的民众办理借阅证。这一便捷的公共服务设施，有利于方便民众充分利用“碎片化”的阅读时间，培养和强化其阅读习惯。

葡萄牙在2006年发起了国民阅读计划，将全民阅读作为一个整体进行持续的、全方位的评估。这一做法是比较少见的，目前国际上更多的是进行国民阅读素养的调查与评估，如由国际教育成绩评价委员会（IEA）主持的国际阅读素养进展研究（Progress in International Reading Literacy Study，PIRLS）、由经济合作与发展组织（OECD）主持的国际学生评价项目（Program for International Student Assessment，PISA）等。葡萄牙通过各个部门、各级政府的分工合作，主要采用“分散/定量”或“密集/定性”的操作方式进行大范围的、长期的内容捕捉与演变分析，并重点关注其语境多样、目标群体多元、项目多样等特点进行整体分析。

3. 韩国与日本

韩国通过颁布《读书文化振兴法》和每年发布读书振兴年度报告的方式对全民阅读的权威性予以保证，并明确规定将文化体育观光部作为国民阅读推广的官方机构，还成立了读书振兴委员会，每五年制订一份读书文化振兴基本计划。自2008年开始实施第一个五年计划，由文化体育观光部向阅读推广基础设施、阅读教育、出版产业振兴、各类阅读推广活动以及弱势群体阅读保障等项目投资116亿韩元。韩国增设了流动图书馆车以引导民众进行阅读，并在近百个图书馆都设置了驻馆作家，开展以好书介绍、名著解析、写作指导等为内容的一系列读书项目。而暑假期间各个儿童活动中心由老爷爷、老奶奶组成的“银发读书服务团”更是引人注目。

日本的阅读推广活动起步较早。早在1959年，日本书籍出版协会、杂志协会、教科书协会、出版经销协会、书店商业公会联合会、图书馆协会和全国学校图书馆协议会就共同组成了读书推广运动协会。协会开展的很多活动都延续下来，成为日本的传统阅读活动。日本认为读书对于提高理解能力、丰富想象能力、锻炼生活能力具有重要作用，亲近阅读应该从小抓起。日本在持续开展“儿童推进读书计划”的基础上，制定了《儿童读书推进相关法律》《图书馆法》《学校图书馆法》《新学校图书馆配备五年计划》等，对各级政府、图书馆的责任、配置等予以规定，以期为孩子营造一个随时随地自主读书的环境。

此外，世界上还有很多国家都有独具特色的国民阅读推广与庆祝活动。如始于 1989 年的法国读书节活动，秉承“多样文化的对话与表达”理念，通过写作、辩论、研讨、动画、文学会等多种形式，借助电影院、电视台、音乐厅、歌剧院等多种载体，全方位展示法国文化的载体之一——图书的魅力，让民众爱上阅读。俄罗斯颁布了《国家支持与发展阅读纲要》，并制定了《民族阅读大纲》，根据不同年龄段推出内容不同的阅读大纲，促进阅读推广活动的针对性与实效性。同时，充分调动各方力量，在出版运输、竞赛激励、图书馆建设等方面为阅读提供政策倾斜。新加坡致力于打造书香社会，启发民众优雅阅读。学校、图书馆、读书会、茶座、咖啡座、社团、书店、商业机构，甚至居委会、民众俱乐部等适当场所，都成为传播阅读风气、开展阅读活动的有效载体。

综观国外国民阅读的推广实践与发展现状，不难发现主要有三个特点：第一，颁布法律文件，培养国民阅读习惯。许多国家都制定了具有法律效力的政策性文件，规范并鼓励国民阅读活动的开展，如韩国的《读书文化振兴法》、日本的《图书馆法》、俄罗斯的《国家支持与发展阅读纲要》等。通过这种自上而下的政治引导，不仅为国民阅读指明了方向，从而能够集中优势资源进行阅读推广，而且还可以利用经济、文化倾斜措施，保障国民阅读活动的顺利开展。第二，社会各方合力，营造公共读书环境。各国的实践都证明，国民阅读活动的繁荣发展与深入推进，仅靠政府的力量是不可能完成的，而是需要地区行政机构、学校、家庭、图书馆、企业、媒体、社区、宗教机构、出版业、作家协会、商业领袖、公立组织等方方面面，以合办或协办的方式通力合作，才能形成全社会良好的阅读风尚。第三，重视少年儿童，关注偏远地区群体。各国都十分重视少年儿童阅读习惯的养成，甚至很多都从婴儿抓起。因为少儿阅读是国民阅读开展的基础与保障，利用科学调查研究努力提高青少年阅读水平是有效的举措。另外，各国也都重点关注了偏远地区儿童，无论是《不让一个孩子掉队》还是美国阅读先行计划，都旨在帮助偏远地区儿童享受同样的阅读资源，营造一个更加公正、平衡的阅读发展环境。

总之，国际上对于“全民阅读”日益重视，不遗余力地在公共设施建设、服务体系构建、阅读氛围营造、启蒙习惯养成等方面进行了探索与创新，为我国全民阅读活动的开展与建设提供了宝贵的经验。但是，由于具体国情的不同，我国在全民阅读推广中具有自己的特色与方式，对于国内全民阅读的研究现状进行分析与研究是不可或缺的。

第三节　“全民阅读”的国内研究现状

究竟何为“全民阅读”？囿于其内容的丰富性、涉猎的广泛性，目前国内学术界对“全民阅读”并没有一个统一的定义。有学者试图从阅读的主体、阅读的对象、阅读的功能等角度进行分类，剖析全民阅读的特征：按阅读的主体来看，既是“全社会成员的阅读”，又是“全人生过程的阅读”；按阅读的对象来看，既有印刷型文献，又有电子文献；按阅读的功能来看，既有休闲娱乐型阅读，又有专业学习型阅读。也有学者从阅读、全民阅读、全民阅读工作的关系入手进行层级解释：阅读是读者通过印刷或电子媒介传播的图文读物或有声读物获取信息的行为；全民阅读即全体国民的阅读；全民阅读工作则是指由政府部门、社会组织等向全体国民提供的各种阅读设施及服务。

一、全民阅读的文献数量变化分析

截至 2019 年 12 月 31 日，在中国知网以“全民阅读”为主题或关键词进行搜索，共得到相关文献 7707 篇，时间从 2005 年跨越至 2019 年。其中，第一篇真正意义上的“全民阅读”研究文献出现在 2005 年，当年仅有 6 篇文章。到 2009 年逐渐达到 118 篇，之后数量呈现持续平稳上涨趋势，2015 年达到顶峰，有 1153 篇。之后的几年，“全民阅读”的研究数量虽有回落，但一直保持在每年 1000 篇左右，仍然呈现一个较热的研究势头。这说明，对于“全民阅读”的研究，已经引起了学术界较为普遍的关注，具体如图 1-4 所示。

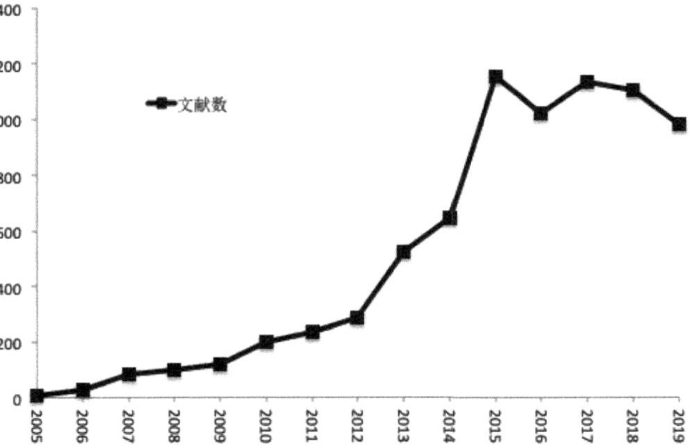

图 1-4 中国知网以“全民阅读”为主题的文献数量变化图（2005—2019 年）

中国知网关于“全民阅读”的文献，主要包括期刊论文、博硕士论文、会议论文、报纸文章等形式。其中，期刊论文 5747 篇，硕博士论文 180 篇，会议文章 220 篇，报纸文章 1567 篇。由于在中国知网中，同一个关于全民阅读的学术会议可能收录有多篇相关文章，笔者认为，对会议文章的发表时间及发表数量的研究不具有典型性、代表性，不能准确反映出具体趋势与特点，因此，在此仅对 2005—2019 年中国知网关于“全民阅读”的期刊论文、硕博士论文、报纸文章的文献数量变化进行分析，具体如图 1-5 所示。

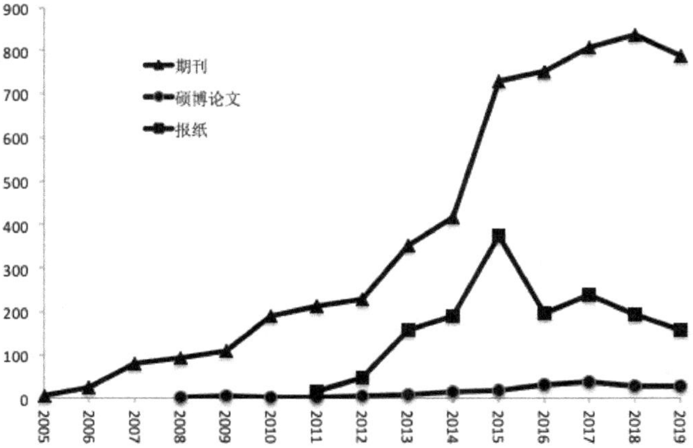

图 1-5 中国知网以“全民阅读”为主题的三类文献数量变化图（2005—2019 年）

从图 1-5 可以看出，中国知网“全民阅读”研究的三类主要文献基本呈现了同总体发展趋势相同的变化状况，逐步增长，稳中有升。尤其是报纸文章，在 2015 年出现了翻倍增长，由 2014 年的 409 篇直接上涨至 2015 年的 852 篇，2016 年虽稍有回落，共计 617 篇，但 2017 年又提升至 743 篇。

从图 1-4、图 1-5 的分析中可以看出，2015 年是“全民阅读”研究发展的关键一年，无论是总体数量变化还是三类文献数量变化，都在 2015 年达到了顶峰。这其中一个很重要的原因，是李克强总理再次将全民阅读写入了在 2015 年 3 月 5 日第十二届全国人民代表大会第三次会议上发布的政府工作报告中，并明确提出了“提供更多优秀文艺作品，倡导全民阅读，建设书香社会”的目标要求。全国范围内的全民阅读活动更加轰轰烈烈地开展了起来。例如，2015 年，《江苏省人民代表大会常务委员会关于促进全民阅读的决定》（以下简称《决定》）正式施行，作为我国首部促进全民阅读的省级地方性法规，该《决定》以法律的形式保障并推动了全民阅读活动的深入开展。《决定》将江苏省各地促进全民阅读的成熟做法上升为地方性法规，具有较强的针对性和可操作性，对于营造全民阅读氛围、引领全民阅读风尚、提高全民科学文化素质具有积极意义。此外，湖北省全民阅读媒体联盟成立，并通过了《湖北省全民阅读促进办法》；内蒙古试点推广了 1200 家数字书屋，推进全民阅读；辽宁省将开展全民阅读活动写入省政府工作报告；宁夏启动全民阅读数字平台建设，其全民阅读“七进”活动成效显著；福建省通过“传统媒体开读书专栏，新兴媒体搭阅读平台”的全媒体推广方式，大力促进全民阅读活动的有效开展。我国首个“校园智慧阅读创新系统”以“分级阅读”理念为基础，引入互联网技术辅以极具特色的长效激励方式，激发学生的阅读兴趣，培养学生的阅读习惯。该系统已经覆盖广东、辽宁、山东、海南、湖北、河北等省大中城市的多所学校，为数十万学生及家长提供了阅读服务，等等。

同时，在这一年，由国家新闻出版广电总局创建的“中国全民阅读网”，作为组织开展全民阅读的重要平台正式上线，网站开设了“新闻资讯”“主题活动”“通知文件”“经验交流”“总局推荐”“信息服务”“悦读阅读”等多个栏目，主要发布与全民阅读有关的新闻、活动、文件等，成为各地宣传展示全民阅读工作成果、分享交流先进经验的权威窗口，并很好地起到了上情下达、工作指导、资源整合、分享交流、意见征集、社会宣传等作用，进一步推动了全民阅读工作向纵深发展。中国全民阅读网的图标如图 1-6 所示。这一 logo 设计是由打开的书刊和手与鸽子的图案组合而成的，笔者认为，其中既蕴含着阅读的基本要素，又昭示着书籍在传播中国文化、传递各国文明、促进世界和平与发展中的重要作用，立意深刻、一语双关。

可以说，第二次将全民阅读写入政府工作报告，以立法的形式确认全民阅读的重要地位，自上而下的全民阅读活动的次第展开，都促使2015年成为全民阅读的大展宏图之年、成果丰硕之年、研究开花之年，而报纸作为最直接、最快速地反映全民阅读发展变化的媒介，其相关报道也实现了翻倍增长。以上，也较好地解释了图1-4、图1-5的发展态势。

图1-6“中国全民阅读网”的图标

二、全民阅读的关键词分析

以中国知网2005—2019年“全民阅读”相关文章为研究对象，继续进行主题的细化分析，共整理筛选出34个主要关键词，具体如表1-1所示。深入梳理可以发现，这些关键词其实可以用三个词予以串联：全民阅读、图书馆、阅读推广。

表1-1 中国知网“全民阅读”的主要关键词（2005—2019年）

序号	关键词	数量	序号	关键词	数量
1	全民阅读	4547	18	出版社	163
2	全民阅读活动	1439	19	新华书店	151
3	图书馆	1151	20	阅读需求	147
4	阅读推广	1117	21	农家书屋	146
5	公共图书馆	1068	22	阅读率	131
6	建筑物	773	23	读书节	131
7	阅读推广活动	654	24	文化机构	130
8	高校图书馆	393	25	阅读推广人	118
9	出版物	314	26	国民阅读调查	113
10	全民阅读推广	281	27	数字化阅读	108
11	学校图书馆	258	28	阅读服务	106
12	实体书店	239	29	国民阅读	102
13	书香社会	230	30	中国图书馆学会	94
14	中华人民共和国	222	31	图书馆服务	93
15	数字阅读	185	32	阅读需要	88
16	世界读书日	167	33	公共文化服务	88
17	图书馆阅读	164	34	读书活动	87

关于“全民阅读”。随着全民阅读重要性的日益提升，围绕“全面阅读”这一关键词的相关研究主要进行了四个层面的探讨：（1）在内容层面，着重以多种形式的全民阅读活动、世界读书日活动、读书节活动等为依托，进行活动开

展情况介绍与内容分析研究，展示以国家、各省市等为主体的全民阅读先进经验及成熟做法，为全民阅读的全面深入开展奠定基础；（2）在形式层面，通过出版社、图书馆、农家书屋、文化机构、新华书店、其他实体书店等各种载体，积极开展传统出版物创新与数字阅读创新，进行全民阅读方式方法的改革与探索，以更符合大众的阅读需求与阅读习惯；（3）在数据层面，全民阅读的持续、健康推进需要参考各种相关数据，如通过国民阅读调查获得的国民综合阅读率和数字化阅读方式接触率，通过调查问卷获得的图书馆服务、公共文化服务满意度比例等，都能够进一步明晰受众的阅读需要、阅读服务形态，从而为下一步全民阅读的开展制订更加具体、翔实、贴切的指导方案；（4）在制度层面，全民阅读的顺利开展需要一系列的制度体系予以保障，围绕诸如推广理论研究、全民阅读活动总结评析、公共文化服务体系构建、阅读平台框架搭建、阅读评估标准制定等重要问题，学者进行了大量的深入研究。

关于“图书馆”。图书馆与阅读有着天然的联系。1949 年《公共图书馆宣言》指出，公共图书馆“必须将注意力置于下列重要活动：展览、书目、讨论会、讲演、课程、电影和个人阅读指导等”，“必须激励阅读兴趣，不断通过精心策划的公共关系项目宣传推广图书馆服务”。目前，在我国开展全民阅读活动的图书馆主要包括两种类型：公共图书馆与高校图书馆。二者在推动全民阅读深入发展的过程中起着举足轻重的作用。在公共图书馆中，中国图书馆学会是引导图书馆行业科学管理、推动科技进步、发展我国图书馆事业的重要社会力量。成立于 1925 年的中国图书馆学会，是由全国图书馆及相关行业或机构科技工作者自愿结合并依法登记成立的全国性、公益性、学术性、非营利性的社会组织，是党和政府联系图书馆工作者的桥梁和纽带。2003 年，中国图书馆学会首次将推进全民阅读的工作提上议事日程并列入年度计划，这是中国图书馆学会自觉推动全民阅读的起点。2008 年，中国图书馆学会发布《图书馆服务宣言》，称“图书馆努力促进全民阅读。图书馆为公民终身学习提供保障，促进学习型社会的建设”。另外，高校图书馆作为一支重要的研究力量，也在全民阅读发展壮大中作出了突出贡献，如南京大学、安徽大学、北京大学等各级高校图书馆，成为这一过程中涌现出来的佼佼者。

关于“阅读推广”。“阅读推广”也称为“阅读促进”，是在“阅读辅导”“导读”“读书指导”“阅读宣传”“阅读营销”等概念的基础上发展而来的。

随着全民阅读气氛的高涨，相关领域对“阅读推广”的关注度越来越高，解析度越来越明。综合来说，“阅读推广”就是推广阅读，简言之即社会组织或个人为促进人们阅读而开展的相关活动，也就是将有益于个人和社会的阅读活动推而广之；详言之即社会组织或个人，为促进阅读这一人类独有的活动，采用相应的途径和方式，扩展阅读的作用范围，增强阅读的影响力度，使人们更有意愿、更有条件参与阅读的文化活动和事业。华东师范大学范并思教授在《公共图书馆阅读推广的发展趋势》一文中指出：“近年来公共图书馆阅读推广呈现四个趋势：阅读推广活动日常化、开展阅读推广的地区差距缩小、图书馆阅读推广部门边界消失、信息技术广泛应用于阅读推广。”阅读推广的实现，涉及方式、手段、媒介、体系、制度等多方面内容，相关研究领域繁多且复杂，但其中的关键一点在于——提高人们对全民阅读的认识水平，这其中离不开“阅读推广人”的推动作用。当每个人都能加入到阅读中来，实现人人都爱阅读、人人都是阅读推广人的良性局面，学习型社会的构建才有可能真正成为现实。

综合看来，通过对“全民阅读”“图书馆”“阅读推广”的具体分析，涵盖了其周边几十个相关研究方向。可以发现，这些细化的方向与领域不是各自独立的，而是相互渗透、相互关联、“你中有我、我中有你”的关系。任何两个或多个关键词的重新组合搭配，都会衍生出新的研究热点与研究指向。从期刊评价的角度看，对于一篇文章来说，最能体现其学术热度与价值的指标莫过于两个：被引量与下载量。由于被引量受到发表时间早晚的限制，很可能最新、最前沿的课题无法第一时间在被引数据上显露优势，因此，本章以“下载量”维度作为参考，分析目前全民阅读方向的重点研究领域。在中国知网以“全民阅读”为主题，按照相关文献的下载量进行排序，经过筛选，获得了中国知网“全民阅读”主题下载量 TOP10 的相应数据，可以遴选出目前比较热门的研究方向与研究主题，具体如表 1-2 所示。其中，武汉大学李新祥的博士论文《数字时代我国国民阅读行为嬗变及对策研究》，其下载量高达 17173 次，是第二名《我国公共图书馆儿童阅读推广模式研究》的 3 倍还要多。而且，这篇博士论文的被引量为 157 次，按被引排序，也处于第一名的位置，可以说是被引量与下载量两个维度当之无愧的双料冠军。由此可以看出，数字时代背景下全民阅读的嬗变已经引起了学术界的广泛关注，对其建设路径与发展对策的探析成为研究的重点与难点。本书从全民阅读角度进行“听书”的调查研究，探寻一条崭新的数字“新声活”之路，具有研究前沿性与时代迫切性，是紧扣前沿、兼具理论性与实践性的有益尝试。

表 1-2 中国知网“全民阅读”主题下载量 TOP10

序号	题名	作者	来源	发表时间	数据库	被引	下载量
1	数字时代我国国民阅读行为嬗变及对策研究	李新祥	武汉大学	2013-11-01	博士	157	17173
2	我国公共图书馆儿童阅读推广模式研究	陆晓红	南开大学	2014-05-01	博士	59	5239
3	图书馆的阅读推广活动研究	吕学财	吉林大学	2011-04-01	硕士	89	5038
4	新媒体环境下全民阅读策略研究——基于十次全国国民阅读调查数据的分析	李玉萍	安徽大学	2014-05-01	硕士	31	4468
5	图书馆阅读推广理论与实践研究述略	郑章飞	图书馆论坛	2010-12-20	期刊	141	4460
6	高校图书馆阅读推广实践现状调查与分析——以“211 工程”高校图书馆为例	郑伟青	图书馆工作与研究	2012-08-15	期刊	120	4226
7	公共图书馆阅读推广的发展趋势	范并思	图书馆杂志	2015-04-15	期刊	135	4062
8	中外图书馆阅读推广活动比较研究	李晓敏	河南科技大学	2012-06-01	硕士	56	3714
9	新环境下图书馆阅读推广工作探析——北京师范大学阅读推广实践与思考	雷菊霞；乔婧；袁玉敏	大学图书馆学报	2014-09-21	期刊	86	3707
10	阅读推广实现模式研究	赉鸥	图书馆学研究	2012-11-25	期刊	14	3702

对于其他较有代表性的研究成果，以下试举例一二。

郑章飞在《图书馆阅读推广理论与实践研究述略》一文中，系统梳理了近年来国内关于图书馆阅读推广理论研究的聚焦层面，具体包括图书馆阅读推广的意义、图书馆阅读推广的对策、图书馆阅读推广与和谐社会的构建、网络时代图书馆阅读推广的途径、图书馆阅读推广的具体案例和港澳台地区经验介绍等几个问题。之后，以中国图书馆学会、中国图书馆学会科普与阅读指导委员会（阅读推广委员会）以及各地阅读推广活动为例进行了具体实践的总结与分析。最后，系统研究了“阅读疗法”这一阅读推广理论与实践结合的经典案例，指明了图书馆这一终身学习与传承文明的阵地在全民阅读推广中的重要作用与艰巨任务。

夏立新、李成龙、孙晶琼等在《多维集成视角下全民阅读评估标准体系的构建》一文中，尝试构建旨在促进全民阅读事业系统化、规范化与标准化的全民阅读评估标准体系。文章从阅读资源生产评估、阅读资源传递评估、阅读资源利用评估等三个方面梳理了国内外全民阅读评估的相关实践及经验。在此基础上，从组织维、资源维、用户维三个角度进行了全民阅读评估标准体系框架的设想。基于多维集成视角建立全民阅读评估框架，构建多层级、多维度的全民阅读评估标准体系。在全民阅读评估标准体系中，评估主体包括国家全民阅读管理者、地方全民阅读管理者、部门全民阅读管理者和基层单位四类；评估对象主要涉及阅读资源的生产、传递及利用三个方面；为了保障全民阅读评估标准体系的可用性，提出应进一步建立数据收集与统计机制、评估反馈与激励机制，从而不断完善全民阅读评估体系。

三、全民阅读的研究机构分析

以中国知网 2005—2019 年“全民阅读”相关文章为研究对象，共整理筛选出 40 个主要研究机构，具体如表 1-3 所示。具体说来，相关研究机构可以分为四大类：高等院校、各级图书馆、国家行政机关、其他社会机构。

表 1-3 中国知网“全民阅读”的主要研究机构（2005—2019 年）

序号	研究机构	数量	序号	研究机构	数量
1	南京大学	109	21	武汉大学	22
2	中国新闻出版研究院	48	22	辽宁师范大学	22
3	安徽大学	42	23	华东师范大学	20
4	北京印刷学院	40	24	中国出版协会	20
5	中国国家图书馆	39	25	长春图书馆	20
6	中国人民政治协商会议全国委员会	38	26	中国传媒大学	20
7	北京大学	38	27	西南大学	20
8	中国韬奋基金会	31	28	沈阳师范大学	19
9	中国金融出版社	29	29	吉林省图书馆	19
10	南京图书馆	29	30	广州图书馆	19
11	湖南师范大学	28	31	湘潭大学	18
12	河北大学	28	32	苏州大学	18
13	深圳特区报社	28	33	金陵图书馆	18
14	重庆图书馆	26	34	国家新闻出版广电总局	18
15	民进中央委员会	26	35	贵州省图书馆	17
16	新闻出版总署	25	36	南昌大学	17
17	深圳图书馆	25	37	湖南图书馆	16
18	河南大学	24	38	黑龙江省图书馆	16
19	辽宁省图书馆	23	39	四川大学	15
20	中国图书馆学会	22	40	郑州大学	15

作为研究主体的高等院校。从表1-3可以看出，40个研究机构中数量最多的是高等院校，一共有18个，比例达到45%，几乎占据了研究机构的半壁江山。前三位的机构排名中，高等院校分列第一名和第三名，高等院校的整体排名也都比较靠前。南京大学、安徽大学、北京印刷学院、北京大学、湖南师范大学、河北大学、河南大学、武汉大学、辽宁师范大学、华东师范大学、中国传媒大学、西南大学、沈阳师范大学、湘潭大学、苏州大学、南昌大学、四川大学、郑州大学等十几所高等院校作为一支重要的研究力量，在全民阅读研究机构榜单上名列前茅。以这些院校为代表的高等院校在促进高校图书馆服务模式改革创新、引进融媒体数字化技术手段、提高学生信息素质教育水平、不断提高阅读推广实践能力等方面，都有不俗的表现，因此也成为全民阅读的研究主体。同时还应看到，主要研究机构具有区域性、集中性特点，如果某一省份的全民阅读工作开展得卓有成效，也会推动和促进所在地区相关研究机构脱颖而出。以江苏省为例，江苏省对全民阅读的反应积极迅速，出台了我国首部促进全民阅读的省级地方性法规，连云港部署了首个"江苏全民阅读日"活动，全省各地的全民阅读活动此起彼伏，形成了非常浓厚的阅读氛围。因此，南京大学在研究排名中位列第一，南京图书馆、金陵图书馆也都榜上有名，实现了自上而下、以整体带局部的阅读梯度。

作为推广主体的各级图书馆。在筛选出的40个研究机构中，图书馆类占到了12个，约为30%，不仅有国家级的中国国家图书馆，而且各省市的图书馆在全民阅读推广中也扮演了非常重要的角色，如南京图书馆、重庆图书馆、深圳图书馆、辽宁省图书馆、长春图书馆、吉林省图书馆、广州图书馆、金陵图书馆、贵州省图书馆、湖南图书馆、黑龙江省图书馆等，起到了很好的表率作用。我国各级图书馆在全民阅读中的主要作用在于提供公共文化服务、全力进行阅读推广。2015年，中共中央办公厅、国务院办公厅印发的《国家基本公共文化服务指导标准（2015—2020年）》，规定了图书馆服务的"底线标准"，如通过配备图书、报刊和电子书刊，免费提供借阅服务；设施免费开放，基本服务项目健全；配备无障碍设施；配备流动服务车等。各级图书馆在加快构建现代公共文化服务体系、切实做好公共文化服务工作的同时，还就如何更好地推广阅读进行了一系列研究与探讨，如推广现状调查与分析、推广理论与实践研究、阅读发展趋势与引导途径、新时期的时代使命与方向、阅读推广的创新经验与激励策略、先进经验的实现模式及评估标准等。我国各级图书馆在全民阅读工作的开展中不断创新思路、加大力度、完善保障，以社会化增强发展动力，进一步提升了服务效能，促使阅读推广活动迈入了构筑体系、重点突破、快速推进的崭新阶段。

作为国家意志代表的行政机关。阅读是人民群众最基本的文化权利，也是最为普遍、最为持久的文化需求，全民阅读作为全面建成小康社会的必然要求，已经成为我国的一项国家战略。作为国家意志代表的各级行政机关，自然要不遗余力地予以贯彻实施。中国新闻出版研究院、国家新闻出版广电总局（2013年机构重组之前其前身为“国家新闻出版总署”，2018年其新闻出版管理职责划入中央宣传部，对外加挂国家新闻出版署（国家版权局）牌子）、中国人民政治协商会议全国委员会、民进中央委员会等机构将开展全民阅读作为提高公民文化素养和文明程度的重要途径，进行了长期有力的持续推动，效果显著。如国家新闻出版广电总局创建了“中国全民阅读网”这一组织开展全民阅读的重要平台，全国政协委员、民进中央副主席朱永新在2019年“两会”上提出了三个关于阅读的提案，建议以设立国家阅读节为抓手，以细化研究为基础，以各类机构为依托，让阅读成为全民自觉的行动。这里还需提到的一个关键部门是中国新闻出版研究院。中国新闻出版研究院是国家级新闻出版专业研究机构，主要业务是研究中国国内外出版业的现状、趋势与历史，为政府和业界提供全方位的决策咨询和智力支持。其对于全民阅读最突出的贡献莫过于从1999年开始组织实施全国国民阅读调查并发布报告，到2020年4月已经完成了17次。国民阅读调查严格遵循“同口径、可比性”原则，在全国范围内开展各媒介综合阅读率、不同媒介接触时长、人均图书阅读量、阅读方式、阅读指数等的调查，为全民阅读提供了宝贵的数据资料与比对信息，具有公认的信服力。

作为有力补充的其他社会机构。以中国金融出版社、深圳特区报社、中国出版协会、中国图书馆学会、中国韬奋基金会等为代表的其他社会机构，作为开展全民阅读活动的有力抓手，分别从不同侧面进行了积极补充，不断呼吁全社会重视阅读，将这一仍处于起步阶段的重要工作长期贯彻执行下去。这些社会各界的优秀代表，主动迎接融媒体时代给阅读带来的新变化、新挑战，通过各自的方式，在各自的领域宣讲着阅读的价值、意义和方法，推动阅读的广泛开展；以相关交流为拓展，不断发掘、创造、推广新的阅读方法，力争让阅读增效，推进阅读深入开展，打造一个蕴含着原汁原味中国优秀传统文化的阅读节日，让建设书香中国成为一个激活五千年文明、重新焕发文化青春的伟大行动！

第四节　全国国民阅读调查报告

从上文的分析中可以看出，国家的重视是全民阅读逐渐兴起的重要原因。而国家日益重视全民阅读并不断调整阅读推广策略的一个重要渊源，来自一项全国性、连续性、基础性的国家工程——全国国民阅读调查。

从1999年开始，隶属于中华人民共和国国家广播电视总局的、我国国家级新闻出版专业研究机构——中国新闻出版研究院开始组织实施全国国民阅读调查。其目的在于全面了解我国国民阅读倾向发展趋势和文化消费现状，包括我国国民的阅读与购买兴趣、偏好、方式、需求、行为等基本状况和变动情况等，以期分析和总结国民阅读与购买图书、杂志、音像制品、电子出版物等的变化规律和发展趋势，从而为国家新闻出版管理机关制定有关出版政策提供决策参考与智力支持，为出版单位进行科学的投资决策、有针对性地制订选题计划、组织营销等提供市场参考与方向指南。全国国民阅读调查1999年到2007年，每两年进行一次，从2008年开始，每一年进行一次。2020年4月，《第十七次全国国民阅读调查报告》发布。

2005年，第四次全国国民阅读调查数据显示，从1999年第一次全民阅读调查开始，国民阅读率一路下滑，到2005年降到了42.2%的历史低点，比1999年的60.4%下降了18.2%，这与当时社会上流行的“读书无用论”“拜金主义”等论调有很大关系，引起了政府有关部门的高度重视。因此，从2006年开始，原新闻出版总署会同中宣部、中央文明办、文化部等十部委，联合发布了《关于开展全民阅读活动的倡议书》。2019年政府工作报告中提出，要倡导全民阅读，推进学习型社会建设。这也是“全民阅读”继2018年以来第二次被补充写入政府工作报告和自2014年以来第六次被写入政府工作报告。

全面梳理与总结了1999—2019年的17次全国国民阅读调查，笔者进行了如下总结与思考。

一、关于调查内容

随着互联网的不断发展与新媒体技术的不断应用，一个全新的融媒体时代正在“渐行渐近”，既实现了时间上的全程互动传播、空间上的全息深度融合、主体上的全员参与互动、效能上的全效实现态势，也深刻地影响了人们的阅读形式与手段。因此，全国国民阅读调查的具体内容也在不断丰富与变化着。以1999年第一次国民阅读调查内容为基点，细致分析了不同年份增加的调查内容，具体如下：

1999年，第一次国民阅读调查主要涵盖四大方面的内容：（1）国民平均阅读率；（2）图书阅读率；（3）各种媒介的平均接触率，具体包括录像带、VCD和DVD；（4）国民上网率。

2003年，增加了MP3光盘购买率的调查。

2005年，增加了版权问题的调查。

2007年，增加了电子书、手机报、动漫相关问题的调查。

2008年，增加了未成年人阅读、数字阅读、全民阅读活动参加情况、对自身阅读情况的评价等调查。

2010年，增加了电子书阅读量的调查。

2011年，增加了电子书、电子报纸、电子期刊阅读率的调查。

2012年，增加了数字化阅读载体阅读率的调查。

2014年，增加了Pad、微信使用阅读时长的调查。

2016年，增加了听书的调查。

可以看出，国民阅读调查每一次内容的增加与调查侧重点的转移，折射出的都是移动互联技术的革新与国民阅读习惯的变化。新技术改变了国民阅读的载体，从MP3到手机再到Pad；新载体催生了新的国民阅读方式，从电子书到数字阅读再到移动听书。国民阅读调查的历史，其实也是从2G到5G的移动网络发展历史，更是从传统阅读到数字化、碎片化阅读的变革历史。《第十七次全国国民阅读调查报告》针对2019年我国国民阅读具体情况，主要涵盖了以下11个方面的内容，主要包括：我国成年国民各媒介综合阅读率以及各类数字化阅读方式的接触率；我国成年国民每天接触媒介的主体及相应的阅读时长；我国成年国民的人均纸质书报刊阅读量及电子书阅读量；我国城乡居民不同介质的阅读率与阅读量；有声阅读成为国民阅读新的增长点，移动有声App平台成为听书的主流选择；我国成年国民的主要网上活动行为及特点；我国成年国民数字化阅读及手机阅读的比例与倾向；我国成年国民对自身阅读数量的评价及对阅读发展趋势的要求；我国0～17周岁未成年人图书阅读率、阅读量统计；我国0～8周岁儿童家庭中亲子阅读的比例；全国阅读指数，包括个人阅读指数及公共阅读指数。这 11 个方面，集中而又精练地概括出了我国全民阅读的特点及变化，容纳着进一步提高阅读成效的关键词与着力点。

“明者因时而变，知者随事而制。”适应时代的发展，阅读调查也在不断更新、调整、与时俱进。全国国民阅读调查自成体系却又不拘泥于条条框框的限制，唯有如此，这样的调查数据才更真实、更贴近实际、更具指导力与公信力，才能为政府决策提供更有针对性的意见建议。

二、关于调查对象

对全部 17 次国民阅读调查进行分析发现，调查对象的年龄段分布发生了变化。在前五次的全国国民阅读调查中，即 1999 年、2001 年、2003 年、2005 年、2007 年，主要以 18 ～ 70 周岁的国民为调查对象。从 2008 年开始，除了 2014 年覆盖了全年龄段调查人群外，其余年份的调查对象年龄段分布均细分为四个阶段，即 0 ～ 8 周岁、9 ～ 13 周岁、14 ～ 17 周岁、18 ～ 70 周岁。1999—2019 年全国国民阅读调查未成年人样本数量及在总样本量中所占的比例统计具体见表 1-4。

表 1-4　1999—2019 年全国国民阅读调查的样本数量统计

调查时间	有效样本量	成人样本量	未成年人样本量	未成年样本占总样本量的百分比	调查时间	有效样本量	成人样本量	未成年人样本量	未成年样本占总样本量的百分比
1999	—	—	0	—	2012	18619	12791	5828	31.3%
2001	—	—	0	—	2013	40600	—	—	—
2003	6000	6000	0	—	2014	49802	35539	14263	28.6%
2005	8078	8078	0	—	2015	45911	34344	11567	25.2%
2007	20800	20800	0	—	2016	22415	16967	5448	24.3%
2008	25500	19434	6066	23.8%	2017	18666	14245	4421	23.7%
2009	19005	14615	4386	23.1%	2018	19683	15043	4640	23.6%
2010	19418	14284	5034	26.0%	2019	21270	16232	5038	23.7%
2011	18881	14331	4550	24.1%					

这样的变化并不是任意而为，而是隐藏着深刻的政治、经济形势演变。上文提到，2005 年的国民阅读率一度降到了自有国民阅读调查以来的最低点，这

既反映了当时的国民追求经济利益而忽视精神需求，又表明了我国全民阅读推广力度仍需持续加大。因此，2006年，原新闻出版总署会同中宣部等十部委联合发布了《关于开展全民阅读活动的倡议书》，提高了全民阅读在我国文化建设、社会建设中的重要地位，从国家层面进一步提起了重视，并以此浸润着全社会的阅读风气。随着我国经济发展形势的不断好转，人民群众腰包里有了余钱，不仅开始追求物质生活满足之后的精神食粮，而且也逐步认识到了"知识就是力量"，知识才是现代社会改变命运的基本介质。从"拜金主义"到"知识至上"，中国的父母从焦虑如何给孩子更好的物质条件，转变为如何让孩子赢在起跑线上。早教与亲子阅读等都致力于从小培养孩子的认知能力、理解能力、阅读能力，成为众多家长追捧的对象。抛开中国父母的良苦用心与过度焦虑不谈，确实，正如古语所云："少而好学，如日出之阳。壮而好学，如日中之光。老而好学，如炳烛之明。"良好阅读习惯的养成，不仅能使成年人受益匪浅，而且对于国之未来栋梁的未成年人来说更是尤为重要。因此，对未成年人的阅读需求及存在问题的了解与把握变得十分迫切。

随着家庭、学校、社会对未成年人阅读的日益重视，全国国民阅读调查也相应地作出了调整。从2008年开始，在每年一次的全国国民阅读调查中，开始加入了未成年人这一研究对象，并细分为0～8周岁、9～13周岁、14～17周岁三个年龄段，再加上原来18～70周岁的被试，这样就实现了分别使用四套问卷进行的全年龄段人口调查。同时，也一直保持未成年人的有效样本量占总样本的25%左右的轻微浮动比例。以第十七次国民阅读调查为例，有效样本量为21270个，成年人样本为16232个，18周岁以下未成年人样本为5038个，未成年样本占到总样本量的23.7%；调查执行样本城市为55个，覆盖了我国29个省、自治区、直辖市，调查可推及我国的12.84亿人口。

三、成人媒介接触率与接触时长

以"成人媒介接触率"为观察点，分别从图书、报纸、期刊、网络在线阅读、手机阅读、Pad和MP4、光盘、其他手持阅读器、数字阅读方式接触率等几个维度，进行了1999—2019年全国国民阅读调查成人媒介接触率统计，具体如表1-5所示。从整体上看，成人媒介接触率呈现逐年上涨趋势，数字阅读方式接触率增长迅速，除图书的接触率保持相对稳定的缓慢增长外，报纸、期刊等纸质媒体的接触率均逐渐下降。

表 1-5　1999—2019 年全国国民阅读调查的成人媒介接触率统计

调查时间	图书（%）	报纸（%）	期刊（%）	网络在线阅读（%）	手机阅读（%）	Pad 、MP4 等（%）	光盘（%）	其他手持阅读器（%）	数字阅读方式接触率（%）
1999	60.4	—	—	—	—	—	—	—	
2001	54.2	49.8	36.7	—	—	—	—	—	
2003	51.7	58.6	39.4	—	—	—	—	—	
2005	48.7	60.6	39.7	—	—	—	—	—	
2007	48.8	58.3	38.4	—	—	—	—	—	
2008	49.3	63.9	50.1	15.7	12.7	4.2	3.3	1.0	24.5
2009	50.1	58.3	45.6	16.7	14.9	4.2	2.0	1.3	24.6
2010	52.3	66.8	46.9	18.1	23.0	2.6	1.8	3.9	32.8
2011	53.9	63.1	41.3	29.9	27.6	3.9	2.4	5.4	38.6
2012	54.9	58.2	45.2	32.6	31.2	2.6	1.6	4.6	40.3
2013	57.8	52.7	38.3	44.4	41.9	2.2	0.9	5.8	50.1
2014	58.0	55.1	40.3	49.4	51.8	9.9	2.0	5.3	58.1
2015	58.4	45.7	34.6	51.3	60.0	11.3	2.1	8.8	64.0
2016	58.8	39.7	26.3	55.3	66.1	10.6	—	7.8	68.2
2017	59.1	37.6	25.3	59.7	71.0	12.8	—	14.3	73.0
2018	59.0	35.1	23.4	69.3	73.7	20.8	—	20.8	76.2
2019	59.3	27.6	19.3	71.6	76.1	21.3	—	24.8	79.3

2008 年之前，互联网、手机、数字化阅读方式在我国尚未普及，全民国民阅读调查在数字化、网络化方面的调查属于空白。因此，只对 2008—2019 年国民阅读调查报告成人媒介接触时长进行了分析，具体如表 1-6 所示。从表中可以看出，手机和互联网已经成为影响、改变成人生活状态的主要媒介。2019 年我国成年国民人均每天手机接触时长为 100.41 分钟，比 2018 年的 84.87 分钟增加了 15.54 分钟；人均每天互联网接触时长为 66.05 分钟，比 2018 年的 65.12 分钟增加了 0.93 分钟，均呈现持续增长态势。

表 1-6　2008—2019 年全国国民阅读调查的成人媒介接触时长统计（分钟）

年份	图书	报纸	期刊	互联网	手机	电子阅读器	微信	Pad
2008	17.70	22.83	16.26	26.16	4.66	—	—	—
2009	14.70	21.02	15.40	34.09	6.06	—	—	—
2010	16.78	23.69	13.66	42.73	10.32	1.75	—	—
2011	14.85	22.00	11.80	47.53	13.53	3.11	—	—
2012	15.38	18.91	13.17	46.77	16.52	2.94	—	—
2013	13.43	15.50	10.05	50.78	21.70	2.26	—	—
2014	18.76	18.80	13.42	54.87	33.82	3.79	14.11	10.69
2015	19.69	17.01	8.83	54.84	62.21	6.82	22.63	12.71

（续表）

年份	图书	报纸	期刊	互联网	手机	电子阅读器	微信	Pad
2016	20.20	13.15	6.61	57.22	74.40	5.51	26.00	13.88
2017	20.38	12.00	6.88	60.70	80.43	8.12	27.02	12.61
2018	19.81	9.58	5.56	65.12	84.87	10.70	—	11.10
2019	19.69	6.08	3.88	66.05	100.41	10.70	—	9.63

随着现代信息技术的不断飞跃，人类传播开启了全新的“数字化生存模式”。数字改变生活，这既是“信息无处不在、无所不及、无人不用”的时代的生动体现，又反映了当代社会近乎残酷的优胜劣汰法则，国民阅读调查成人媒介接触率与接触时长的变化正毫不掩饰地折射了这一点。适应生活节奏日益加快的国民碎片化阅读需求，更快捷、更方便、更舒适的数字阅读载体备受青睐，手机更是独占鳌头，这促使人们开始享受阅读，“低头族”“网络原住民”日益增多。而随着国民媒介接触时长的逐渐增多、阅读需求日益细化，很快，就会催生新的方式与载体，阅读媒介的更新换代由此展开。

四、国民阅读满意度

从 2008 年开始，全国国民阅读调查增加了国民对于自身阅读评价情况的了解，包括阅读量、阅读满意度、对举办的阅读活动的看法。整理总结了 2008—2019 年全国国民阅读调查国民阅读评价情况，具体如表 1-7 所示。

表 1-7 2008—2019 年全国国民阅读调查的国民阅读评价情况表

年份	阅读评价							
	阅读量				阅读满意度			阅读活动
	很多	较多	一般	较少	满意	一般	不满意	希望举办活动
2008	—	—	—	65.1%	38.6%	—	61.2%	63.8%
2009	1.0%	—	40.9%	58.1%	16.1%	51.8%	32.1%	65.5%
2010	0.9%	6.5%	44%	55.1%	20.6%	55.9%	23.5%	66%
2011	1.2%	7.1%	48.1%	50.7%	21.1%	57.9%	23.5%	62.6%
2012	1.3%	7.9%	45.6%	53.1%	19.1%	58.1%	22.8%	69.2%
2013	1.2%	8.4%	37.6%	52.8%	21.0%	55.5%	23.5%	66.3%
2014	2.0%	8.2%	38.3%	44.1%	25.8%	47.6%	16.3%	68.6%
2015	1.2%	8.0%	37.4%	45.0%	20.8%	48.5%	17.4%	67.3%
2016	1.7%	6.6%	36.0%	45.2%	19.6%	47.6%	18.5%	65.7%
2017	1.7%	8.8%	37.7%	39.5%	23.7%	48.6%	13.1%	64.2%
2018	2.1%	6.3%	37.8%	41.5%	26.3%	47.4%	14.6%	—
2019	2.1%	6.0%	40.5%	37.5%	24.4%	48.8%	14.3%	68.2%

表 1-7 显示了三个喜人的趋势：第一，认为自己阅读量较少的人群数量越

来越少，由 2008 年的 65.1% 降到了 2019 年的 37.5%，十多年间降低了 1/3 还要多。第二，阅读满意度中持“不满意”态度的人群数量越来越少，由 2008 年的 61.2% 下降到了 2019 年的 14.3%，降幅惊人。由于 2008 年没有“一般”的选项，只有“满意”与“不满意”，为了公平起见，可以引入 2009 年的数据进行比较。即使是这样，从 32.1% 下降到 14.3%，也是十分耀眼的成绩。第三，持阅读量“很多”和阅读满意度“满意”态度的人群数量处于历史较高水平，在 2019 年分别达到了 2.1% 和 24.4%，除去 2008 年不完全一致的调查选项外，其比例基本处于历年较高值。

全民阅读的发展趋势无疑是好的。但也应看到，从总体来说，国民认为自己的阅读量较少或者一般、阅读满意度一般的人群数量仍然占据绝大多数。学习竞争的加大、工作压力的加剧、生活节奏的加快，让很多人“安静地读一本书”变得心有余而力不足。根据阿里巴巴发布的 2018 年中国人读书报告显示，我国人均阅读量为 5.5 本，而目前全世界人均阅读量最多的是犹太人，人均达到 64 本，差距无疑是巨大的。同时，由于完整的阅读时间被挤压成了碎片，零零散散、争分夺秒的读书无法为民众带来期望中的阅读体验。另外，我国全民阅读公共体系建设不够完善、群众性文化活动机制不够健全、阅读推广服务制度不够齐备，也是不断提高国民阅读量与阅读满意度亟待解决的问题。2019 年的调查中，接近七成的人都希望所在城市能够多举办一些全民阅读活动。今后，要多结合区域特色开展群众喜闻乐见的阅读活动，并力争呈现系统性、传承性，成为当地经典项目；要多引入新技术新观念新成果，勇于创新敢于革命，不断促进全民阅读方式方法的智能化发展；要多发挥本地区人文资源优势，提高国民的城市认可度与黏性，力争让人人都成为城市全民阅读文化体系的代言人。总之，建立健全以人为本、面向基层、惠及群众、兼顾重点的全民阅读公共服务体系，将成为今后工作努力的方向与重点。

结　语

阅读是人类获取知识、增长智慧的重要方式，是一个国家、一个民族精神发育、文明传承的重要途径。中华民族有着优良的读书传统，崇尚读书、诗书继世之风绵延数千年。随着“全民阅读”这一国家战略的确立，国内外相关文献如潮涌来，而社会各界、各部门、各单位组织开展、协调跟进的各项全民阅读活动的持续进行，也使得全民阅读的内容、手段、形式等有了进一步的丰富与拓展。目前，虽然全民阅读在我国仍处于起步阶段，这项持续性、长期性的工作仍任重道远，但是，全社会“好读书、读好书、读书好”的阅读氛围已经形成并日益浓厚。正如在全民阅读网扉页上所号召的那样：“请随我们一起阅读吧，无论什么样的年纪，在我们阅读过的或者是即将阅读的文字里，在它的字里行间里，可以找出智慧与青春，可以找出只有阅读才有的快乐。”是的，一起阅读吧，全民阅读的时代已经到来！

近年来，新的现代信息技术不断发展，互联网渗透了人们生活的方方面面，人类传播开启了全新的“数字化生存模式”，进入了“信息无处不在、无所不及、无人不用”的全媒体环境。表现在全民阅读模式上，呈现出许多新的特点：（1）越来越多的成年国民倾向于数字化阅读方式，倾向“拿一本纸质图书阅读”的读者比例下降，而倾向手机阅读的读者比例上升明显。（2）我国成年国民网上活动行为的娱乐化和碎片化特征明显，深度图书阅读行为的占比偏低。如何更好地把握与争取我国以 18 ～ 49 周岁为主的数字化阅读接触者群体，为他们提供更便捷的阅读方式、更适合碎片化时间的阅读内容，无疑是一个值得深入研究的崭新课题。适应这一发展要求，一种数字阅读新方式——听书出现了！

第二章 “听书”的中外源起与盛行探因

在喜马拉雅 FM 发布的 2018 年有声书榜单中，有这样几个数字引人注目：4.7 亿、30.8 亿、180 分钟、77.5%。或许还有很多人仍在疑虑这个喜马拉雅 FM 和那个世界海拔最高的山脉有什么联系，但不管怎么看，毋庸置疑的一点是这样的一组数字放在任何地方都依旧耀眼。而它们串联起来的真正意思在于：在 2018 年上半年，喜马拉雅 FM 的用户数为 4.7 亿人，用户累计收听总时长超过 30.8 亿小时，活跃有声书用户每天平均收听时长超过 180 分钟，77.5% 的平台用户愿意为有声书内容付费。

在世界经济普遍下行的当下，似乎很久没有哪个产业交出过如此让人满意的答卷。如果业外人士仍无法在第一时间了解其意义所在，那么不妨仿照“销售的产品加起来绕地球几圈”的逻辑来举个例子：仅在 2018 年上半年，喜马拉雅 FM 的十大人气主播就联合收割了听众 585.9 亿分钟的时间，相当于陪伴孙悟空度过了 222.6 次被压在五指山下的 500 年。人常说“一寸光阴一寸金，寸金难买寸光阴”，究竟是何方神圣能够让受众甘心投入如此多的时间？无独有偶，不仅用户日益青睐，就连京东、当当、阅文集团等各界大佬也都纷纷入局、一试深浅。而这个热闹非凡的领域就是——有声书。如果在未曾深入分析之前试着为这个领域贴一个粗线条的标签，似乎可以顾名思义地表述为“书本文字的有声化”。在相关研究中，有很多比较笼统的称谓，比如“听书”“有声书”“有声阅读”，在笔者未对听书进行明确的定义与分类之前，暂且同时使用这几个称谓。

诚然，在全民阅读的众多方式与渠道中，“听书”目前仍然只算是比较小众的一种形态。但是，它却凭借短时间内爆发式的增长，强势地引起了人们的注意，并带来了行业价值、生产组织关系等一系列热门探讨。这盘棋究竟下得有多大？它究竟是昙花一现还是厚积薄发？其前世今生到底是什么？在深入解读之前，不妨先用数据来一探究竟。

第一节　关于“听书”的数据调查与分析

本节对于“听书”的数据调查与分析主要从宏观、中观、微观三个层次进行。宏观层面，依据业内专业产业研究权威机构艾媒咨询的数据统计，对我国“听书”的用户规模与市场规模进行调查分析；中观层面，依托全国国民阅读调查报告的广泛性与公信力，调查自2016年“听书”被列入调查范围起的四年中我国国民听书的相关情况与趋势；微观层面，借助中国知网的期刊文献搜索系统，整理汇总以“听书”等为关键词的主要论文，分析其研究现状与主要研究成果。至此，本书对“听书”的数据调查形成了一个涵盖宏观、中观、微观的全方位分析网络，能够较好地展现我国听书产业的发展现状与趋势。

一、“听书”的用户规模与市场规模调查

想要快速了解某个行业，最便捷的方式就是找到两类数据：用户规模、市场规模。就听书产业来说，用户规模是听书平台的用户使用保有量，反映的是该平台的内在发展驱动力；市场规模是听书产业的资金运营保有量，反映的是该行业的外在组织前景。用户规模和市场规模作为两大宏观模块，能够使研究者在第一时间获得对听书行业当前状况与未来趋势较为完整的预估与评判。因此，笔者首先通过对艾媒咨询的相关统计数据进行整理，就“听书”的用户规模与市场规模进行了调查与分析。

艾媒咨询（iiMedia Research）始步于2007年，是中国第一家专注于移动互联网、智能手机、平板电脑和电子商务等产业研究的权威机构，也是目前在全球处于领先水平的移动互联网第三方数据调研挖掘与整合营销机构。2012年，艾媒咨询正式成为国家统计局主管的中国市场信息调查业协会（CAMIR）唯一专注于移动互联网行业市场信息调研的成员单位。艾媒咨询的全球新经济研究中心紧跟包括手机娱乐、电视、阅读、游戏、无线增值等在内的各大领域，以及围绕此而衍生的各种基础互联网经济、电信与通信领域，利用先进的信息技术，为国家工业和信息化部、广东省人民政府、广州市人民政府等各级政府部门，海内外各大电信运营商和设备提供商提供数据研究和决策参考服务。由此

可见，艾媒咨询的数据具有可信性与公信力，可以借鉴。

根据艾媒咨询的数据统计显示，自 2012 年起，我国有声阅读市场规模呈现倍数增长趋势。2016 年，我国有声书用户（包括实体有声书及数字有声书的用户）规模为 2.18 亿人，在音频技术和用户需求的双重刺激下，2018 年，我国有声书用户规模已经达到了 3.85 亿人，年均复合增长率为 26.7%。预计到 2020 年年底，这一数字将达到 5.62 亿人，具体如图 2-1 所示。在有声阅读习惯的培养和普及下，紧跟移动化趋势的“听书”会成为用户主要的休闲方式之一。

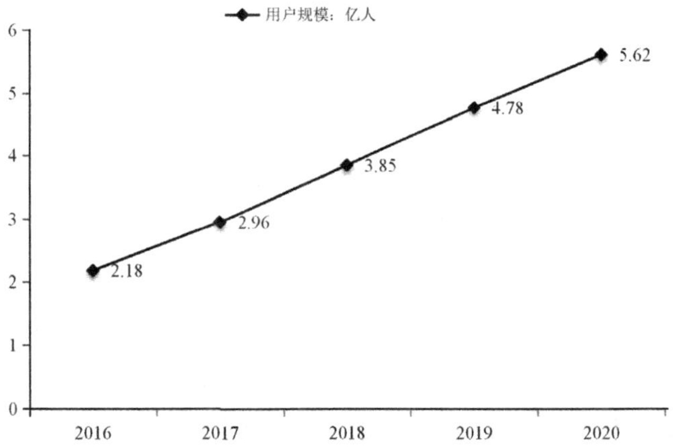

图 2-1 2016—2020 年我国有声书用户规模统计及预测

用户规模的不断增长是与我国整体的经济发展形势密不可分的。只有国民的物质需求得到极大满足，精神需求才能得到重视与实现。2019 年 1 月，国家统计局发布了 2019 年居民收入和消费支出情况。数据显示，2019 年全国居民人均可支配收入达到了 30733 元，比上年名义增长 8.9%，扣除价格因素，实际增长 5.8%；全国居民人均消费支出 21559 元，比上年名义增长 8.6%，扣除价格因素，实际增长 5.5%，其中，人均教育文化娱乐支出为 2513 元，占比 11.7%，比上一年度增加 287 元。随着用户购买水平的提升，付费意识与能力也不断增长，我国文化娱乐产业正在迎来最好的时代，有声书市场也获益匪浅。2016 年，我国有声书市场规模为 23.7 亿元，到 2018 年已飙升至 46.3 亿元，年均复合增长率为 36.4%。预计到 2020 年年底，有声书市场规模将达到 82.1 亿元，具体如图 2-2 所示。有声阅读市场整体呈现规模总量不大但增长稳定的特点。

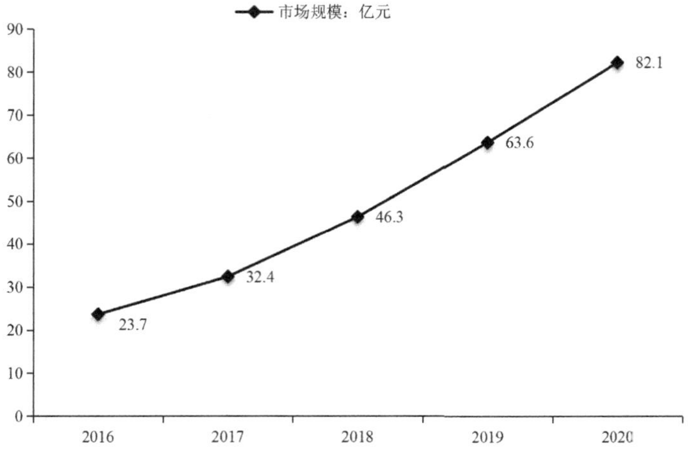

图 2-2 2016—2020 年我国有声书市场规模统计及预测

2018 年，我国已经有近三成的国民有听书习惯。2018 年有声听书月人均使用次数 93.6 次，同比增长 39.0%，月人均使用时间 408 分钟，同比增长 36.5%。而到了 2019 年，在艾媒咨询受访网民中在线音频的渗透率已经达到了 57%，接近六成，而且受访在线音频用户每日使用时长大多在 2 小时以内，以放松身心、休闲娱乐、排解情绪、打发时间等为主要目的。由此可见，目前，我国成年国民和未成年人有声阅读继续较快增长，已经成为国民阅读新的增长点，也能满足更多用户在娱乐、休闲方面的需求。

由此可以发现，2016—2018 年是听书行业的高速发展期。如果将“听书”放在互联网大背景下，依据时间脉络梳理其规模演变态势，可以简单地将其归纳为四个时期：（1）产业发端期（2009—2012 年）。在这一阶段，传统书籍开始了有声化的探索，最早的有声阅读模式出现，并基于阅读基地进行了行业初步布局。作为一种新奇的阅读体验，“听书”逐渐引起关注，这一阶段的行业红利明显，各大移动听书平台的用户规模增速较快。（2）市场启动期（2013—2015 年）。随着 4G 网络、智能手机的普及与应用，不仅开拓了听书市场、扩大了用户规模，同时新技术新成果在听书行业的快速渗透，推动听书以更灵活更简便的方式融入用户生活。新的技术形式也为听书带来了更多内容表达、体验丰富的新尝试，全媒体场景化发展初见端倪，在线音频开发场景经济生态初步发展。（3）高速发展期（2016—2017 年）。资金永远是产业发展最直接、最有效的助推器。听书产业的发展前景诱使大量资本涌入，不仅助推了领域内多家听书平台的多元高速发展，更直接引发了白热化的市场竞争。同时，各大听书平台的“N轮”融资也带来了平台发展特色与前景的重新探讨，听书平台在与各类科技公司、出版集团、行业企业等的合作中开启了未来发展途径的多维扩张。（4）纵深拓展期（2018年至今）。经历了市场血雨腥风的洗礼，留存下来的听书平台逐渐找到了各自的定位与特色，并由用户数量比拼开始转向多元营销模式的探索与拓展。借助逐渐成熟的运营模式，线上线下、行业内外的互动与融合次序展开。目前，我国移动听书行业已经形成了“一超双强多重点”的行业竞争格局，喜马拉雅FM、蜻蜓FM、懒人听书、荔枝FM、企鹅FM等听书业领军企业崭露头角。

面对听书产业用户规模与市场规模的利好消息，有一点需要提起注意：如同很多产业一样，听书领域的发展也是从“圈地运动”开始的。为了能第一时间得到市场资本的关注，在行业内占有一席之地，早期听书平台扩张的关键点往往在于最大限度地抢夺用户，扩大用户规模。这场争夺战的结果在很大程度上往往是各大平台来不及明确自身特色定位而急于试水，盲目追求“大而全”以求吸引层次不同、需求不同的各类用户。毕竟，用户规模可以成为最有效的招牌、最直接的广告语。当尘埃落定，用户与市场终将回归理性，庞大的规模究竟是泡沫还是资源？这是听书平台角逐沙场的基础。如何将庞大用户数量成功转化为产业发展的内生动力，并持续获得行业资本青睐，才是听书平台勇立潮头的关键。这是听书产业用户规模与市场规模快速猛增带来的思考，也是未来听书平台发展的总体导向。

二、全国国民阅读调查报告中的“听书”

全国国民阅读调查凭借其调查主体的权威性、调查范围的广阔性、调查对象的全民性，而使全国国民阅读调查报告拥有了天然的可信性与说服力。正因如此，历年来全国国民阅读调查报告中增加的研究内容，也往往代表着当年国民阅读的发展态势与未来阅读创新的风向标。2016年，“听书”作为一项崭新的内容，被列入了第十四次全国国民阅读调查报告，至今已有四年时间。听书在全民阅读中的地位，由此可见一斑。笔者借用这些权威数据，分别从各年龄段听书率、听书介质两方面对2016—2019年全国国民阅读调查听书情况进行了比较分析，具体如表2-1所示。

表 2-1 2016—2019 年全国国民阅读调查听书情况比较

年份	各年龄段听书率					成年国民的听书介质		
	0～8 周岁儿童听书率	9～13 周岁少年儿童听书率	14～17 周岁青少年听书率	0～17 周岁未成年人听书率	成年国民听书率	移动有声 App 平台	广播	微信语音推送
2016	—	—	—	—	17%	6.5%	3.6%	1.0%
2017	20.7%	20.9%	28.4%	22.7%	22.8%	10.4%	7.4%	5.3%
2018	26.8%	25.2%	26.0%	26.2%	26.0%	11.7%	6.4%	—
2019	36.5%	30.5%	35.8%	34.7%	30.3%	16.2%	6.0%	9.3%

从表 2-1 的数据统计可以看出，我国成年国民和未成年人有声阅读继续较快增长，成为国民阅读新的增长点。在听书介质接触上，国民一般倾向于选择以下三种类型：（1）移动有声 App 平台的读书类内容。这也是本书的主要研究对象，包括诸如喜马拉雅 FM、荔枝 FM、懒人听书、蜻蜓 FM、企鹅 FM 等各类移动听书平台。整体来看，移动有声 App 平台的国民使用率连续四年实现增长。2019 年，我国成年国民使用移动有声 App 平台的比例由 2016 年的 6.5% 上涨到 16.2%，增加将近 1.5 倍，即使相较于 2018 年来说也有 4.5% 的突破，充分说明听书平台在成年国民中的接受度不断增高，逐渐打开了市场。受疫情影响，预计 2020 年听书 App 的使用比例增幅将会更大。（2）广播。发端于 20 世纪初，20 世纪五六十年代在我国逐渐达到兴盛的广播，即使在今天也依然是我国成年国民的主要听书介质。有车一族、老年人、住校学生等依然是广播的忠实拥护者。通过广播也能获得较为广泛的内容，如评书联播、诗歌朗诵、故事节选、广播连载等。但需要注意的是，广播在国民听书中的利用率从有调查的 2016 年以来，到 2017 年实现了翻倍增长，然后却连续三年呈下降趋势，2019 年利用率仅为 6.0%，这很可能与蜻蜓 FM、荔枝 FM 等听书 App 与各个电台的链接合作有关。（3）微信语音推送。这主要是指微信订阅号与服务号中的音频内容。微信公众号编辑发送功能中可以自主链接视频、音频内容，以不断促进内容形式的新颖性与丰富性。一些订阅号进行了有声书评的尝试，如逻辑思维、为你读诗、读书、讲书等的推送。一些学术期刊也在论文推送中进行了有声音频尝试，如《教学研究》杂志。值得注意的是，微信语音推送的使用率占比一直较小，2016 年仅为 1.0%，之后虽有缓慢增长，但依然在三大介质中排名最末，2018 年甚至没有列入统计。然而，2019 年微信语音推送使用比例首次超过广播，并达到了 9.3% 的超高比例，不得不说是一个惊喜，也显示了听书在拓展表现形

式、与微信等高使用率软件融合上的探索。

除了以上三种主要形式外，其他如有声阅读器或语音读书机等方式所占比例非常小，并由于其较为单一的功能、较为狭窄的业务范围，逐渐有随着互联网技术更新换代被专门听书 App 取代的趋势。总体来说，对我国成年国民听书介质的考察发现，移动有声 App 平台已经成为听书的主流选择。

为了更直观地对各年龄段的听书率进行比较，截取全国国民阅读调查 2019 年的听书数据制成了图 2-3。2019 年，我国 0 ～ 17 周岁未成年人的听书率为 34.7%，较 2018 年的平均水平（26.2%）提高了 8.5 个百分点，在 2018 年基础上实现了对成年人听书率的再次超越。0 ～ 8 周岁、9 ～ 13 周岁、14 ～ 17 周岁三个年龄段的听书率，分别为 36.5%、30.5%、35.8%，基本持平，且均超过了 30%，较 2018 年有了较大幅度的增长。

0 ～ 8 周岁儿童的听书率竟然居于榜首，这与中国父母对孩子启蒙教育的重视是分不开的。虽然可能更多地体现为一种家长行为，但是孩子的接受度与喜爱度也是听书率较高的关键决定因素。具体到儿童有声阅读上，“移动有声 App”“有声阅读器或语音读书机”“微信语音推送”是我国 0 ～ 8 周岁儿童最常使用的三大听书方式，选择比例分别为 17.1%、10.5% 和 9.8%。儿童通过有声阅读，最常听“少儿故事”和“诗歌朗诵”，在听书儿童中的选择比例高达 82.1% 和 50.9%。九成以上（94.1%）的听书儿童每周至少听一次书，其中，三成以上（34.5%）的儿童每天都会听书。另外，从有声阅读付费情况看，2018 年有四成以上（42.1%）的听书儿童家长给孩子听书付过费，平均一年给孩子在听书上花费 33.43 元。然而，与家长在购买童书上的花费相比，听书付费仍有较大差距。2018 年，在有阅读行为的儿童中，有 92.9% 的儿童家长给孩子买过童书，一年平均花费 113.22 元。从 33.43 元到 113.22 元，差距达到近 3.4 倍，听书平台在儿童阅读领域的发力仍任重道远。

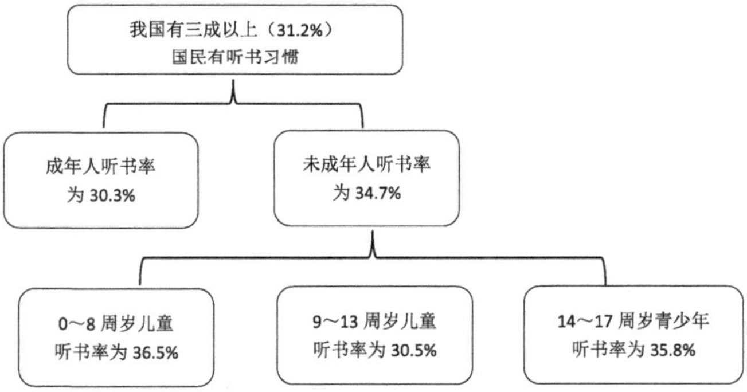

图 2-3 2019 年全国国民阅读调查的各年龄段听书率

另外，在听书领域还有一项全国范围内的调查比较有影响力，即2017年中国传媒大学编辑出版研究中心与中国新闻出版研究院合作开展的国民听书率调查与研究。该项调查于2016年8月全面启动，执行样本城市为52个，最终的有效样本量为22415个。其中，有效采集城镇样本17091个，农村样本5324个，城乡样本比例为3.2 ∶ 1。调查数据基本可以反映我国国民有声阅读的整体现状。对国民听书的内容与偏好进行具体分析可以发现，在听书内容上，主要涉及以下几方面：听评书联播、听故事（情感故事、少儿故事等）、听图书节选或连载、听诗歌朗诵、听英语，或进行其他语言学习、听图书介绍与图书推荐；在听书偏好上，主要包括以下几种类型：情感故事类，历史文化、经典诵读类，文学（诗歌、散文、小说等）类，传统评书类，成功励志类，教育学习 / 外语或专业教育类，少儿故事类，经济管理类等。

三、中国知网“听书”相关研究文献分析

“听书”市场的风起云涌也引起了学术界的风云变幻。利用中国知网，在选定的高级搜索中输入主题“听书”或含“有声阅读”词频，共得到相关文献345篇。研究机构除中国传媒大学、南京大学、南开大学、华中师范大学等国内一流重点高校外，还有中国新闻出版研究院、中国科学院等顶尖研究机构，更包括各级各类图书馆及数字阅读内容生产机构。同时，相关听书研究还获得了多项国家社会科学基金、省级社会科学基金及各类重点基金项目的支持。因此，“听书”相关文献虽然在数量上平平，但却得以在质量上取胜。将1999—2019年度中国知网“听书”的相关文献按发表年度进行统计，得到图2-4。

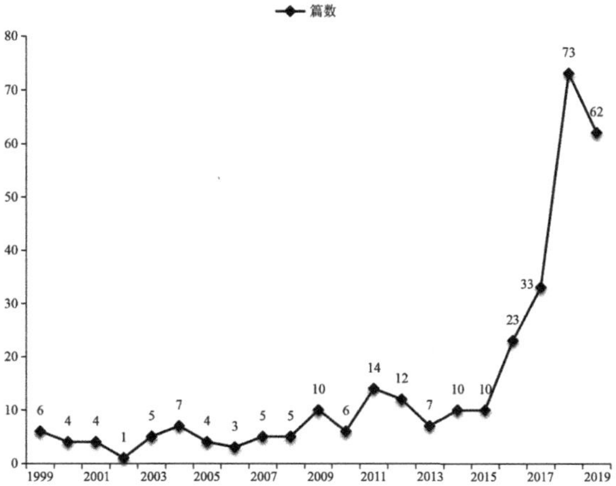

图2-4 1999—2019年中国知网“听书”文献的发表年度统计

图2-4显示，伴随着听书在我国的逐渐兴起、有声阅读产业的逐渐发展，关于听书的相关研究从20世纪90年代的萌芽阶段进入了持续平稳增长阶段，2016年，研究数量从之前的几篇、十几篇上升到23篇，2017年达到33篇，2018年实现了翻倍增长，达到73篇，2019年保持在了62篇。真正有价值的学术论文应该以关注现实、反映现实、改变现实为己任，应该成为国家政策、市场热度的试金石。总体而言，听书领域学术研究的趋势同经济市场的发展脉络是较为同步的，并与上文中关于我国听书产业的产业发端期（2009—2012年）、市场启动期（2013—2015年）、高速发展期（2016—2017年）、纵深拓展期（2018年至今）四个阶段的分析演进较为吻合，呈现出总量不大但平稳增长的态势。

除“听书”外，中国知网相关研究关键词还包括有声阅读、有声读物、图书馆、阅读方式、阅读推广、有声书、数字出版、喜马拉雅、数字阅读、移动听书、移动有声阅读、儿童有声读物等相关内容。具体来说，主要研究方向可以细分为以下几个方面：

（1）将“听书”放在历史、世界的视域下，从阅读形态角度进行分类阐述。了解“听书”从产生到发展的完整脉络，才能梳理出在其演变过程中起关键作用的重要因素，从而找到新时代促进听书发展的发力点。如赵丽华将“听书”融入全球化阅读史视野，探究从文化载体到阅读方式、从朗读到有声阅读的历史沿革，提出要保持在媒介图景中的变革自觉。听书作为碎片化、融媒体时代的一个介质组合形式，将成为具有方向性的传播媒介；吴钊将中国式“听书”发展分为四个阶段：原始萌芽阶段的在地听书、初级发展阶段的在场听书、技术破冰阶段的在辑听书、极速成长阶段的在线听书。这些内容有异、形式不同的“听书”，依托人类传播方式与传播技术的演进史，一脉相承地构筑起了一部中国声音传播史。

（2）通过对“听书”发展现状的梳理，探究行业未来发展潜力与趋势。我国听书行业的竞争激烈，不仅面临国内各大平台的持续发力，更要接受国外阅读出版机构与传播技术公司的不断渗透与挑战。知己知彼，百战不殆，分析现状、研究出路的探索一刻都不能停。如施勇勤、张玉璞等研究了我国移动音频产业的发展历史，并通过对以美国为代表的国外市场移动音频产业发展概况的了解，初步总结了移动音频产业的现实图景。同时，以懒人听书App为例，从产业链构建角度分析了移动听书 App 的具体特点：生产上，依托正版优势，打造多元化内容；消费上，培育付费模式，培养“懒人”情怀。最后，对移动听书 App 的发展趋势进行展望，以服务为主导，以 IP 开发为方向，模式更加多元化、场景更加多样化的移动听书未来将大有可为。

（3）依托“听书”与图书馆的天然联系，为公共图书馆有声阅读服务与推广出谋划策。图书馆作为我国公共阅读服务体系的重要组成部分，能够为全民阅读乃至“听书”提供助力。如刘艳以懒人听书、喜马拉雅 FM、新东方绘本馆为研究对象，分析三者在资源建设模式、平台运行模式、营销推广模式上的差异，从而提出以市场需求为导向，采用 UGC、PUGC、OGC 等多模式并轨的方式，通过自媒体、社区、各细分市场进行常态化推送，并不断打造品牌形象，塑造品牌影响力；张鹏、王铮从“听书”的起源、发展与趋势入手，认为图书馆应提高认识、建立专门组织，利用自身空间与软硬件资源优势，收集、管理更多的音频资源，以从容应对新型音频资源的挑战。

（4）以儿童群体为具体阅读对象，分析有声读物的出版营销策略与阅读推广研究。随着我国乃至世界范围内对于儿童阅读的重视，儿童作为有声阅读发展的重要组成部分，更逐渐成为基础性所在。同时，未成年群体尤其是儿童群体受自身生理、学识等条件限制，是阅读中的特殊群体，也是最适宜进行“听书”推广的群体。如杨木容阐述了“听书”对于儿童阅读推广的重要意义，并通过听书资源的不同类别，制定了适合儿童不同成长阶段的计划与措施，使儿童从小养成阅读的好习惯；范喆从编辑实务角度，就如何具体地提高选题水平、优化播讲水平、提高录制水平，进行了细致的探讨与建议，并希望能尽快构建完善的儿童有声阅读产业链，促进儿童有声读物销售渠道的进一步多样、产品形态的进一步丰富。

借助宏观、中观、微观三位一体的，涉及全国范围内的相关调查结果，我们对“听书”产业有了一个较为完整、清晰的把握。可以说，正是因为听书的异军突起，才让相关研究有了现实意义。也正是由于听书的迅猛发展，才让研究者与用户始终都保持着对于“听书”的好奇心：究竟该如何给“听书”下一个全面的定义？其发展的历史源流是什么？是如何不断演进到现在这种模态的？未来其又将显示出怎样的发展图景？接下来，本书将通过国内、国际两个视角，探索“听书”的前世与今生。

第二节 中国的“听书”：历史与介质

“听书”，最简单地直译过来即用耳朵“看书”。我国许多学者试图为其进行一个更全面、更准确的定义与分类。有的学者以内容、形式、场所、载体等维度的演变为参照，将中国的听书分为在地听书、在场听书、在辑听书、在线听书；有的学者以历史渊源、文化传承、载体更新等为着眼点，探讨听觉与视觉的相互关系。其实，学者只是从不同的角度对中国的“听书”历史进行了梳理，即使有不同阶段的划分，每一个阶段和方式的出现并不代表上一个阶段或者方式已经消亡了，它们之间的阶段性分割是以主流与否为标准，而不是以存在与否为标准。因此，笔者在此独辟蹊径，选择从历史沿革的角度，以“听书”的传播介质为标准进行分类，探讨中国的“听书”在从古至今发展的过程中，那些不可不说的介质与方式。当然，这里的介质也并不是此消彼长的关系，而依然是有主有次的关系。

一、口耳

说到听书，说到有声阅读，也许很多人不能第一时间对其给出一个较为准确的定义，但相信很多人的脑海里会蹦出四个字：口耳相传。在漫长的人类历史进程中，先于文字而产生的语言在很长一段时间内作为人们信息获取与传播的重要渠道，使人们养成了“以听为读、以听增识”的习惯。正如鲁迅在《汉文学史纲要》第一篇中所提到的：“口耳相传，或逮后世。”口耳相传无论在中国还是在世界人类文明传播史上，都有着无可替代的重要作用。

在以“口”为介质的传播中，中国历史上有几种颇为著名、影响较大的方式，主要包括以下几种。

1. 讲古与颂唱

有谚语云：“老人不讲古，小的失了谱。”“古”，即故事、古规等。颂唱则是在一些没有文字的少数民族，族中的老人将本民族的历史、传说、风俗等编成诗歌等形式，在口耳相传中代代沿袭。从广义上讲，所“讲”所“颂”者，可以是历史、地理、天文，也可以是神话、传说、故事，无所不包、无所不容。而且这种传承是可以在日常生活中随时随地发生的，因此产生的影响也是耳濡目染、潜移默化的。

以我国藏族史诗《格萨尔王传》为例。《格萨尔王传》是世界上迄今发现的史诗中演唱篇幅最长的英雄史诗。这一为多民族共享的口头史诗是草原游牧文化的结晶，代表着古代藏族、蒙古族民间文化与口头叙事艺术的最高成就。《格萨尔王传》是世界上唯一的活史诗，无数游吟歌手世代承袭着有关它的吟唱和表演，即使是在现在，仍有上百位民间艺人在我国的西藏、四川、内蒙古、青海等地区传唱着英雄格萨尔王的丰功伟绩。《格萨尔王传》是在藏族古代神话传说、诗歌和谚语等民间文学的丰厚基础上产生和发展起来的，为后世提供了宝贵的原始社会形态呈现和丰富的资料，代表着古代藏族文化的最高成就。经过后世的文字记录与整理，最终，总计 8000 余万字、汇编成 300 卷的藏族英雄史诗《格萨尔王传》正式出版。这可以说是一个从口耳相传到最终形成文字的突出代表。

其实不光是在古代中国，当时世界上的其他国家也都在用这种口耳相传的方式记录与传承着国家、民族的文化与文明。古希腊的《荷马史诗》号称世界四大史诗之首，在很长一段时间里影响了西方的宗教、文化和伦理观。实际上，这一巨著也正是由盲诗人荷马根据民间流传的短歌综合编写而成的。不得不说，这也是口耳相传的杰出成果与典型例证。

可以说，在依赖讲古与颂唱传承民俗与文明的时代，听觉器官作为信息交流、传播的主要介质，不同于现代阅读活动中作为视觉器官的补充与辅助的角色，而是处于独立的、主要的地位，影响和塑造着人类早期的文化活动。从这个角度来说，现代“听书”的重新崛起、以听觉为主的阅读文化的再次风靡，也可以说是对于传统阅读的还原、回归与重塑。

2. 民间说书

醒木一拍，折扇一收，“欲知后事如何，且听下回分解”。这应该是很多人非常熟悉的一个场景，而它所描述的就是“说书”。根据《墨子·耕注》的记载，“能谈辩者谈辩，能说书者说书”。因此，有学者认为，“说书”一说在先秦就已经出现。民间说书在发展过程中有多个称谓，如北宋称“说话”，元代称“平话”等。

古往今来，说书的内容多种多样。有“小说”，多记录一些鬼怪、奇幻、胭粉之事；有“讲史”，说的是历朝历代兴废之事；有“公案”，多涉及官署治理、人事争执、发迹变泰之事；有“铁骑儿”，多为短篇，专门讲战争兴替之事；有

“俗讲”，内容多为讲经佛法传道之事，于唐代大盛，实现了从佛门寺院到江湖之远的发展，最终进入“庙堂之高”；有“参请”，多为长幼、宾主间探讨人生哲理、参禅悟道之事，等等。说书品类之多、内容之丰，涉及政治、经济、文化、社会的方方面面，其在当时的影响力与传播力可见一斑。

元末明初，民间说书取得了长足的发展与进步，这其中一个很重要的原因就是长篇章回体小说的诞生。水泊梁山的一百单八将、叱咤魏蜀吴的三国风云人物、精忠报国赤胆忠心的岳飞，都作为剧本人物登上了说书舞台。长篇章回体小说为民间说书人提供了丰富的创作蓝本，并催生出了许多带有鲜明个人特色的改编剧本。同时，此时的“说书”已经非常接近于现代意义上的概念，茶楼里、酒馆里、戏院里，说书者或儒雅或机智，或幽默或稳健，或深沉或潇洒，于平仄中见异峰，于悬念中抖包袱，真真是“一张嘴，说尽天下大事。一个人，穿越古今时空。一抖扇，烽烟重新过眼”。面对面的交流让“说书”更生动、更形象、更扣人心弦，也让“听书”更专注、更投入、更深入人心。

近代以来，民间说书逐渐划分为各个流派，如苏州评话、北方评书、陕北说书等，呈现出鲜明的地域性特色，并涌现出了一系列各个流派的代表人物。依托当地文化习俗与风土人情，极大地丰富了说书的内容与艺术表现形式。但不论怎么变，民间说书的根本与宗旨没有变，那就是“手弹三弦口来讲，春夏秋冬走四方。说书不为旁的事，文化娱乐我承当”。

二、机器

中国古代，人们经历了伏羲画卦、结绳记事，才终于迎来了仓颉造字，之后，甲骨文、金文、篆书、隶书、草书、楷书、行书一直发展至今，进而由繁体字演变为当今的简体字，成为我们日常学习生活的符号和工具。在纸张产生之前，岩石、青铜器、布匹、竹简、丝绸等，都是人们记录、保存、传播信息的主要载体。而造纸术和印刷术的发明则在很大程度上促使文字凭借其载体的丰富性、广泛性、可复制性，一度超越口耳相传、以听为主的传播活动，造就了人类主要的阅读方式——看书、阅读。但是不可否认，“听书”的再度崛起绝不仅仅是因为单纯地想要“返璞归真”，而是在克服文字书籍易失真、易遗漏的缺点基础上，借助一系列全新介质实现的突破性进展。而这一系列全新介质，正是使得声音更容易被记录、保存、复制、传播的机器——在第二次工业革命后新技术催生下的不断推陈出新的留声机、收音机、录音机、CD 机。

1. 留声机

1877年，誉满全球的发明大王托马斯·阿尔瓦·爱迪生给《科学美国人》杂志写信，宣布了他用机械设备再现人声的计划。三周后，受到电话传话器里的膜板随着说话声会引起震动的启示的爱迪生，制作出了一台由大圆筒、曲柄、受话机和膜板组成的怪机器。这台简单的“会说话的机器”（talking machine）就是最早期的圆筒留声机。爱迪生摇着手柄，唱出了“玛丽有只小羊羔”。当他唱出的歌再一次回放出来时，爱迪生喜出望外，他说：“我一生从未这样惊奇过。”圆筒留声机轰动了全世界，被誉为是19世纪最令人振奋的三大发明之一。这是世界上最早的录音装置，是人类历史上第一个可以记录声音的介质。次年，在英国皇家音乐学院进行的留声机演示同样以诗句和童谣片段开始。留声机在最初的试验中记录诗句的行为，无意中建立了一种至今仍在流传的文学记录传统。留声机被声音史学家普遍认为是一种歌唱机器，然而，《科学美国人》杂志的编辑就爱迪生的发明提出的第一个问题是：“我们是不是将要有一种新型书籍？”

十年之后的1887年，德裔美国发明家埃米尔·玻里纳用圆盘形的唱片代替了大唱筒，研制出一种叫Gramophone的唱盘式留声机。唱片是用扁圆形的涂蜡锌版制成，可以用两个手摇转轮带动。相较于爱迪生的圆筒形留声机，这种新型唱片留声机的性能有了明显提高，唱片既可以作为播放和录音的媒体，又可以制成母版复制，从而成为现代唱片的始祖。唱片式留声机为唱片的大规模复制、商业化量产提供了可能，从此，留声机作为声音技术史上划时代的成果，开始在全世界广泛使用开来。

1889年，上海丰泰洋行第一次将留声机引入中国。1897年，英商谋得利最先将唱片引进上海，因此在很长一段时间内唱片被统称为“谋得利唱片”。之后，留声机这个“高科技的产品”在较长一段时间内，凭借其内容的丰富多样、唱片的轻巧便携，在文化传播、娱乐消遣、教育教化、政治宣传等方面都产生了广泛的影响。不可否认，在当时的时代背景下，留声机传入中国除了商业推广的目的外，还有其外国霸权扩张的野心。但在客观上，留声机进入中国也切切实实地改变了中国人的生活，并引起了国内关于现代化技术革命的探讨，从而成为中国社会逐渐现代化的一个缩影。

2. 收音机

1888年，德国科学家赫兹发现了无线电波的存在。经过多位科学家的先后研究，最终成功发明了“无线电通信技术”，这也为以无线电通信来收、发信号的收音机的诞生奠定了重要基础。1906年，加拿大发明家费森登首度发射出“声音”，无线电广播就此开始。

1923年1月23日，是中国广播历史上值得纪念的一天。这一天，美国人奥斯邦氏与华人曾君合创的中国无线电公司，通过自建的无线电台首次在上海播送广播节目，这标志着中国第一家广播电台正式开始运营播放。该公司兼营出售舶来品——收音机，对信息与咨询充满渴望的上海有产人群纷纷开始购买收音机。据统计，当时全上海有500多台收音机接收该电台的广播节目。同年，由苏祖国创立的我国第一家民族无线电厂——亚美无线电股份有限公司成立，其创办的广播电台也成为由中国人自主创办的最早的广播电台之一。

从中国第一家电台的诞生到第一台国产收音机的出现，时间马不停歇地走过了30年的光阴。中国人不断打破动荡的时局导致的基础工业停滞、百废待兴的困难状态，在1953年研制出第一台全国产化收音机——“红星牌”电子管收音机，并仅用3年时间完成了外国人做了30年的事情，在1956年制造出了我国第一部国产晶体管收音机，达到了世界先进水平。

从此，收音机在我国进入了黄金发展时期。20世纪五六十年代，收音机和自行车、手表、缝纫机一起，被作为结婚“老四件”。人们也开始习惯了一种更加便利、更加轻松的资讯获取方式——听广播。从此，中央人民广播电台的声音久久地回荡在中国大地，单田芳、刘兰芳也开始成为家喻户晓的评书明星。时至今日，收听广播仍然是很多人包括青年人的不二选择。2019年，我国国民听书介质中广播仍然占据6.0%的比例。并且，在与首个移动听书平台的网络音频合作中，上千家广播电台得以跨越时间与地域的局限，将自己的声音带给更多的听友，不断焕发出新的生机。在短短几十年间改变并塑造了中国人全新的生活习惯与阅读习惯，回溯百年，除了广播，也只有电脑和手机可以做得到了。

3. 录音机

1888年，美国的O. 史密斯发表的利用剩磁录音的论文，被认为是奠定了录音机发明的理论基础。十年之后的1898年，丹麦V. 波尔森发明了钢丝录音机。而录音机真正进入实用阶段，却是在1907年波尔森又发明了钢丝录音机的直流偏磁法之后。1935年，德国通用电气公司制成磁带录音机。录音机的真正流行和实际应用还是在发明磁带以后。1935年，德国科学家老耶玛发明了代替钢丝的磁带。1963年，荷兰飞利浦公司发明了盒式磁带，不久，盒式磁带录音机很快流行开来。

1951年和1953年，中国上海钟声电工社先后制成了中国第一台钢丝录音机和磁带录音机。20世纪80年代，盒式录音机得以在我国大范围生产，飞入寻常百姓家，并一度风靡全国。对于80年代出生的中国人来说，上课时听的人民教育电子音像出版社的英语磁带，下课时听的刘德华、小虎队等港台流行音乐磁带，已经成为难以割舍的时代记忆。

不同于只能被动接收的收音机，也没有听广播时的高音喇叭，录音机用多声道、环绕立体声为听者营造了更为舒适柔和的音质氛围，同时还满足了听者暂停、重放、下一曲的个性化需求。尤其是在当时那个文学作品较为缺乏的时期，整齐码放的磁带以一种书籍的表现形态，在不断的播放与重听中，让听众精读、细读、重读，“让听众以一种类似于阅读印刷文化的方式去接收一种新型电子文化”。

盒式录音带的便利性使其很快成为车载音响和随身听等便携收听设备拥有者的首选。国内外的一些公司抓住这一商业契机，适时推出的盒式录音带租赁邮寄服务，开始惠及更多腾不出手或没有时间读书的大众，如上班族和旅行者。随着有声读物在图书馆、书店和租赁邮购项目中的普及，有声读物的使用进一步普及。在之后的十余年里，直到光盘出现之前，盒式录音带一直是国内乃至国际大型出版公司发行有声读物的首选媒介。

4.CD机

一张小小的塑料圆盘，其直径不过12厘米（5英寸），重量不过20克，而存储容量却高达600多兆字节。如果单纯存放文字，相当于15万张16开的纸，足以容纳数百部大部头的著作。这就是CD（Compact Disc），也就是我们常说的“光盘”“光碟”。

随着技术的不断革新，CD出现了诸如CD-ROM、CD-i、CD-RW、CD-ROM XA、D-W、Photo CD等各种格式，并使得CD的用途从单纯的声频传递扩展到数据的存储与复制传播。最初，光盘只能读，不过新技术允许用户使用光盘进行记录。光盘在音乐录制和回放领域越来越流行，一种新技术——数字化通用光盘（DVD），可以在同样的空间中存储更多用于播放的视频。相比于软盘、录音带等其他数据存储介质，光盘能够实现大量数据的兼容并包，文字、音频、视频、照片、动画、应用程序等多媒体数字信息均能涵盖其中。同时，由于其轻便、耐用、便宜等特点，也深受人们喜爱。

1994 年，Audiobooks. com 率先开始通过网络销售有声读物，在之后的五年内，所有的有声读物出版商都建立了自己的网络销售渠道，亚马逊等主要图书网络零售商也开始销售有声读物。很快，亚马逊就开始提供各种形式的书籍，包括精装本或平装本、盒式磁带或光盘、删节版或未删节版。然而，数字新媒体的出现改变了世界，也逐渐让 20 世纪 90 年代曾风靡一时的 CD 逐渐淡出了历史舞台。如今，虽然 CD 机等播放介质已经并不多见，但是 CD 仍然作为一种阅读的辅助手段被出售或赠送。在国内，目前很多绘本或书籍都会随书赠送光盘，比如“巧虎乐智小天地”，现在的每一期，巧虎仍会随书籍和玩具配送符合当期阅读主题、适合孩子年龄的光盘作为有益补充。文字、图画、声音，共同为孩子们构筑了一个值得回味的美好童年。

三、网络

如果说日常化、生活化的口耳相传与娱乐化、场域化的民间评书奠定了听觉器官在阅读中的重要地位，那么以留声机、收音机、录音机、CD 机等为介质的工业革命带来的机器的变革与创新则使声音因为能够被记录、被保存、被复制，而得以传播得更广、更远。但是，真正实现“听书”跨越式发展的，却是数字化、信息化时代的移动互联网络。借助于互联网络，听书在内容、形式、介质上实现了根本性转变，再一次改变并形成了人类新的阅读理念与阅读习惯。这一次，才是真正具有现代意义的“听书时代”！

互联网（Internet）始于 1969 年美国的阿帕网，网络与网络之间以一组通用的协议相连，形成逻辑上的单一巨大国际网络。这种将计算机网络互相联结在一起的方法可称作“网络互联”，在这基础上发展出的覆盖全世界的全球性互联网络被称为互联网，即互相联结在一起的网络结构。

1992 年，参议员、前任美国副总统阿尔·戈尔提出美国信息高速公路法案。1993 年 9 月，美国政府宣布实施一项新的高科技计划——“国家信息基础设施”（National Information Infrastructure，简称 NII），旨在以因特网为雏形，兴建信息时代的高速公路——“信息高速公路”，使所有美国人方便地共享海量的信息资源。以此为契机，1994 年，中国作为全球第 77 个国家，将全功能互联网引入了我国。经过 25 年的发展，根据第六届世界互联网大会发布的《中国互联网发展报告（2019）显示，截至 2019 年 6 月，中国网民规模为 8.54 亿人，互联网普及率达 61.2%，网站数量 518 万个。中国已经成为当之无愧的互联网超级大国。

网络化发展、信息化建设催生了各行各业的数字化变革，听书行业也不例外。最先开始流行起来的数字播放器是 Moving Picture Experts Group Audio Layer III，即我们所熟知的 MP3 播放器。借助 MP3 这种音频压缩技术，可以以 1 ：10 甚至 1 ：12 的压缩率，大幅度地降低音频数据量，并且保证音质没有明显的下降。这样一来，掌心中的一个小小播放器，却可以存储大量的音频资料，非常方便实用。再加上一些公司发明的软件包，如 Nullsoft 于 1997 年发布的 Winamp 和 Napster 于 1999 年发布的 Napster，使得用户可以很容易地播放、制作、共享和收集 MP3 文件。基于技术与软件的相互促进，在 20 世纪 90 年代后期，MP3 开始在互联网上得到了蓬勃发展，这其中风头最盛的当属苹果公司于 2001 年推出的 iPod。在苹果公司的多重推动下，iPod 在发布当年的销售量就达到了 10 万台，至 2002 年，销量上升到 160 万台，较前一年的增长率超过 100%，同时，苹果公司在数字音乐市场的占有率一举超过了 50%。2004 年，全球 iPod 的销售额突破了 45 亿美元。

但是世界上没有什么是一成不变的，电子产品领域尤其如此。互联网配合移动芯片、电容屏和移动操作系统，催生出了一个庞大的智能手机产业。MP3 逐渐淡出人们的视线，即使其又升级为 MP4 也未能挽救败局。智能手机异军突起、杀出重围，但手机江湖依然变幻莫测，其间几多悲喜、几多波折。在 2G 时代，诺基亚、爱立信、索尼、摩托罗拉等国外品牌才是主角，这期间很多国内厂商只能靠“贴牌”的山寨机生存。2009 年 1 月 7 日，工业和信息化部正式为中国移动、中国联通、中国电信分别发放了第三代移动通信（3G）牌照，标志着中国正式进入了 3G 时代。在 3G 时代的节点，曾引领手机市场局势的诺基亚告别了它的末代巅峰时代，被苹果的 iPhone 手机抢夺了王者的“指挥棒”，国内厂商也陆续推出自有品牌，小米、华为、OPPO、vivo 品牌开始在线下专卖店流行起来。从此，智能手机的一个崭新时代来临了。如今，我国已经经历了成熟的 4G 发展阶段，正在阔步迎来 5G、大数据等新媒体技术，根据 2019 年 7 月发布的《中国互联网发展报告（2019)》相关数据，截至 2018 年年底，我国手机网民规模达 8.17 亿，较 2017 年年底增加 6433 万，其中网民中使用手机上网的比例由2017年年底的97.5%提升至2018年年底的98.6%。iPod、平板电脑和智能手机的相继问世，代表着仅凭这些设备就能够让用户在声音包围中四处走动。数字设备的普及，意味着人们无须花几百美元购买有声读物播放器。现在，任何拥有智能手机的人口袋里都有一个潜在的图书馆。

第三节 世界的“听书”：起源与发展

对于“听书”来说，互联网的飞速发展不仅带来了数字播放器的更新迭代，更催生了一系列专业网络听书平台的出现，现代意义上的“听书”正式走近普通人身边。此时，中国各方面的发展都已经与世界休戚与共、息息相关。因此，在了解了中国“听书”的历史轨迹与介质更迭之后，笔者尝试以更高的站位、从更广的范围探究世界“听书”的起源与发展，并将此时中国的“听书”放入全世界的视角下进行具体描述与全方位审视。这即是本节所要阐述的内容。

移动互联网的飞速发展，促使学者开始对“听书”进行一个全新的界定。参考深圳大学吴钊博士的定义，所谓听书，是指建立在移动互联网技术之上，以智能手机、平板电脑、车载设备、可穿戴设备等智能终端为载体，为用户提供文学作品、广播剧、音乐、相声评书、脱口秀、资讯节目、专题节目、影视原声等多样化音频收听服务，以及个人作品录制、直播、分享服务的应用平台。在这里，“听书”实际上是“移动听书”的简称，也是本书的研究重点与指称对象。

需要指出的是，各国历史不同，当然也有着不同的听书发展脉络与历史沿革。我们已经以中国为例进行了典型分析与阐述，而如果以“世界”为限定词去归纳总结“听书”，将所有细节进行细致描述当然是不现实的，也是不可能的。因此，考察世界范围内“听书”的起源与发展，较少考虑一些细流旁支，在更宏观的角度进行梳理与总结可以发现，本书关注的关键词主要有两个：“有声读物”与“数字阅读”。世界范围内的听书主要可以分为两个阶段：源自有声读物的阅读方式——听书、一种数字阅读新方式——移动听书。

一、源自有声读物的阅读方式——听书

关于“听书”在世界范围内的起源，学术界有两种说法，一为“欧洲起源论”，一为“美洲起源论”。

欧洲起源论认为“听书”源自中世纪欧洲的歌唱比赛。在古希腊，阅读很多时候表现为一种“公共阅读”，比如，很多作者喜欢在公共场合为听众诵读自己的作品。在中世纪的欧洲，阅读仍有很多以集体活动的形式表现出来，比如，虔诚的教徒们习惯于在公共场合诵读宗教经典等作品。而德国人则尤其喜欢用歌唱来传递作品、表达情感，特别是随着18世纪德国文学的蓬勃兴起，德国人逐渐将歌唱演变为朗诵，用“诵—听”的方式来寻求别人对自己作品的认同。正如德国著名作家歌德所言：“读一本好书，就是同一个高尚的人在谈话。”德国人对这种“谈话”方式乐此不疲，并逐渐将其融入民族文化当中，从而使“听书”在20世纪后期成为人们一种普遍的生活方式。

其实，早在约公元前4000年，当时的苏美尔人就开始将“诵”“听”的方式结合了起来。他们发明了人类最早的象形文字——楔形文字，刚开始是用图形将牛、羊、庄稼等各种事物画下来，发展到后来，图形越来越简单，于是就将图形符号固定下来形成文字，用三角形尖头的芦苇杆刻写在泥板上，然后晒干，这就是可以长期保存的“泥板书”。苏美尔人认为，书写的目的就是大声念出来，因为刻写符号隐含着特殊的声音。

美洲起源论认为“听书”源自20世纪五六十年代的美国。这也是目前学术界比较公认的一种说法。认为其兴盛源于美国盲人基金协会为了照顾盲人和伤残军人，专门找人通过朗读的方式将文字转化为磁带，提供给这些有阅读障碍的人。其实，作为新媒体的一部分，有声读物在我们的收听内容中占据了一席之地，但它本身并不是一个新现象，它的历史漫长而耐人寻味。这种源自有声读物的听书，其发展历程中蕴含了五个关键词，分别是爱迪生、科幻故事、盲人协会、广播、名称更迭。接下来一一进行阐述。

1. 爱迪生与留声机

1877年，托马斯·爱迪生发明了最早能再现人声的机器——留声机，自此，用声音记录文学的传统便沿袭开来。留声机发明后不久就被用于文学，录制了阿尔弗雷德·丁尼生和罗伯特·勃朗宁的诗句。在1878年的《北美评论》中，爱迪生的文章《留声机及其未来》提出了以下对此发明的应用：听书、教育、广告、写信、法庭证词、口述教学、音乐娱乐、家庭档案、闹钟、演讲稿和电话记录等。他认为这种装置为盲人、卧床者甚至是腾不出手的大众提供了便利。“留声机书籍”是爱迪生最初的设想之一：“与印刷书籍相比，这类书籍的优势显而易见，不必赘述。”当时的爱迪生已经预见，留声机图书将不仅仅作为印刷品的替代品，而是将其市场扩大到新的听众，这正是现今有声读物平台的推广目标。因此，当爱迪生把他的新留声机作为一种记录书籍的媒介时，他想象着除了盲人，有声读物也将对文盲、体力劳动者或工业劳动者有着巨大的吸引力。

十年后，爱迪生发表了一篇题为《日臻完善的留声机》的后续文章，重新探讨了“无限”娱乐的主题：“任何独坐在房间里的人都可以订购各式蜡筒，上面刻有‘通过留声机播放’，他可以听到原作者、歌手、演员或口才家演唱或朗诵的歌曲、诗歌、钢琴或小提琴音乐、短篇小说、奇闻轶事或方言片断。”继爱迪生时代以来，有声读物日益普及，读者再也不能对这种口头表达文学的方式充耳不闻了。声音技术的最新进展以及各界名人作为朗读者的出现，使我们反思自最早的有声读物出现以来人类阅读习惯的演变。

2. 科幻故事中的有声读物

事实上，对于有声读物的幻想至少比声音记录技术早了两个世纪。早在17世纪，赛拉诺•德贝格拉克就在其科幻故事《月球旅行喜剧史》中提到一本“完全为耳朵而非为眼睛制作的书”，像一对吊坠一样挂在听书者的耳朵上，只需像弹簧一样缠绕，就能听到人声朗读。相比德贝格拉克的想象，后工业时代作家的构想则建立在真实科技发展基础之上。科幻作家爱德华•贝拉米在参加留声机演示后，在短篇小说《闭上双眼》中构想了在美国日益工业化之际，利用技术来减轻劳工负担的场景。在这个社会里，人们几乎不需要自己阅读，因为有一种“必需品”——便携式留声机，可以用来播放从信件到文学作品等所有读物的语音。作者在故事中描写了一位火车乘客以每小时5美分的价格用插在车厢墙壁上的“双耳喇叭”听“留声机书”。他如此描述了闭着眼睛阅读的经历：“如果就那样安逸地坐着，闭上眼睛，听着同一个故事，由一位擅长讲故事的女性朗读者以坚定、甜美、悦耳的音调倾泻到耳朵里，通过声音的情感变化来表达和激发喜悦，又该是怎样的一种愉悦呢？”评论家们很快指出，贝拉米对有声读物的描写并非遥不可及。工业界也宣称，工程师们已经在努力将贝拉米故事中的奇迹变为现实。无独有偶，1894年发表在美国《斯克里布纳杂志》上的法国短篇小说《书之终结》中，作者所想象的微型留声机可以绑在肩膀上，通过一组可伸缩的管子与耳朵相连，这是对于现代随身听一个不可思议的预言。

机械阅读机的乌托邦幻想反映了那个时代对科学不断进步的乐观态度，人们期待印刷书籍演变成一种新的形式，以提高人们的生活质量。

3. 盲人协会与有声录音

第一次世界大战结束后，许多因毒气等原因视力受损的士兵回国，多数盲人退伍士兵都无法阅读布莱叶盲文，这激发了英美两国对于将书籍进行声音录制的迫切需求。作为美国盲人基金会（American Foundation for the Blind）和国会图书馆成年盲人图书项目的一部分，有声读物书籍项目于 1932 年率先在美国开始，当时的测试录音选取了海伦·凯勒所著《中游》的一章和埃德加·艾伦·坡的《乌鸦》。美国盲人基金会在第二年制造了一台电动回放机，并获得国会特批免除版权限制，同时需要向特定人群免费邮寄有声读物。海伦·凯勒在写给罗斯福总统的信中称，对盲人而言，有声读物书籍是继布莱叶盲文以来最有价值的工具。

1934 年，世界上第一部有声读物在美国诞生。确切地说，同时诞生的是一批有声读物录音，包括《圣经》的章节、《独立宣言》和其他爱国主义文件、莎士比亚的戏剧和十四行诗以及其他作家的一系列作品。其他慈善组织也为不断扩大的有声读物图书馆作出了贡献：1936 年，美国盲人印刷厂首次制作了乔纳森·斯威夫特的《格列佛游记》的录音。美国工程进度管理局在那个年代协助制造和维修有声读物机，同时开展了一项为有声读物服务筹集资金的运动。这项服务得益于名人作家的参与，他们大声朗读自己的作品，也从此构建了名人朗读者在有声读物出版业中的突出地位。

在英国，皇家盲人协会（Royal National Institute for the Blind）在 20 世纪 20 年代开始尝试有声读物制作的不同方式。1934 年，由皇家盲人协会和英国盲人退伍军人协会组成的录音委员会宣布了建立一个有声读物图书馆的计划。1935 年，第一批由皇家盲人协会录制的长篇有声读物传到了盲人和视力受损者耳中。最早的两本是约瑟夫·康拉德的《台风》和阿加莎·克里斯蒂的《罗杰·阿克罗伊德的谋杀》。之后的几年里，美国盲人基金会和英国皇家盲人协会展开合作，共享研究成果、交换书单，以避免重复录音。加拿大、澳大利亚、新西兰和南非也开设了类似的图书馆。罗得西亚（今津巴布韦）、印度、西班牙、阿根廷、萨尔瓦多、墨西哥、俄罗斯，以及后来的沙特阿拉伯、利比亚、约旦和锡兰等国家均响应英国建立“国际性世界文学有声读物图书库”的愿景，建立了有声读物图书馆。

4. 有声读物广播

从20世纪初开始，人们通过收音机就可以收听到有声读物，这也使得许多人第一次接触文学是通过广播，而不是通过印刷书籍。在英国，英国广播公司（BBC）得到授权，能够为了教学和娱乐的目的进行经典文学的直播朗诵和戏剧录音播放。莎士比亚戏剧节选是1923年英国首次通过无线广播播出的剧集之一。接下来的一年里，查尔斯·金斯利的《开拓西部》和约瑟夫·康拉德的《吉姆老爷》被改编成了广播小说。在有声读物广播的最初几十年里，听众偏爱节选的经典文学，尤其是狄更斯的作品，如《大卫·科菲尔德》中的片段。其《圣诞颂歌》自1925年首播后，几乎每年都在广播中播放。1930年，克林顿·巴德雷分16期讲述了《远大前程》，这是狄更斯整部小说的第一次连续播诵。在接下来的10年里，其他6部狄更斯小说也被搬上广播。从1939年3月起，改编经典小说成为广播的常规节目，许多小说家、诗人、剧作家经常在BBC电台大声朗读自己的作品。

文学改编成声音在美国并不常见，因为美国电台制作人并没有像英国同行那样得到政府资助并能摆脱商业限制。尽管如此，改编、删节和戏剧化的文学作品在20世纪30年代和40年代的许多电台仍然流传开来。从20世纪30年代中期开始，广播剧变得越来越突出。奥森·威尔斯的水星剧场节目登上电台，从布拉姆·斯托克的《德拉库拉》开始，它将许多经典小说改编成广播剧。该节目的一份新闻稿宣称，其广播节目清单读来恰似世界上最好的图书馆。从最早的广播内容来看，广播文学改编节目培养了观众“听故事”的习惯。留声机时代的文学朗诵大多没有被记录，但是大量的广播档案现今仍然完好。收音机的出现使大多数听众有幸听到许多作家亲自录音的作品，而不是仅被收藏于哈佛大学、耶鲁大学、斯坦福大学和美国国会图书馆中。

录音技术的突飞猛进使留声机价格大幅降低，唱片的播放时间也大大延长，这重新激发了商业公司对于录制文学作品的兴趣。1952年，全世界第一家以出版发行有声读物为主营业务的商业性公司——蒙德凯唱片公司在纽约成立，掀起了一个以唱片形式出版语言教材的热潮。比如当时风靡的灵格风唱片，至今仍是很多人的藏品。蒙德凯唱片公司一开始所录制的是著名作家阅读自己作品的音频，随后该公司扩大范围，录制了从演讲到儿童故事等其他类型的作品。

正如公司创始人所说，录音并不是阅读的替代品，而是一种"加深体验而非创造体验"的手段。

5. 有声读物名称更迭

留声机发明之初，人们将录制作品称为"phonographic book"。20 世纪 30 年代，政府将其为盲人读者提供的有声读物称为"talking book"，直至 50 年代蒙德凯公司将其发行的作品称为"spoken word records"。而"audio book"一词则是在 70 年代用盒式录音带替代唱片后才开始使用的。随着有声读物在图书馆、书店和租赁邮购项目中的普及，有声读物的使用进一步普及。受第三次科技革命的影响，这种有声读物被越来越多的健全人所接受，逐渐形成了一个新兴产业并进入主流消费渠道，在世界各地打开了市场并迅速发展。成立于 1987 年的美国有声读物出版商协会（Audio Publishers Association，简称 APA），作为非营利性的贸易协会组织，以提升有声读物产品价值为目的，对行业技术标准提出了建议，于 1994 年将"audio book"一词确立为行业标准，即"有声音的书"，并将这种实为文字朗读录音制品的"听书"具体定义为："其中包含不低于 51% 的文字内容，复制和包装成盒式磁带、高密度光盘或者单纯数字文件等形式进行销售的任何录音产品。"

美国有声读物出版商协会的这一解读，实际上是将"听书"解释为一个名词，即"录音书""有声读物""可以听的书"，作为一段录音，"听书"属于一种知识载体。而现在，越来越多的学者倾向于将"听书"解释为一个动词，即"listen to a book"，是一种新的阅读表现形式。在互联网时代，听书既表现为对传统阅读方式的回归，是对茶楼、广播、录音等听书方式的致敬，又表现为一种对传统阅读方式的超越，即借助日益先进的媒体技术与设备，进行通过听觉器官感知阅读的尝试。

在总体阅读人数不断下降的今天，有声读物因其便利性而不断提升影响力与辐射力，成为少数日益受到读者欢迎的阅读方式。尽管其所占出版市场的份额仍然较小，但其读者数量与潜在价值规模却不容小觑。2016 年，包括美国、德国、英国、意大利、印度等国在内的全球有声读物产业估值为 28 亿美元，仅仅经过一年时间，到 2017 年产业估值已经达到 35 亿美元。而我国听书产业的迅速兴起与蓬勃发展，更为这一数字加上了重重的筹码。

二、一种数字阅读新方式——移动听书

数字阅读是借助互联网、手机等数字化载体实现阅读对象数字化、阅读方式数字化的一种阅读模式。全媒体时代，5G、大数据、物联网等新媒体新技术的不断发展改变了阅读用户的习惯养成与行为倾向，也使得数字阅读的形式呈现出日益多元与多样的实时更新。因此，适应碎片化学习方式、使用更加便捷的“听书”方式应运而生并快速崛起。

Gerry Chevalier 指出，许多盲人图书馆已经推出了第一代数字有声图书（talking book）服务。这些数字有声书通常被称为黛西图书（Daisy books，是 Digital Accessible Information System 的首字母缩写，译为“数字无障碍信息系统”），它们以 CD 的形式发行，提供了更易获取的内容和更好的音频质量。图书馆利用免费邮递服务为盲人邮递资料。大多数盲人图书馆同意，通过电子邮件分发CD的做法将持续几年，但下一阶段的分发将通过电子可达性（electronic accessibility）实现。为了在 CD 上传递有声书，盲人图书馆构建了复杂的内容管理和存储系统。除了控制数字内容的生产流程外，这些系统还使得图书馆可以更好地为客户服务。在过去，盒式磁带的书籍是从客户的类型偏好列表中分配的，客户永远不知道下一本书的标题会是什么。新的内容管理系统和 CD 媒体的降价，使用户能够通过电话或网站订购特定的书籍，并连夜送到他们手里。将内容存储在连接到自动 CD 刻录机的硬盘上，可以几乎实时地响应此类请求。而这些系统完全部署完毕后，下一步就是通过服务器和 Web 门户将这些存储库连接到 Internet，这在技术上非常简单。拥有个人电脑和宽带互联网账户的图书馆会员可以直接从家里访问和阅读有声书。这一模式描述了如何开发新一代的回放设备，从而使用户能够接收音频书籍并管理他们的个人图书馆。这些播放器将处理与宽带连接机顶盒、蜂窝网络和 / 或调制解调器通信的协议，它们将由闪存存储容量来存储内容，而且非常便携（PDA 的大小）。这一模式还提供了各种用户界面来匹配各种用户的使用类型：学生、专业人员和老年人。同时，该模式还描述了下一代播放器将如何自动连接到内容提供商，并以简单的格式提供音频书籍和电子材料的选择。

在韩国，有学者提出在数字时代接受有声读物作为新的阅读媒介的方向。通过转换技术，例如人的声音或语音合成（Text-to-Speech，TTS）手段，有声读物将版权作品（主要文本）或以听觉分布为前提的作品，转化为数字化文件。

它被定义为一个声音作品（二级文本），利用信息网络传播。有声读物是传统小说阅读文化的现代继承，产生了多种形式。小说构成了书面语言的意义，而有声读物则是通过口语、背景音乐和声音效果的有机结合来实现的。小说通过观众的朗读来传达，而有声读物则是通过听觉来传达的。由于小说是以有声读物的形式出现的，其内容发生了具体化、扩充化、谈话化、缩减化和删除化。视听书籍的接受方向可以为视障人士提供教育机会，起到寓教于乐的作用，培养他们的想象力。因此，有必要研究小说和有声读物的接受方式的效果，有必要通过与小说以外的多种体裁的比较分析从多角度对有声读物进行考察，也有必要提出有声读物的朗读方式。

在西方国家，商务平台被认为是经营有声读物市场最成功的模式。在增强的商业模式中，引入水印以保护版权。这种强化模式既能增加音像行业的利润，又能在一定程度上促进音像行业的发展。Dan Liu，Sheng Chen Li 和 Hui Chen 针对有较强数字内容使用意识的大学生，对有声读物服务的使用现状和满意度进行了调查。通过对 249 名大学生的调查发现，大学生对有声图书服务的总体满意度平均为 2.33，这说明大学生对有声图书服务总体上是满意的。此外，使用有声读物的学生人数为 81 人，而不使用有声书的学生人数略多。不同性别对有声图书服务满意度存在显著差异，纸质图书阅读量影响对有声读物服务的满意度。研究还发现，在不同的内容测量领域中，对种类、有用性和兴趣的满意度影响对有声图书读物服务的满意度。此外，研究还发现有声读物服务满意度对忠诚度有显著影响。为了增加有声读物用户的数量，最重要的是开发和推广内容和系统。

基于“让眼睛休息，用耳朵工作”的需求，在美国、欧洲，有声书“阅读量”已被计入国民人均年阅读量统计。2016 年，全球有声书市场价值超过 28 亿美元，其数量就达到 4.3 万种。其中，英国有声书市场销售成绩同比增长了 25%，美国有声书下载销售从销量和收入上均同比增长了 34%，总收入超过 17.7 亿美元。

2019 年 4 月，根据美国五大出版公司发布的最新财报，哈珀 • 柯林斯、霍顿 • 米夫林、企鹅兰登、西蒙与舒斯特这四家公司 2018 年的利润较 2017 年有所上涨。四家出版社表示，下载版有声书强劲的销量表现是利润增长的主要原因。这一结果在美国出版商协会发布的美国出版市场的最新数据报告中得到了证实。报告显示，2019 年第一季度美国出版商的总收入为 25 亿美元，较 2018 年同期增长了 1.608 亿美元，涨幅达到 6.7%。其中，2019 年第一季度下载版有声书的销售额为 1.33 亿美元，涨幅高达 35.3%，增长趋势保持平稳。尽管电子书的销售额仍高于下载版有声书，但两者的差距正在不断减小。随着亚马逊、苹果、3M 等公司及巴诺书店进军听书市场，“听书”在美国的发展形成了强劲的势头，其主要的听书生产商包括 Findaway World、Overdrive、亚马逊 Audible 等，不仅拥有数量巨大的有声读物种类，而且还在持续推出听书项目，如 Findaway World 在 2017 年推出的“Findaway Voices”计划、亚马逊旗下子公司 Audible 推动的“直接出版听书项目”等。

再来看其他国家。德国是如今仅次于美国的世界第二大听书市场。根据慕尼黑音像出版社的调研报告得出的结论，25 ～ 40 岁之间的移动通信设备用户是有声读物的热衷者。约有 400 个供货商共同占有这个市场，每年约有 9000 种有声读物供成人阅读。对听书感兴趣的德国人占德国总人口的 7% ～ 10%，其中以青少年最为普遍。在英国，40 岁以下人士成为有声读物的主要听众，不少有声读物公司特地开辟有声读物下载网站以满足听众需求。据英国广播公司所进行的调查显示，“边做边听”是英国有声读物阅读方面的最大特色。另外，还有很多人喜欢入睡前听。

值得注意的是，书籍、音乐、电影等此前泾渭分明的不同媒体，如今借由有声阅读融合得愈加紧密。2006 年，美国《书商》杂志（Bookseller）以人们所熟知的“有声读物和印刷品关系”为主题举办了一场出版业研讨会。一位营销策略师呼吁，不要把音频当成一本书的录音版本，而应将其看成产品革新的巨大机会，将其独立于原著而存在，尤其是对于不喜欢读书的群体而言。这次会议传递的信息迎合了数字时代众多出版商的需求，也被称作是“音频革命”。媒体融合将文本和声音进行新的组合，也进一步消融了书籍、有声读物和其他媒体之间的必然联系。数字技术已经产生了“增强型有声读物”，例如，它是仿效书籍的，但在文本中添加了游戏、超链接和视听元素。在未来，有声读物广泛存在，但越来越无法与其他媒体区分开来。

总体来讲，国外听书市场已经形成了比较成熟的、具有一定规模的、便于协调分工的产业链条。通过播客、有声书、网络流媒体平台等多种形式，听书用户可以通过任意第三方的 App 进行订阅与下载。而出版公司和版权机构将签约与采购的有声书版权交由制作商进行制作，再通过有声书平台源源不断地提供给用户，这种协调分工的合作为“听书”产业的发展提供了智力支持与技术保障。再加上政府与行业协会的监管，有力地推动着听书产业的平稳与持续发展。

第四节　何以盛行：契合个性需求的“听书”

什么样的人会有“听书”的习惯？如果不作具体的数据调查，最直接的答案会是：盲人、老人和儿童。从生理学角度考量，原因很直接：盲人看不见，老人看不清，儿童看不懂。经过数据统计分析会发现，求知欲旺盛、兴趣广泛的中青年群体作为日益崛起的新生力量，也正逐渐将听书作为其个性化的选择。

为什么他们会选择“听书”方式？虽然收音机、录音机、MP3等重塑了用户的阅读习惯，在生活工作学习中与很多人形影不离，但是却不得不说，没有哪一个时代的用户规模、用户黏度可以与移动互联时代的“听书”相媲美。究其原因，主要还是由于社会环境变化带来的用户需求的转变。而移动听书，恰恰较好地满足了这些需求。那么接下来，本书将从世界范围内各相关利益点出发，分析移动听书与不同用户个性化需求的完美契合，挖掘“听书”在全世界日益风靡的关键所在。

一、有温度的听书：成为你的眼

从前文的分析中可以看到，从最初的初衷来说，近代世界范围内的听书之所以起源，实际就是为了满足经历过“二战”的眼盲、伤残军人的需求，所以才作为一项抚恤措施，特意找人朗读书籍，录制成音频磁带后播放给这些有阅读障碍的人听。由于效果良好，之后才扩展到健全人领域，在全世界流行开来。无论听书如何发展，其初心不应变也不能变，因为时至今日，盲人仍然是一个很大的群体。来自188个国家的数据分析表明，有超过2亿人患有中度至重度视力障碍。到2050年，这个数字预计将上升到5.5亿。有研究人员在《柳叶刀·全球健康》上发文预测，如果不进行投资来改善治疗情况，那么到2050年，病例将从3600万增加到1.15亿。也就是说，在未来的40年里，全世界盲人的数量将会达到现在的3倍。以中国为例，根据中国残疾人联合会、中国盲人协会的数据统计，截至2016年，我国视力残疾人数达到1731万，占总人口的 1.26%。中国是全世界盲人最多的国家之一，眼部疾病在中国也是一个主要的公共卫生问题。契合国家号召来说，“听书”也应该“不忘初心”，维护好视力障碍人士这个最初用户群体的利益，为他们打造好服务、传递好声音。

那么，既然视力障碍群体如此庞大，为什么除了偶尔在电视节目中见到他们，现在身边却几乎完全看不到他们呢？一个很重要的原因，就是受制于盲道设置不合理、红绿灯没有提示、导盲犬缺失等现实问题，很多视力障碍人士选择了闭门不出。比如在中国，就有高达 30% 的视障人士选择基本不踏出家门一步。相比于健全人，其实视力障碍人士对于外界的了解更为迫切，对于知识的学习更为渴望，但是他们却囿于现实社会中种种设施限制、师资限制，无法像正常人一样接受教育、参与社会生活。而且在很多时候，视力障碍群体还要无可奈何地接受外界异样的质疑眼光甚至是嘲笑，本就自卑的他们更加不愿意敞开心扉、走出家门，而选择了把自己封闭起来、隐藏起来。面对这样一个如此渴求信息、期待融入世界、过上正常人生活却始终得不到满足的群体，该如何保护其求知欲与阅读积极性？“听书”作为一种非常重要的娱乐学习手段，让视力障碍人群足不出户获取信息、了解世界成为可能。

眼前的世界是黑漆漆的，指尖下的盲文是冷冰冰的，但是，耳边的“说书”声袅袅传来，却能让人如沐春风、感同身受。千挑万选的主播风格不尽相同，他们用或铿锵有力、或洋洋盈耳、或婉转悠扬、或睿智机敏的声音，温暖了有视力障碍者黑色的、冰冷的世界。当视力失去的时候，听力会变得尤为发达。因此，这些视力障碍者更能从真实的说书人那里感受到文字的流动与回环、色彩与情感，能够更有代入感、更具感情地融入作品、理解作品，引发更强烈的共鸣。同时，精心制作的音频往往配有非常适当又富于变化的背景音乐，更能让人产生身临其境之感。用眼睛阅读的时候受外界干扰或许会错过些什么，但是用耳朵聆听，却更能分辨细小的变化，更能缩短心与心的距离，精彩不易错过。也正因为如此，视力障碍人群成为“听书”的重要用户，借助听书平台，他们实现了与外界的无障碍沟通，可以知天下事，可以读古今书，可以“看”到最火爆的电视剧，可以“读”到最热门的置顶帖。有了“听书”，视力障碍人士逐渐将自己从狭小封闭的世界中解放出来，尝试着重新拥抱这个世界。上帝为你关上了一扇门，没关系，听书为你打开了一扇窗。

二、能陪伴的听书：成为你的伴

人口老龄化已经成为世界主要国家的共同趋势。联合国的传统标准是 60 岁以上老年人口占人口总数的 10%，最新标准是 65 岁以上老年人口占总人口的 7%，即视为该地区进入老龄化社会。世界上人口老龄化最早、老年人口比例最高的国家大都是欧洲国家。如法国在 19 世纪最早出现人口老龄化趋势。截至 2018 年 1 月 1 日，法国 60 岁以上人口占总人口的比例已达 23.23%。美国在 20 世纪中期就进入了人口老龄化时代。根据美国人口普查局公布的美国老年人口情况，到 2016 年，美国 65 岁以上人口占总人口的 15.03%。日本步入老龄化社会的步伐虽然比欧洲国家晚，但是老龄化速度却是非常惊人的。截至 2017 年 9 月，日本 65 岁以上人口占总人口的比例达 27.7%，而且预计到 2020 年，世界 60 岁以上人口占比排名中，日本将以 34.12% 的比例高居世界第一。而在中国，根据国家统计局发布的人口数据，截至 2018 年年末，我国最新的老年人口数据为：60 周岁及以上人口 24949 万人，占总人口的 17.9%；65 周岁及以上人口 16658 万人，占总人口的 11.9%。也就是说，我国拥有了 2.49 亿的庞大老年人口群体。2020 年世界各国 60 岁以上人口占总人口的比例排名前十的国家，具体如表 2-2 所示。

表 2-2 2020 年世界各国 60 岁以上人口占总人口的比例前十名

排名	国家	总人口（千人）	60 岁以上人口（千人）	60 岁以上人口占总人口的比例（%）
1	日本	126495.647	43165.131	34.12
2	意大利	59132.073	18152.923	30.70
3	葡萄牙	10218.413	2999.074	29.35
4	德国	82540.45	24115.323	29.22
5	芬兰	5580.127	1603.827	28.74
6	保加利亚	6940.527	1962.896	28.28
7	克罗地亚	4115.947	1154.327	28.05
8	马提尼克岛	385.457	107.605	27.92
9	希腊	11102.572	3087.795	27.81
10	斯洛文尼亚	2082.055	578.77	27.80

老年人的增多为"听书"创造了潜在的用户。一方面，不断加剧的人口老龄化也带来了有视力障碍问题的群体数量的不断增长。老花眼、白内障等视力问题使得老年人不得不放弃了传统的视觉阅读，选择了听书；另一方面，越来越多的空巢老人选择了以听书方式来排解自己的孤独寂寞。很常见的一个场景是，一些老年人在浇花、练字、遛弯时选择了调大播放音量让一切"看起来热

热闹闹”，而没有更多场地限制的听书方式也可以让老人想什么时候听就什么时候听、想在哪里听就在哪里听。当儿女们为了生活奋力打拼而不能陪伴左右时，当孙辈们因为参加各种各样的活动而不能承欢膝下时，当因为睡眠时间日益减少而在凌晨三四点钟望着屋顶发呆时，无时不有、无处不在的“听书”无疑在很大程度上满足了老年人随时、随地阅读的诉求。正因为如此，虽然很多老年人并不擅长电子产品、并不精通网络操作，但他们仍然因为这种“陪伴”而成了“听书”的忠实用户，并开始努力学习操作方法，甚至非常时髦地参与留言互动，从而拥有了极强的用户黏性。

充分考虑老年人需求、重视老年人群体，听书平台也在不断探索更适合老年人的传播方式。2019 年 11 月，由安徽出版集团旗下安徽科学技术出版社和时代数媒科技股份有限公司共同打造的老年人听书平台——“乐龄听书”正式上线。作为国内第一款专门为老年人量身定制的听书产品，“乐龄听书”充分考虑老年人的关注点和“阅读”喜好，通过移动端 App、微信小程序为老年人提供养生保健、曲艺相声、小说评书、老年旅游、生活常识、老年教育等各类有声阅读资源。同时，在进行产品设计时完全以老年人为中心，充分考虑老年人注意力、视力等特点以及手机性能等局限性，力求简单直观、操作方便、流畅稳定，如字号更大、导航更清晰、内存占用自动提醒、电量实时监测等，让老年人能够尽情享受有声阅读的无穷乐趣。“乐龄听书”受到了安徽省文化强省建设专项资金项目资助，这是一个利好信号，在社会各界的共同推动下，“听书”必将会成为丰富老年人精神文化需求的一种全新路径。

三、富触感的听书：成为你的手

书籍是人类进步的阶梯，而进步则要从儿童抓起。在我国，越来越多的家庭开始注重培养孩子的阅读习惯和兴趣。第十七次全国国民阅读调查显示，2019 年我国 0 ～ 8 周岁儿童家庭中，七成家庭有陪孩子读书的习惯。在世界上，越来越多的国家开始重视阅读启蒙教育，旨在搭建成长阶梯，让孩子拾级而上，去领略无限风光。德国联邦教科部于 2010 年年底正式启动了“阅读启航——阅读三连跳”活动，在 2011—2018 年的 8 年时间里，帮助和引领 10 个月～ 3 岁、3 ～ 6 岁、6 岁入学后三个阶段的孩子们踏上生趣盎然的阅读之旅，力争使阅读日常化。在美国，为了让孩子们从小养成“每天都要读一点”的好习惯，美国学校会通过“Reading log”一份阅读记录单来督促孩子阅读：在阅读时间上，幼儿园的孩子每晚不能少于15分钟，一到二年级的孩子每晚不能少于20分钟，三到六年级的孩子每晚不能少于30分钟，以希望通过这种方式，达到从质变到量变的飞跃；日本指定4月23日为儿童阅读日，认为孩子的读书活动是孩子学习语言、培养感性认识、提高表达能力、丰富创造能力、培养生存能力不可欠缺的一部分，要培养儿童在语言、想象和敏感度各方面的能力，以助他们更深刻地以“体验人生”为长远目标。

当阅读已经达成共识，通过何种方式阅读则成为急需解决的问题，因为一个关键的问题在于——幼儿并不识字，即使大一点的儿童，阅读能力也非常有限。此时，父母无疑是最重要的力量，而“听书”则成为有益的补充。对于孩子来说，最好的读书方式就是爸爸妈妈为孩子朗读：让孩子坐在父母膝头一起读绘本，在枕边为孩子讲睡前故事，和孩子一起练习儿歌、绕口令，等等。亲子阅读对于培养亲密关系、提高孩子的认知能力大有裨益。当父母无法抽出那么多时间来陪伴时，“听书”会成为重要的帮手。专门为儿童录制的听书内容会用更童趣的音乐、更温柔的声音、更富感染力的表达方式，为孩子构筑一个更真实、更广阔、更容易理解的现实世界。或许父母无法描摹大象的叫声，但是“听书”可以；或许父母无法表现游乐园的欢乐场景，但是“听书”可以；或许父母无法细致描绘静谧的夜、温和的风、清新的雨，但是“听书”可以。虽然只是用“听”的，但是，融合高超表现艺术与现代媒体技术的“听书”，仿佛成了孩子的一双手，带领孩子去细细抚摸、慢慢感触、深深体会，在小小的人生中一次又一次地去印证、去领悟。当真正眼见为实的时候，听与看的完美结合将使知识的学习比任何时候都更牢固、更深刻。

因此，对于儿童来说，听书是一种更适合阅读启蒙的方式。睡觉前可以听，坐车时可以听，玩耍时可以听，即使仅是“磨耳朵”，也能对家庭阅读氛围的形成产生重要作用。听书还可以避免孩子接触其他电子产品进行观看时的用眼过度，父母不用再担心视力问题，孩子却依然能享受到精彩纷呈、丰富多彩的广阔世界，对孩子将来阅读兴趣与阅读习惯的养成大有裨益。《第十七次全国国民阅读调查报告》也充分证实了这一点，我国0～17周岁未成年人的听书率为34.7%，较2018年的平均水平（26.2%）提高了8.5个百分点，其中0～8周岁儿童的听书率为36.5%，创历史新高。

当然，对于听书也不能盲目乐观。必须承认，相比于纸质版绘本童书，听书的影响力仍然有待提高，而且纸质书在幼儿识字启蒙、形象化思维培养等方面确实有独特的作用。未来，可以考虑将听书与纸质版童书有机结合起来，针对不同年龄为孩子们提供更多选择的机会，充分将眼睛与耳朵结合起来，为未成年群体打造全方位的优质体验。目前《小猪佩奇》系列、巧虎系列等优质童书都通过扫描二维码的方式为纸质书配备了音频，这是一个值得推广的尝试。

四、无局限的听书：成为你的脑

随着社会、经济的快速发展，带来了高度紧张的工作方式、超快节奏的生活方式的变迁。时刻担心被 PK 掉的竞争压力、每月房贷车贷的经济压力、个人眼界提高带来的成长压力，都从不同需求层面发力，改变了中青年群体的阅读动机与阅读行为，并最终将其异化为两个截然相反的方面：有些人继续乐此不疲地自我充实、自我提高，并希望抓住所有时间见缝插针地学习；而有些人则需要把握片刻的休闲时机，在紧张、忙碌的工作、学习之余放松自己。《2016 中国数字阅读白皮书》的调查统计可以很好地说明这一点，数字阅读用户的阅读时间不仅包括工作间 / 课间（27%）、睡觉前（51.3%）、节假日（12.6%），甚至还包括起床前后（15.4%）、用餐时（18.1%）、上厕所时（15.4%）、通勤途中（14.5%）。

可想而知，人们对阅读要求的不断提高必将催生一种新的阅读方式：不再局限于单纯的视觉阅读，不再局限于特定的时间与空间，能随时随地地进行碎片化阅读。于是，“听书”伺机而动，对这种“无局限”的需求作出了积极回应，也迅速赢得了用户的青睐，占领了市场。2019 年，我国有三成以上（31.2%）的国民有听书习惯。其中，成年国民的听书率为 30.3%，较 2018 年的平均水平（26.0%）提高了 4.3 个百分点。对我国成年国民听书介质的考察发现，选择“移动有声 App 平台”听书的国民比例较高，为 16.2%；分别有 9.3% 和 6.0% 的人选择通过“微信语音推送”和“广播”听书。

听书 App 平台的最大优势在于海量的集成资源。内容题材种类多、数量大、时长长且分类清晰、高度集成是一个成熟听书 App 的必备条件。在国内外用户量较大的综合性听书平台上，“只有你想不到的，没有你找不到的”。文学、体育、教育、娱乐、时尚等主流题材应有尽有，资讯、学习、文娱、影视、百科、儿童、电台等各类内容无所不包。中青年人群可以随时随地找到任何想要的内容，满足了其碎片化、丰富性的用户需求。根据美国出版商协会发布的 2017 年第一季度产业报告数据显示，有24%的美国人在2016年至少完成了一部有声书的“听读”。而有声书用户中有48%的用户年龄低于35岁。77%的受访者认为，有声书能够切实帮助他们提高阅读量。

微信语音推送对于“听书”的助力源于微信在我国国民中的超高普及率。2020年1月9日，微信在2020公开课上发布了《2019年微信数据报告》。报告显示，2019年微信的月活跃账户数超过了11.5亿，比去年同期增长6%。另据统计，微信公众号创作者数量已超2000万。根据西瓜数据在2020年1月发布的《2019公众号年榜总榜TOP100》显示，自2019年1月1日至2019年12月31日，在总榜排名前十位的公众号中，以“听书”为主要内容的就有三个，分别是排名第三位的“十点读书”、排名第四位的“夜听”、排名第八位的“有书”。三个公众号的总阅读数分别达到了29173万+、17947万+、29083万+，广告价值指数分别为1506.6、1500.2、1295.2。三个公众号通过在阅读内容中加入音频资源、直接推出热门有声书音频、与网络电台链接等多种方式，为用户提供了丰富多样的有声阅读体验，也让微信语音推送在2019年仅次于移动听书App，以9.3%的好成绩成为我国国民有声阅读的优质选择。

广播听书的推广得益于全球庞大的汽车保有量。据不完全统计，在美国，每1000个美国人平均拥有797辆汽车。目前美国总人口约为3.2亿，也就是说，美国目前的汽车数量约保持在2.5亿辆。可以说，在美国的每个家庭几乎都拥有汽车，甚至一些家庭还拥有多辆汽车；在日本，每1000名日本人拥有591辆汽车。日本目前有1.26亿人口，即在日本这个国土面积仅有37.8万平方千米的地方，却有着0.74亿辆汽车；而在我国，每1000个人中大约拥有140辆汽车，目前我国总人口约为14.1亿，中国的汽车保持量约为1.97亿辆。中国的汽车保持量虽与美国相比仍有很大差距，但值得指出的是，我国已经连续多年汽车销量世界第一。可以说，庞大的汽车保有量是听书发展的天然保障，行驶在路上，打开广播听书，既能排解寂寞，又能获得知识、娱乐消遣，何乐而不为呢？

正是由于不同年龄阶段和不同文化背景的用户需求正在持续地、更好地得到满足，再加上新兴媒体技术的不断发展、智能接收设备的逐渐多元，都为“听书”发展带来了更肥沃的土壤、更广阔的平台。2019年4月，第五届中国数字阅读大会在杭州开幕。中国数字阅读大会作为国内数字阅读领域国家级、综合性行业大会，是规格最高、规模最大的高层次行业盛会，被业界视为数字阅读的年度“风向标”。根据会上发布的《2018年度中国数字阅读白皮书》的统计，截至2018年，我国数字阅读产业规模达到254.5亿元，较上一年增长19.6%，仍处于较快增长期。我国数字阅读用户总量达到4.32亿，同比增长14.3%。其中人均数字阅读量达12.4本，人均单次阅读时长达71.3分钟。在这组数据中，“听书”作为数字阅读的重要组成部分，正在提供越来越傲人的份额，作出越来越突出的贡献。可以想见，未来，“听书”将继续凭借海量的集成资源，充分发挥“有温度”“能陪伴”“富触感”“无局限”的优势，为用户提供更加丰富优质的阅读体验，进一步实现随时、随地、随身、随心。

结　语

技术改变了时代，也改变了人们的生活习惯、工作方式乃至阅读行为。而这些又会反过来催生一种新的变异需求，敦促新的技术表现形式产生。“听书”正是在迅速回应并积极迎合了人们在内容、介质等方面的新要求之后，才得以飞速发展、盛行开来。与海外有声出版行业正逐渐步入成熟期相比较而言，中国的“听书”作为一个新兴产业，尽管还存在这样那样的不成熟之处，但已呈现出大有可为之势。目前，国内有声阅读市场正进入快速发展期，以音频分享平台喜马拉雅FM为例，热门有声书的累计收听人次一般能达到2000万以上，最畅销的能达到8000万至1.5亿人次收听量。

“让眼睛休息，用耳朵工作。”独具特色的“听书”究竟具有何种魅力？接下来的章节，本书将从平台数量、用户规模、受众评价等方面入手综合评价国内听书平台的现实图景，并以几个主流听书平台为例，分析其内容模式与盈利方式，揭示盛景背后的运行脉络。

第三章　“听书”的内容模式与盈利方式

在中国，现代意义上的“听书”在20世纪90年代陆续出现、开始起步。1994年，高等教育出版社出版了《世界名著半小时》及其续集；1995年，中国唱片总公司出版了以《鲁宾逊漂流记》《十日谈》等为代表的经典名著录音制品；2000年，北京鸿达以太文化有限公司创办了“家佳听书馆”；2003年，北京新华金典音像有限责任公司打造了“有声读书网”；此外还有天方听书网、私听馆、网际听书馆，等等。可以说，中国有声读物行业在前20年的发展中，虽然进行了多种有益尝试，取得了长足进步，但是囿于传播渠道有限、传播内容单一，并未形成具有广泛影响力的产业规模。直到移动互联网的出现、智能手机的普及，借助全新的传播介质，中国的听书市场才终于迎来了春天，一种全新的数字化阅读方式已经出现。

2011年9月，以“更多的世界，用听的”为口号的蜻蜓FM闪亮登场。作为国内首家网络音频应用App，蜻蜓FM为用户和内容生产者共建生态平台，汇聚广播电台、版权内容、人格主播等优质音频IP，成为国内“听书”界的先驱。之后，2012年，懒人听书上线；2013年3月，喜马拉雅FM上线；2013年6月，考拉FM上线。随着各类听书App的相继推出，中国移动听书业格局也初步形成，“听书”更成为人们的时尚“标配”。

“让眼睛休息，用耳朵工作。”伴随着或轻柔或低沉的背景音乐，朗读者通过对内容的理解与感悟，抑扬顿挫地将单调生硬的文字用生动鲜活的声音绘声绘色地细细描摹，即使是碎片化的时间也能很快把握阅读重点，让理解变得简单易得，更让阅读变成了一场随时、随地、随身、随心的听觉享受，这，就是——“听书”！

2016年8月22日，音频分享平台喜马拉雅FM联合国内外多家知名出版集团在上海展览中心举行了“2016中国有声出版业启动发布会暨集体签约仪式”，共同助推“中国有声出版元年”开启。当我国“听书”产业轰轰烈烈开展之际，其究竟呈现出怎样的现实发展图景？主要内容模式是什么？又是通过什么方式盈利的？都是值得探讨与研究的问题。在本章，将以“听书”平台为例进行分析。

第一节 “听书”的现实图景

2016—2017年中国数字出版产业年度报告的统计结果显示，目前我国已经有200多家听书网站，近200款有声听书类App，此外，一些电子书阅读软件也添加了“听书”功能。以罗辑思维团队推出的主打知识服务的App“得到”为例，它不仅包含有独家订阅专栏、干货电子书等多项内容，还包括各种有料音频，如“每天听本书”专栏，标榜“专业说书人为你解读好书，搞懂一本书，只需要半小时。一年听365本书，帮你高效率阅读”。

“听书”发展到现在，对其现实发展图景进行描绘是必要且迫切的。要通过梳理，为几百家的网站、App进行排名与分类，这样既有助于避免“听书”产业发展中的同质化造成的资源浪费，也可以为用户在良莠不齐、林林总总的各类平台中迅速作出选择提供理论依据。

经过考量，在听书网站、听书类App、电子书阅读软件中，最终选择了以听书类App作为研究对象进行具体分析。原因有二：（1）电子书阅读软件中虽然涵盖“听书”内容，但“听书”并不具有唯一性，因此对电子书阅读的研究自然不是本书的重点；（2）根据《中国互联网发展报告（2019）》相关数据，截至2018年年底，我国手机网民规模达8.17亿，网民中使用手机上网的比例也提升至98.6%。鉴于智能手机的普遍应用，听书类App相较于听书网站有更大的应用空间与发展前景。因此，本书选择以听书类App为例进行深入研究。

一、“听书”的三种分类方法

首先，要对我国“听书”产业进行分类研究。我国学者从不同侧重点出发，对市场上的听书类软件进行了不同划分。例如，蒋晶在《提升听读软件传播效果策略分析》一文中，按照提供内容的不同，将听书软件划分为英语类、综合类、小说类；赵丽华的《从朗读到有声阅读：阅读史视野中的“听书”》，在调查问卷设计时将听书介质划分为两大类：广播、录音带、有声阅读器等传统听书介质与新兴移动有声阅读平台。其中，新兴移动有声阅读平台又可划分为三小类，即主打完整有声书的听书平台、提供碎片化知识和产品的有声阅读平台、综合性音频平台；杨木容在《“用耳朵来阅读”：儿童阅读推广研究》中，将“听书”按资源划分为正规出版的有声读物、可出借的有声读物、“听书”网站、免费共享“听书”资源和个性化定制听书资源，等等。

在综合与借鉴其他学者成果和相关研究的基础上，笔者通过梳理与创新，围绕“内容”这一平台运营的生命线，尝试对我国众多的听书平台进行如下三种分类：（1）按照初期经营内容分，可以分为移动听书 App 与移动电台（FM）App；（2）按照近期经营内容分，可以分为综合类听书与专门类听书；（3）按照具体经营内容分，可以细分为英语类、小说类、评书艺术类、动漫作品类等多种类型。

1. 移动听书 App 与移动电台（FM）App

说到移动听书 App 与移动电台（FM）App，进行分类的源头其实是为厘清一个概念。现在人们说起听书平台，似乎都统称为“App”，但这样的说法并不专业。在我国，移动音频根据其初期的经营内容，可以分为移动听书 App 与移动电台（FM）App 两种类型。

在进行具体阐述之前，首先要解释一个名词——播客。播客（Podcasting）是在 21 世纪初兴起的一种 iPod+broadcasting 的数字广播技术，出现初期借助一个叫“iPodder”的软件与一些便携播放器相结合来录制网络广播或类似的网络声讯节目。网友可将网上的广播节目下载到自己的 iPod、MP3 播放器或其他便携式数码声讯播放器中随身收听，从而满足随时随地的收听需求。而且，任何人都可以借此制作声音节目，并将其上传到网上。播客实现了互联网时代“听书”的大胆尝试与介质更迭，更是催生移动电台（FM）App 的关键所在。

移动听书 App 是由近代“听书”模式延伸出来的，是全媒体时代音频录制的数字化、移动化、网络化形态。简单地说，仍然是由人将现有的文稿录制成音频文件，然后通过智能化终端进行推广、传播、收听。比起源初期“听书”更先进之处在于，它借助互联网实现了传播内容、传播时空的无限扩展。移动听书App在录制音频时往往选择书籍等原创作品，以内容为主导，录制的音频较长，而且音频之间往往具有承接的关联性，有的音频节目连续播放了数十集甚至几百集。为了获得更高的关注度，优质原创内容成为关键，使得版权争夺日益白热化，从而大大促进了听书平台与传统出版社、热门作者、小说阅读机构的合作。目前这样的App很多，比如懒人听书、酷我听书、氧气听书、掌阅听书、口袋故事听书等，它们凭借优质的内容、良好的用户评价，在“听书”领域牢牢站稳了脚跟。

以“口袋故事”为例，口袋故事作为专门的儿童精品内容平台，专注于通过故事培养孩子的文化素养，发展孩子的认知能力，为0～12岁的孩子及其家庭提供优质的儿童内容及成长服务。口袋故事的主要内容包括儿童故事、儿歌童谣、经典诵读、儿童英语、益智思维、音乐欣赏、小学课文等。自创立以来，口袋故事为3500万个孩子，分享了国内外“10万+”好故事。这些故事来自“200+”著名儿童文学作家和“300+”版权机构的正版优质作品，并经过深度合作的“50+”国内一线配音团队（超过400人）精心制作。这些故事被播放100亿次，总播放时长达6.57亿小时，相当于75000年。

移动电台（FM）App，顾名思义，则是由传统广播（FM）发展演化而来的，实现的是传统广播的网络化。随着互联网的兴起，各行各业都进行了结构性调整，广播业也不例外。此时，起关键性作用的播客出现了，越来越多的人尝试通过网络自己进行电台广播，同时，传统调频广播也开始借助网络进行实时广播，它们利用新的媒体技术突破了地域限制，实现了随时随地的网络直播。最终，伴随着经营内容与业务范围的开拓，一种“建立在播客模式和传统广播基础上，包含脱口秀、新闻等多种形式自制原创音频内容的在线音频互动社区”形成了，这就是移动电台（FM）App。移动电台（FM）App沿袭了广播的制作模式，以节目为主导，每期节目之间都是独立的，一期一个话题，关联性不大。目前涌现出了大批强劲的平台，如喜马拉雅FM、蜻蜓FM、考拉FM、企鹅FM、多听FM等，大有后来者居上之势。

以收音机广播电台FM为例，作为一款调频收音机有声小说音乐广播平台，通过它可以在手机上免费收听全球中文、英文、小语种等多种电台，包含有声小说、儿童、历史、小品、评书、新闻、养生、星座等多项内容。收音机广播电台FM涵盖CNR中国之声、CRI中文环球广播、海峡之声新闻广播等多达3万个广播电台，每天为用户带来最新的资讯信息；包含最全面的各省市电台，不仅有北上广深最受欢迎的电台，还有各省各市最热门的电台，让用户不论身处何处，都能收听到最熟悉的家乡声音；收纳了青苹果网络电台、Asia FM亚洲音乐台、Tiktok网络电台等最前沿的网络电台，真正实现了“随时随地，想听就听”。

目前，随着用户需求的不断提高，移动听书App与移动电台（FM）App也因不断地融合借鉴而呈现边界日益模糊的趋势。移动听书App开始在传统出版的基础上丰富了脱口秀、广播剧、电台节目等形式；移动电台（FM）App也开始通过购买相关音像制品或节目的音频版权来拓展业务范围。竞争也好，进步也罢，最终受益者无疑都是用户。

2. 综合类听书与专门类听书

综合类听书，顾名思义，即范围广泛、内容全面、兼收并蓄、无所不包的平台。综合类听书作为目前市场上的主流，大约占到了80%的比例。综合类听书的内容非常广泛，可谓“不所不包，不所不容”，其核心卖点就在于“广撒网”，依靠内容的全面性在听书平台第一轮的用户争夺战中旗开得胜。因此，从表面来看，综合类听书的平台规模和扩张速度似乎都更快一些。以2020年3月的蜻蜓FM为例，其内容分类包括战疫情、历史、评书、相声小品、脱口秀、儿童、情感、头条、文化、音乐、财经、教育、娱乐、戏曲、搞笑、汽车、科技、外语、生活、悬疑、二次元、畅销书、母婴、校园等；其频道设置包括直播、蜻蜓之声、短音频、广播、中国之声、AI读书、品牌电台、联合专区等，真可谓门类齐全、应有尽有。

同时，借助互联网大数据分析技术，综合类听书做到了“全面囊括 + 分层兼顾”，会在用户第一次使用的时候进行数据采集，获取性别、年龄、偏好等信息，并通过“猜你喜欢”尝试进行用户定位与推荐，在不断“换一批”的选择中较为清晰地为用户“画像”，从而能在拥拥攘攘的听书海洋中，最快地为用户提供适合的内容推介，满足用户的阅读需求。图3-1是喜马拉雅FM用户在初次登录时的信息采集界面。

图 3-1 喜马拉雅 FM 用户在初次登录时的信息采集界面

专门类听书在市场中大约占到 20% 的比例。相较于综合类听书，专门类听书更专注于某一门类、某一群体的听书内容，因此受众范围势必要小一些。专门类听书或许无法在第一时间达到理想的用户规模，但是由于其具有更强的针对性与专业性，往往能够得到特定用户的青睐，用户黏性反而更强。对专门类听书进行进一步细化，主要包括专门以儿童为目标群体的平台，如凯叔讲故事、KaDa 故事、口袋故事等，涵盖语言启蒙、科学探索、英语早教、国学经典、儿歌绘本等多种内容，让孩子听故事、学知识；专门以女性为目标群体的平台，如红袖读书、豆腐阅读、女生听书等，根据女性的阅读习惯与喜好进行分类推荐、专题排行与深度导读，关注女性视角，感受女频文化；其他，比如专门以职场人士为目标群体的一刻 talks、樊登读书、有讲课堂等平台，专门以基督教徒为目标群体的精读圣经、赞美诗歌、雅鸽等平台，等等。可以说，专门类听书的分类还是非常广泛的，根据目标群体的不同，可以进行多种类型的细分，无法一一概括，只能列举一二。

随着市场竞争的加剧，如何才能吸引更多更忠实的粉丝，作为一个永无止境的研究课题，促使综合类听书与专门类听书在发展中不断学习、不断更新。综合类听书开始添加更多的小众化、专业化内容，而专门类听书也开始借鉴更综合的传播渠道与方式。客观来讲，这种融合与模仿是一把双刃剑。它极可能使得综合类听书平台因不具有专门类听书的独特资源与深厚底蕴，最终使栏目建设空有其表、泛泛而谈；也有可能使得专门类听书平台因盲目追求内容扩张而无暇集中精力与资金进行优势项目建设，丧失了品牌优势而最终失去粉丝的拥护。因此，如何把握这个“度”非常重要。如果简单一点考虑，无论综合还是专业，无论合还是分，实际上都只不过是扩大媒介用户的多维探索。大费周章做自己并不擅长的事有可能获得的只是仅仅完成注册的“僵尸粉”，与其如此，不如好好想想怎样才能让忠实用户获得更优质的平台体验，这样的“江湖地位”似乎才能更牢固一些。当能力无法支撑野心的时候，不妨单纯想想自己的“初心”。

3. 各具特色的多种经营内容的听书

按照经营内容进行分类，听书平台更是五花八门，让人眼花缭乱。只有想不到，没有做不到，类别齐全、各具特色的听书丰富了市场，也丰盈了用户的选择。

比如，以英语学习为主打的听书。每日英语听力、听美剧学英语、开言英语、流利说·英语、可可英语、英语演讲、懒人英语等英语学习类听书 App，不仅涵盖单词、语法、听力等内容，致力于探讨英语学习方式方法，而且还融合了世界各国的风俗、理念与文化。同时，在中国日益世界化、国际化的进程中，不同阶层、不同年龄的群体都对英语有了更高的追求。青年人要在竞争中保持优势，老年人要丰富晚年生活更好地融入社会，儿童要双语学习不输在起跑线上，一大批英语听书 App 不仅脱颖而出，而且还针对年龄段进行了细分。如“叽里呱啦”作为一款专注于 0 ～ 8 岁儿童英语早教启蒙的平台，从听、说、读、写四个维度，分级分龄进行系统化、体系化的英语教学，希望能真正让孩子爱上英语启蒙。

比如，以网络文学为主打的听书。近年来，随着网络写手专业水平的不断提高，再加上互联网巨大的传播力与影响力，网络文学逐渐成为流行文化的重要组成部分，甚至被改编为影视作品引起了轰动效应，如电视剧《香蜜沉沉烬如霜》和《鬼吹灯》系列电影等。用户需求催生了众多听书平台，如咪咕阅读、笔趣阁小说大全、有声小说大全、全民听小说、趣听有声小说、搜狗阅读、连尚读书等。文学类听书平台在主题上又进一步细化，包括玄幻、武侠、仙侠、都市、言情、历史、军事、灵异等；在主线上予以区别，热血的、以男人为主线的是男频，言情类的、以女人为主线的是女频；在技术手段上不断探索，如增加了文字自动识别并朗读的功能，设置多种可供选择的音质、语种等。

比如，以评书艺术为主打的听书。评书、相声、戏曲、艺术，这些本就是“听书”起源阶段最早产生的艺术形式，并在20世纪七八十年代借助风靡全国的广播为用户送来了袁阔成、单田芳、刘兰芳等一代人演绎的令人难以忘怀的声音，送来了京剧、黄梅戏、河北梆子等老少皆知的经典剧目与选段，形成了较为深厚的群众基础与粉丝队伍。近年来，德云社、欢乐喜剧人、央视春晚等推出了一大批优秀的曲艺表演者，尤其是德云社，用方言以及话剧和相声混搭的方式表演相声剧等，为观众演绎从清朝、民国到新中国成立后的各种风格流派的相声，其返璞归真的艺术表演形式深受欢迎，也让相声、评书等艺术重新焕发了生机。通过评书大全、戏曲多多、相声大全等听书平台，各家各类优秀节目随心点、随意看。

此外，各种门类、特色各异的听书也层出不穷，例如以推广有声漫画、让广播剧流行起来为己任的猫耳FM，流行的小说和漫画在这里都能找到有声剧，同时汇集了中日知名CV、二次元、段子手、催眠等不同领域的大咖主播，并开启语音连麦，和大咖互动，用声音交友；以官方正版金庸武侠作品为主打的金庸听书，拥有金庸武侠小说全集汉语有声书，以有声的方式百分百还原原著，更有广播剧版、粤语等方言版不断连载更新。制作过程中在全国甄选多家专业播音倾情录制，让全球听众尽情领略刀光剑影的武侠盛宴、侠骨柔情的有声江湖。如此等等，这样特色突出的小众化听书平台可谓不胜枚举。

通过对以上三种“听书”分类方式的梳理可以发现，每种类型之间并不是界限清晰、完全分离的，很多时候呈现交叉与融合的态势。分类方式也不是一成不变的，从不同视角总能有不同收获，比如按用户规模分、按语种类型分、按收费状况分、按获取形式分，等等，不一而足。

二、“听书”的总体排名分析

1.“听书”的下载量排名

如果说对“听书”按内容进行分类是一种横向比较，那么对“听书”进行行业内总体排名则是一种纵向分析。为了对我国听书产业发展获得更全面、更整体的把握与评价，在对当前市场上的“听书”平台进行具体分类后，有必要深入分析其总体排名情况，以对我国听书的现实图景有更进一步的深入认识与剖析。关于总体排名，目前并没有比较权威的报告予以公布，用户规模、播放次数、市场占比等往往都是由平台自行发布的，由于缺乏统一的鉴定标准与公认的权威数据机构，往往有可能存在听书平台“自说自话”的现象，因此不具有公信力。但是，用户在手机 App 下载应用资源库中的下载量和评价却可以作为权威的数据予以引用。因此，笔者拟通过手机 App 下载应用资源库进行“听书”平台的数据整理与排名。经过对当前市面上的手机 App 下载应用资源库进行调研发现，目前应用得较为广泛并且具有下载数量统计功能的四大资源库分别为腾讯应用宝、华为应用市场、百度手机助手、360 手机助手。经过梳理，统计了四大应用资源库中下载量 100 万次以上的听书 App，具体情况如表 3-1 所示。总体来看，在四大应用资源库中，喜马拉雅 FM、蜻蜓 FM 是当之无愧的冠亚军，之后，懒人听书和荔枝听书交替占据第三名的位置，懒人听书略有优势，在应用宝（腾讯）、应用市场（华为）、360 手机助手中都位列第三。

表 3-1 四大应用资源库中下载量 100 万次以上的听书 App 的排名情况（单位：万次）

排名	应用宝（腾讯）		应用市场（华为）		百度手机助手		360 手机助手	
	应用名称	下载量	应用名称	下载量	应用名称	下载量	应用名称	下载量
1	喜马拉雅 FM	30000+	喜马拉雅 FM	180000+	喜马拉雅 FM	22000+	喜马拉雅 FM	9628
2	蜻蜓 FM	10000+	蜻蜓 FM	20000+	蜻蜓 FM	15000+	蜻蜓 FM	9404
3	懒人听书	10000+	懒人听书	10000+	荔枝	13000+	懒人听书	8683
4	听书助手	8948	荔枝	10000+	懒猫听书	6779	荔枝	2719
5	奇热听书	3755	酷我听书	3796	懒人听书	6374	多听 FM	2675
6	懒猫听书	3240	企鹅 FM	3494	氧气听书	2659	酷我听书	2345

（续表）

排名	应用宝（腾讯）		应用市场（华为）		百度手机助手		360 手机助手	
	应用名称	下载量	应用名称	下载量	应用名称	下载量	应用名称	下载量
7	企鹅 FM	2815	氧气听书	1304	酷我听书	2268	爱音斯坦 FM	1148
8	酷我听书	2686	酷听听书	174	企鹅 FM	1419	氧气听书	914
9	氧气听书	584			酷听听书	679	掌阅听书	650
10	情咖 FM	288			掌阅听书	645	有声读物听书	441
11	猫耳 FM	184			善听	482	酷听听书	348
12	免费听书神器	137			天行听书	224	免费小说听书	273
13	听说很好玩	104			听世界听书	176	爱听听书	262
14							离线听书	170
15							奇热听书	110
合计		72741+		228768+		71705+		39770+

注：数据采集时间为 2020 年 3 月 12 日。

有两点需要说明：第一，本书只统计了纯粹的听书 App，即全部都是以音频内容为主要运营模式的软件。但实际上，目前有很多“双肩挑”的数字阅读平台，既有文字内容，又有听书资源，甚至听书内容还占据了一多半的比例，文字阅读反而成了辅助。这样的 App 本书并没有统计在内，但是其下载量也是不容小觑的，比如掌阅的下载量达到了 34000 万次，天翼阅读的下载量达到了 16000 万次，爱奇艺阅读的下载量达到了 11599 万次，爱阅读的下载量达到了 9707 万次，等等。这充分说明，我国听书产业的发展规模远远比本书列举的要大得多。第二，需要对表 3-1 中的“+”予以说明。在四大应用资源库中，当下载量超过 1 亿次之后，就不再显示非常具体的数据量，比如腾讯应用宝中，喜马拉雅 FM 的下载量为 30000 万次，即 3 亿次，华为应用市场中更是达到了 18 亿次。这必然不是一个非常准确的数字，因此，在表中标注了“+”，以使数据统计及合计更趋准确。从表 3-1 可以看出，四大应用资源库中听书平台的下载量是非常巨大的一个数字，几十亿的下载数据背后有一个庞大的用户群在支持着我国的听书市场。

进一步地，将四大应用资源库中的听书平台下载量横向相加进行统计，可以得到下载量排名前十的平台，它们从高到低排名依次为：喜马拉雅 FM、蜻蜓 FM、懒人听书、荔枝、酷我听书、懒猫听书、听书助手、企鹅 FM、氧气听书和奇热听书。具体如表 3-2 所示。

表 3-2 四大应用资源库中听书 App 的下载量 TOP10（单位：万次）

排名	应用名称	总下载量	比重
1	喜马拉雅 FM	241628	59.82%
2	蜻蜓 FM	54404	13.47%
3	懒人听书	35057	8.68%
4	荔枝	25719	6.37%
5	酷我听书	11095	2.75%
6	懒猫听书	10019	2.47%
7	听书助手	8948	2.22%
8	企鹅 FM	7728	1.91%
9	氧气听书	5461	1.35%
10	奇热听书	3865	0.96%
合计		403924	

通过总下载量的数据统计可以发现，喜马拉雅 FM、蜻蜓 FM、懒人听书位列下载量前三名。总体来看，四大应用资源库中听书 App 下载量 TOP10 可以划分为 3 个梯队：第一梯队是喜马拉雅 FM，它以 59.82% 的比重占据了我国听书市场的半壁江山，成为当之无愧的 NO.1；第二梯队包括蜻蜓 FM、懒人听书、荔枝 3 个平台，三者紧随喜马拉雅 FM 之后，但是在数据上却明显逊色，分别只占据了 13.47%、8.68%、6.37% 的比例，即使是三者中总下载量最高的蜻蜓 FM 也只有 54404 万次，与喜马拉雅 FM 241628 万次的总下载量相比，不足其 1/4；第三梯队涵盖了酷我听书、懒猫听书、听书助手、企鹅 FM、氧气听书、奇热听书 6 个听书平台。第二梯队与第三梯队又明显拉开了距离，第三梯队中下载量最高的酷我听书，其数值为 11095 万次，比例为 2.75%，与第二梯队的末尾荔枝平台相比，刚刚超过其 1/3 的比例。至于第十名奇热听书，虽然榜上有名，但 3865 万次下载、0.96% 的比例，则更显势弱。

这样的结果与目前我国有声阅读市场的现状也是相符合的。喜马拉雅 FM、蜻蜓 FM 与懒人听书这三大平台，的确是目前中国有声阅读市场综合影响力最大的三大有声阅读平台。在易观千帆输入"听书"进行搜索，2019 年 2 月的数据显示，有声阅读行业排名前三的 App 分别是喜马拉雅 FM、懒人听书与蜻蜓 FM，这三家也是仅有的月活跃用户过千万的 App，这也充分显示了听书行业的"二八定律"。另外，艾媒咨询进行的"2018 年 Q1 中国有声书用户收听偏好使用平台分布”调查发现，喜马拉雅 FM、懒人听书与蜻蜓 FM 三者位列前三甲。至此，中国有声阅读行业中喜马拉雅 FM、懒人听书、蜻蜓 FM 三足鼎立、“一超双强”的局面已经形成。

2.“听书”的用户评价排名

在对一个听书平台进行分析时，下载量是一个衡量标准，但另一个更关键的尺度则是用户评价。因为下载量还存在广告效应、从众心理等偶然因素，可能是听从了宣传或者经由别人介绍选择下载了该平台，但是是否真正使用、用户活跃度如何，都不能从下载量上反映出来。还有一种极端的可能，或许用户将几大听书平台都下载了，然后在使用过程中寻找适合自己的 App，这样一来，下载量对听书平台的衡量作用就更加有限了，但是用户评价则不同。用户评价是由真正使用过该平台的用户作出的，是受众对平台使用感受的具体描述与真切反映，尽管侧重点不同、评价标准不同，但整体上都有值得借鉴之处，更具说服力，更能体现用户黏度。

首先，在统计获得四大应用资源库听书 App 下载量 TOP10 的基础上，本书进一步统计了相应的用户评价得分。除 360 手机助手为十分制外，其余三个平台均为五分制。因此将 360 手机助手得分进行了五分制换算，折算后十大听书平台的用户评价平均分为 4.39，具体如表 3-3 所示。需要指出的是，表 3-3 中的“—”表明在相应的应用资源库不提供该听书平台的下载，自然缺少用户评价情况统计，以懒猫听书为例，四个资源库中只有应用宝（腾讯）可以下载，其用户评价得分为 5 分。虽然三大应用资源库的用户评价缺失，但由于懒猫听书位列总下载量 TOP10，因此也必须予以统计，但其平均评分选项则不具有统计学意义。综合下载量与用户评价来看，喜马拉雅 FM 是当之无愧的听书市场领军者，而懒人听书和蜻蜓 FM 虽紧随其后，但仍有一定差距，显示出一定的提升与优化空间。

表 3-3 四大应用资源库中听书 App 总下载量 TOP10 的用户评价情况（五分制）

排名	应用名称	应用宝（腾讯）	应用市场（华为）	百度手机助手	360 手机助手（十分制）	360 手机助手（五分制换算）	平均评分	下载量排名
1	懒猫听书	5	—	—	—	—	5.00	6
2	奇热听书	—	—	—	9.9	4.95	4.95	10
3	听书助手	4.8	—	—	—	—	4.80	7

（续表）

排名	应用名称	应用宝（腾讯）	应用市场（华为）	百度手机助手	360 手机助手（十分制）	360 手机助手（五分制换算）	平均评分	下载量排名
4	喜马拉雅 FM	4.6	4.7	4.1	9.4	4.7	4.53	1
5	荔枝	—	3.4	4.9	9.7	4.85	4.38	4
6	酷我听书	3.8	4.6	4.6	8.8	4.4	4.35	5
7	氧气听书	3.4	—	4.3	9.6	4.8	4.17	9
8	懒人听书	4.1	3.7	4.3	8.5	4.25	4.09	2
9	蜻蜓 FM	4.3	3.3	4.4	8.5	4.25	4.06	3
10	企鹅 FM	4.3	2.6	4	—	—	3.63	8
合计平均							4.39	

其次，为了对听书平台的用户评价有一个更加直观的认识，本书将用户评价侧重点统一设置为“平台主播专业性评价”进行了调查。将“主播专业性”作为调查对象的原因在于，在听书中，主播的专业性超越技术层面的设置，成为吸引用户的第一决定性因素。感性一点说，同样的内容，不同的人读起来效果肯定是不一样的，如果是喜欢的声音，即使他去读平淡无奇的内容，听起来也似乎更加悦耳动听、引人入胜，这或许也是“情人眼里出西施”的一种另类反映吧。在此，本书借鉴了 2018 年艾媒咨询就中国有声书用户关于平台主播专业性的评价标准，将主播专业性的评判标准设定为主播吐词是否清晰、声音是否动人、是否富有感情等方面。调查获得的具体得分如表 3-4 所示。整体来看，有 5 个平台得分都超过了平均分，而且九大听书平台的主播专业性得分差距不大，不过，几大平台得分总体不高，仍有较大的提升与改进空间。

表 3-4 2018 中国有声书用户关于平台主播专业性的评价调查（十分制）

排名	应用名称	得分	排名	应用名称	得分
1	喜马拉雅 FM	7.80	6	考拉 FM	7.34
2	蜻蜓 FM	7.65	7	凤凰 FM	7.26
3	懒人听书	7.56	8	酷我听书	7.03
4	企鹅 FM	7.47	9	氧气听书	6.93
5	荔枝	7.46	平均分		7.39

结合以上分析，就目前我国听书市场的整体状况进行概括总结，具体可以包括以下几个方面：

第一，“听书”平台数量多，用户规模大。200多家听书网站、近200款有声听书类App、各大电子书阅读软件的“听书”功能，可以说，“听书”已经借由多个平台渗透到了数字阅读的方方面面。腾讯应用宝、华为应用市场、百度手机助手、360手机助手中下载数量超百万的App目前已经总计贡献了72741+万次、228768+万次、71705+万次、39770+万次的天文数字。以听书界的龙头老大喜马拉雅FM为例，根据易观千帆2019年1月的数据，它的月活跃用户高达7728.3万，并且用户偏好程度高达57.0%。2019年10月17日，喜马拉雅FM宣布其用户数突破6亿大关，活跃用户的人均日收听时间超170分钟。众多的平台、宏大的用户，吸引了更多的玩家入驻有声书行业，想来试水分一杯羹。2018年1月，Google Play表示将会向45个国家的用户提供9种语言的音频书籍，有声书在Android、iOS、网页及Google Home喇叭上都可以方便地聆听。

第二，受众认可度较高，整体上口碑良好。整体来看，我国听书平台的类型化是比较明显的，但正是由于其细致的分类，才从各方面满足了各类人群的用户需求。有声小说、新闻谈话、政党园地、综艺节目、相声评书小品、音乐节目、教育培训、财经证券、儿童故事、笑话大全、健康养生、个性电台、广播剧场，可谓“广撒网，择优而从之”。同时，新兴技术持续为听书平台赋能，2018年9月，讯飞阅读发布“定制声音”功能，用户可以录制10段指定文本，将声音在后台上传后，系统会自动采集录制好的音色，处理后该声音会成为本地读书的主播，随时为用户读书。2018年12月，AI智能音箱小雅Nano正式开售，技术创新为用户带来了更好的使用体验。不断改革与创新的听书平台正在获得更高的用户认可度，整体口碑良好，智能化发展方向带来的必将是日臻完善的使用体验。

第三，深度营销助力内容矩阵进一步完善。为了在竞争中脱颖而出，各大平台均深耕营销领域，推出了多项营销活动，如喜马拉雅FM的“423听书节”“123狂欢节”，懒人听书的“有声图书馆开放日”，蜻蜓FM的“91倾听日”等，尝试通过打折、免单、与主播互动等方式进一步抢占市场份额。同时，畅销书的有声版权、网络文学的有声改编权、英文原版畅销有声书版权等，都成为致胜法宝。有公开资料显示，懒人听书除了与阅文集团达成合作外，还与全国超过500家出版社达成版权合作，拥有数万本正版有声书资源。另外，借助影视、主播、大咖的影响力吸引 IP 粉丝用户，将用户向电商、人工智能产品、教育领域的导流，也成为许多听书平台的努力方向。各类深度营销方式促进了内容矩阵的进一步优化，也逐步推动日趋完善、更加合理的内容生产模式出现。

第二节 “听书”的内容模式

借用央视财经《第一时间》栏目对中国有声阅读行业报道的标题，可以对我国听书的现实图景进行高度总结，那就是“从看到听，有声阅读市场突飞猛进”。但无论形式、技术、营销如何变，“内容为王”的理念却不会变也不能变，这才是维持用户黏性的法宝，才是三足鼎立局面中各个平台发展的秘诀，更是试图杀出重围的破局者的杀手锏。

那么，当前我国听书行业的内容生产模式主要包括哪几种？喜马拉雅 FM、懒人听书、蜻蜓 FM 三大平台在内容运营上又有怎样的尝试？未来我国听书平台的主流生产模态将会有怎样的变化与走向？对于这些的解读，正是本节的主要内容。

一、当前“听书”的主要内容生产模式

在对“听书”的主要内容生产模式进行阐述之前，首先要简单地理解和区分几个概念，即 Web 1.0、Web 2.0、Web 3.0。这是互联网的范式不断迭代升级的几个过程，也是对以信息技术为主导的移动听书平台影响深远的网络模态，引导并改变了听书的主要内容生产模式变迁。为了让读者更好地理解，笔者在此以用户耳熟能详的购物网站为例进行说明。

Web 1.0 最初的兴起是在 20 世纪 90 年代。在 Web 1.0 时代，网页是“只读的”，用户只能搜索信息、浏览信息。打开当时的电子商务网站，用户虽然可以拥有顺畅、迅速的体验感受，但其只是一个商业机构对产品进行展示的平台，有兴趣的消费者花钱买下即可。简单地说，消费者并不能想买什么就买什么，而是要看销售平台提供了什么，在这种单向线的以内容输出为驱动的模式下，用户的互动程度被降到了最低。

Web 2.0 的概念最早出现在 2003 年，并在之后的十余年，彻底重新定义了市场营销和商务运营。Web 2.0 在“只读的”Web 1.0 基础上实现了“可读写”，用户不仅仅可以浏览，他们还可以自己创建内容并上传到网页上。当 90% 的消

费者在购买之前会在线阅读点评并保持信任的情况下，在催生出各类社交网站和点评网站的同时，也让互联网更加贴近民众，使用户能够更好地互动。很有意思的一个现象就是，让消费者下决心购买或者不买某样东西的契机，并不是卖方天花乱坠的宣传广告，或许只是一句简单的用户评价。

现在进入了 Web 3.0 的时代。在 Web 3.0 时代，语义网络和人工智能是它的两大基石，三维世界与无处不在是它的基本属性。Web 3.0 使得在线应用和网站可以接收到已经在网络上的信息，并将新的信息和数据反馈给用户。如果以购物网站来简单举例，则可以解释为借助大数据技术的应用，购物网站可以从其他用户的购买习惯中学习，利用搜索记录、浏览足迹、收藏店铺等推断你有可能倾向于哪些产品，并把你可能喜欢的商品推荐给你。简而言之，网站自身有了自主学习能力，变得更加智能。

三个互联网范式深深地影响着“听书”行业的内容生产模式，促进其产生与不断更迭。统计学者和业界已经提出的内容模式发现，目前“听书”行业的内容生产模式主要包括 UGC、PGC、OGC 三种单一模式，以及在此基础上的单类模式的自由变换与组合。

1.UGC 模式

UGC（User Generated Content）即用户原创内容，是指用户将自己原创的内容通过互联网平台进行展示或者提供给其他用户。UGC 是伴随着 Web 2.0 的产生而逐渐发展起来的。作为一种用户使用互联网的新方式，UGC 实现了由原来的以下载为主到下载和上传并重的转变，使得用户的个性化得到展示。播客可以算是这一模式的主要践行平台。用户可以自己制作并上传视频进行分享，互联网上的任何人都可以看到。在 UGC 模式下，听书产业中的用户不再单纯是一个听者，而成为有声资源的生产者和提供者。

说到 UGC，就不能不说到 2013 年上线的荔枝 App。作为一个声音互动娱乐平台，荔枝集录制、编辑、存储、收听、分享于一体。在荔枝，“人人都是主播”，当主播就是这么简单。在荔枝，既可以在手机里完成音频录制上传与语音直播，沉浸在声音的世界里“把世界说给你听”，又可以依靠这一炫酷的私人收音机，满足不同场景随心听的小任性，还可以让个性化的智能推荐“既懂你又会给你小惊喜”。在荔枝，这里有更懂你的首页，你喜欢的声音触手可及；这里有超多有趣素材，录音简单又好玩；这里有海量主播连麦互动，总有一种声音打动你；这里有玩不停的精彩话题，用声音表达更有趣的世界；这里有缤纷的声音动态、声音资讯最新掌握。由于荔枝的独特定位与简便快捷的操作方式，这一在线音频直播平台受到了用户的追捧，成立三年即用户破亿。2020 年 1 月 17 日，UGC 音频社区荔枝在纳斯达克挂牌上市，正式成为“中国在线音频行业第一股”。

UGC 的优势毋庸置疑，各个年龄、各个阶层的主播纷纷上线，能够创造更具个性化的内容，从而有利于丰富、优化平台的内容矩阵；用户可以获得更加自由的权限，通过点赞、订阅、打赏等形式尽情享受移动互联带来的成就感，这种参与其中的娱乐体验也能增加用户黏度，产生“我是平台一员”的主动性与自觉性。但是 UGC 的缺点也是显而易见的，对于互联网来说，实时有效的监管一直是个难题，而 UGC 平台由于将主播权下移给了用户，必然造成播放内容的水平参差不齐，有一些内容提供者甚至因为散播低俗淫秽的内容而触犯法律。对于涉嫌违法违规的节目内容，虽然可以经由平台进行整治，如关闭频道、封禁账号等，但囿于互联网传播极快的速度，很有可能已经给用户尤其是未成年人身心健康造成了不良侵害。可以说，良莠不齐的主播、低俗的内容，已经成为制约 UGC 发展的一大瓶颈。

2.PGC 模式

PGC（Professional Generated Content）即专业生产内容，是指由有专业资质的组织进行内容生产，并借由互联网进行传播的一种内容生产模式。这种模式其实可以视作互联网时代传统传媒行业的一次革新，制作者依然是传统专业媒体，制作方式也几乎无异，但不同之处在于传播方式，不再依赖于传统的媒介形式，而是依据互联网的传播特性进行相应调整与创新。专业的事情应该交由专业的人员来做，此言不虚。相较于“全民皆主播”的 UGC 听书生产模式，PGC 因为专业的设备、专业的技术、专业的分工、专业的剪辑、专业的运营，而让内容质量也显得更为专业、高端、上档次。因此，现在大多数的视频网站、电商媒体都采用了 PGC 模式，比如优酷土豆，就是最早发力于 PGC 的视频网站之一。目前，优酷 PGC 生态系统已拥有 500 家专业的 PGC 内容制作合作伙伴，总节目数 800 个，总播放量 150 亿，总分成达 2400 万。

2013 年正式上线的酷听听书客户端可以说是 PGC 的一个典型代表。酷听听书 App 源自 2011 年建立的当时国内最大的有声书版权发行平台——酷听听书网站。酷听听书从创立之初便确立了“正版版权—精品内容—优质播客—合理分销”的闭环性商业战略布局，目前已成为集有声内容生产制作、出版和发行为一体的专业有声听书品牌，拥有专门的有声内容批量生产基地，且能够自主研发生产有声读物，业务线合理遍布前后端产业链。酷听听书建立了独具特色的ACE有声创作及出版模式，批量生产优质的有声书。同时，还与中信出版社等百余家出版机构建立了内容供给与版权合作关系，拥有《庆余年》《三生三世枕上书》等多部热门影视剧原著小说的有声书版权，表现抢眼。

毫无疑问，相较于UGC来说，PGC生产出来的内容更专业、更有保障。但是正是由于专业组织在前期付出了专业的努力，使得专业内容在推出之初就进入了收费模式。在我国，听书用户的付费意愿正在逐步提高，对于版权的保护意识正在日益提升，这也是之后的章节会研究的问题。不过总体来说，用户虽然会有一定的心理预期，但收费依然会对用户群体的进一步扩大带来一定制约。如何实现版权变现、提高听书平台的收益，正是我国听书市场亟待解决的现实问题。

3.OGC 模式

OGC（Occupationally-generated Content）即职业生产内容，是指由具有一定知识和专业背景的行业人士生产内容并领取相应报酬。比如在视频、新闻等网站中，以提供相应内容为职业（职务）的人员，如媒体平台的记者、编辑、版主，既有新闻的专业背景，也以写稿为职业领取报酬。其实这是早期知识付费模式的一种衍化与更新。知识付费是依托专门网站，由行业内专业人士解答用户提出的相关理论与实践性问题，而OGC则是由听书平台主动网罗各领域有声望与流量的专业人士，就用户可能感兴趣的问题制作音频资料，然后支付给专家报酬，并通过内容付费的方式推荐给用户。

说到OGC，就必须要说到得到App，因为其采用的是纯粹的OGC职业生产内容模式。2016年5月正式上线的得到App在严格意义上说，并不是专门的听书平台，因为其主打的是建设一所世界领先的终身学习型的通识大学，但它在建立之初即顺应了数字阅读发展潮流，开辟了《每天听本书》专栏，同时课程也都是通过听书方式展开的。得到配备了专业的编辑团队，而且所有产品均为团队与特邀外部专家学者、行业内广受认可的资深人士共同生产，把专业知识内容转化为带有服务属性的知识产品交付给用户。在得到App下设的科学类、商业类、能力类、视野类、人文社科类课程领域，既有来自高水平大学的教授、博士，也有社会公认的学者、专家，还有来自各行各业的总编辑、投资人、出品人等行业精英，他们以专业的态度对热点前沿问题进行解读，亲身验证“知识就在得到”。具体示例如图 3-2 所示。从这个意义上说，得到 App 可以理解为产品和服务的生产者和提供方，直接对产品质量、体验和价值负责。

图 3-2 得到 OGC 生产模式示例

UGC、PGC、OGC，三者之间既有区别又有联系。UGC 是用户生产内容，PGC 是专业生产内容，OGC 是职业生产内容，从这些简单的定义来看，三者之间的差异一目了然：UGC 和 PGC 的区别在于内容生产者是否具有专业的资质，PGC 和 OGC 的区别在于内容生产者是专业的组织还是专业的个人。而从实际来看，目前很多听书平台中都不仅仅使用一种生产模式，常常会出现交集。比如，UGC 与 PGC 有交集，说明该平台的用户同时也是一名专业内容生产者，在以专业的身份贡献有一定水平的内容；PGC 与 OGC 有交集，说明该平台的专业内容生产者同时还具有职业身份，以提供优质内容为职业来获得报酬。

4. 三种单类模式的自由变换与组合

随着我国听书行业内容生产模式的日益完善，三种模式之间的交叉合作已经变得十分常见，甚至在此基础上，还出现了三种单类模式的自由变换与组合，出现了 PUGC 模式、OPUGC 模式等。

PUGC（Professional User Generated Content）即“专业用户生产内容”或“专家生产内容”，是指将 UGC+PGC 相结合的内容生产模式。随着市场的快速发展，人口红利渐渐弱化，听书平台更倾向于从内容上进行优化，保持目前 PGC（专业团队内容生产）的氛围，同时让更多的 UGC（用户生产内容）内容来丰富内容矩阵。这一模式最早由喜马拉雅提出，集合了 UGC、PGC 的双重优势，既有利于拓展 UGC 的广度，又能保证实现 PGC 的深度。在 UGC 广度的基础上，通过 PGC 的专业化优质内容可以更好地吸引、积淀用户。上游有意见领袖的专业内容，下游有广泛的用户，上下游的结合将使用户获得更佳的平台体验。

OPUGC（Occupationally Professional User Generated Content）即“用户＋专业＋职业生产内容”。随着用户需求的日益多元化，单一内容生产模式必然无法满足用户各式各样的个性化要求，单类模式的自由变换与组合成为趋势，OPUGC 也成为未来一段时间听书平台发展的主流模式。内容上的专业与丰富、用户上的广泛与引领，集多种优势于一身的 OPUGC 是听书平台历史发展的应然结果，也是技术创新与服务创新的必然趋势。目前，很多听书平台都在内容生产领域开始尝试这种多元创新与融合，听书市场的竞争日益激烈。

有理由相信，听书内容生产模式的种类不会仅仅局限于此，有可能基于以上几种模式展开新的排列组合，更有可能创造出全新的生产形态。用户需求不断变更，市场竞争持续演进，听书平台保持自身优势与先进性的探索就永远不会停止。借鉴、融合、发展、革新，将成为未来移动听书平台内容生产的关键词。

二、三大听书平台的内容生产模式解析

分析了移动听书平台内容生产模式的种类后，不禁让人好奇：究竟哪种生产模式更胜一筹，更能赢得用户的青睐？三足鼎立局面中的喜马拉雅 FM、懒人听书、蜻蜓 FM 又都是主要使用了何种内容生产模式？其侧重点主要在什么

方面？驰骋听书市场的诀窍是什么？有无可以借鉴的经验？接下来，试对三大听书平台的内容生产模式进行简要介绍与分析。

1. 喜马拉雅 FM ：首创 PUGC

组建于 2012 年 8 月的喜马拉雅致力于在线音频分享平台的建设与运营，旗下移动客户端“喜马拉雅 App”于 2013 年 3 月上线，并用了仅仅半年就达到了千万用户的目标。

喜马拉雅在建立之初，其定位即为 UGC（用户原创内容）模式，除了拥有海量的节目音频之外，也已成为音频创作者最集中、最活跃的平台。2019 年 1 月 16 日，喜马拉雅宣布平台主播数已突破 1000 万。喜马拉雅成熟的内容生产能力和适宜的用户创作土壤，为参与者创造了越来越大的价值，也吸引着越来越多的人加入进来。这里有邓伦、张艺兴等 200 多位明星开设的原创类音频节目；这里有文化大家阎崇年等国内大咖和哈佛教授包弼德等国外名校教授的倾情加盟；这里更多的是怀揣梦想的普通人，如家庭主妇、普通员工、汽车销售、车间工人，甚至还有残疾人。根据福布斯中国发布的 2019 年中国 30 岁以下精英榜，喜马拉雅两位主播有声的紫襟、牛大宝同时上榜，这是音频行业主播首次上榜福布斯。有声的紫襟是一个出生于鄱阳湖边小村子的“90 后”普通大学生，从大学时期坚持播音，凭借着充满磁性、层次感的嗓音和对故事生动地演绎，被人称赞为“真实版声临其境”。他坐拥上千万忠实粉丝，连续多年蝉联喜马拉雅超人气王牌主播，是名副其实的有声届第一大 V ；另一位上榜的主播牛大宝，12 岁时就开始了在社会上的摸爬滚打，他入行二人转，唱遍东三省，登上刘老根大舞台，最火时转行做“正骨师”。他凭借擅长多变的嗓音表演，展示自己在二人转舞台上磨炼出的技巧，形成了独树一帜的风格，荣膺喜马拉雅“十大人气主播”和“有声书十大实力主播”，目前年收入几百万，节目累计播放量超 10 亿。喜马拉雅称得上是一个神奇的平台，在这里，明星与凡人竞技，大咖与草根比拼，在这个以音频为核心的内容生态圈，喜马拉雅为所有人打开了一扇大门，任何人都可以站在同一起跑线上，尽情传播思想、文化与科学知识，努力打造自身价值、拓展影响力。

很快，以“用声音分享人类智慧”为使命的喜马拉雅在音频内容创新性与丰富性上杀出重围，并获得了较高的满意度评价。在艾媒咨询 2018 中国有声书用户关于平台主播专业性评价的调查中，喜马拉雅以 7.80 的评分成为用户眼中主播专业性程度最高的平台。同时，有声的紫襟、阿陈书场、泡芙先生、丸子霸占了 2018 中国有声书平台头部主播发展指数前四名，其中有声的紫襟更是坐拥 1157 万粉丝的 2019 十大人气主播之一。这些亮眼的优异成绩吸引了一大批文化名人与自媒体创业人加盟，也促使喜马拉雅首创了 PUGC 内容生态。马东、吴晓波、蔡康永、李开复、陈志武、郭德纲、冯仑、龚琳娜、华少、黄健翔等 8000 多位有声自媒体大咖和 1000 万有声主播一起，共同创造了覆盖财经、音乐、新闻、商业、小说、汽车等 328 类过亿有声内容。不仅如此，新浪、福布斯、36 氪、三联生活周刊等 200 家媒体，以及阿里、百度、肯德基、杜蕾斯、欧莱雅等 3000 多家品牌也都纷纷入驻喜马拉雅。

目前，喜马拉雅已与几乎所有的一线出版商签订了独家战略合作；与市面上 80% 的知名自媒体人或公司签订了独家版权；与全国各地 20 多所高校展开了深度合作，以培养专业对口的大学生成为主播。喜马拉雅，已成为当之无愧的听书行业 NO.1！

2. 懒人听书：PGC 为主导，UGC 为补充

2013 年 3 月正式上线的懒人听书是一款移动有声阅读应用，提供免费听书、听电台、听新闻等有声数字收听服务，完成了有声数字内容的录制、发行与传播的完整生态链，拥有海量小说、评书、娱乐、教育、广播剧、资讯、电台节目等正版有声内容，是国内知名的有声数字内容交流平台。目前涵盖全国超 85% 的正版网络小说，拥有 16 个大类、115 个小类、超 10 万本正版有声书，用户人数已经超过 4 亿。

懒人听书的内容生产模式虽然也是 PUGC，但不同于喜马拉雅的是，懒人听书是以 PGC 为主导、UGC 为补充。懒人听书上线之初就正式推出了 UGC 版块，所有用户都可以上传自己的有声作品。但在当年完成 A 轮融资后，懒人听书将内容生产模式转型为 PGC+UGC 互补。2014 年 B 轮融资时，盛大文学入股懒人听书。2015 年盛大文学与腾讯文学成立阅文集团，懒人听书成为阅文集团旗下最大的音频出口，拥有 80% 的有声改编权。2018 年 6 月，懒人听书完成 C 轮 2 亿元融资，由上市集团时代出版、前海天和、孚惠成长携手领投。至此，懒人听书同时拥有了阅文集团和时代出版两家版权巨头的资源加持，在原创文

学资源以外，进一步扩充精品出版物有声书版图。

目前，懒人听书的内容生产模式构建与完善主要在三方面展开布局：一是加强与出版社、专业内容生产机构的合作，引进国内外优质头部IP版权资源。懒人听书拥有《延禧攻略》《芸汐传》《盗墓笔记》等经典影视剧以及《冰与火之歌》、诺贝尔获奖作品《远山淡影》等多部国外出版物的有声版权。2020年1月15日，懒人听书又将上海译文出版社引进的E.B.怀特经典三部曲《夏洛的网》《精灵鼠小弟》《吹小号的天鹅》成功有声化并上线首发，引发广泛关注。二是打磨精品书籍付费模式，开发多元化精品读物。懒人听书推出文学、儿童、商业财经、人文历史、管理营销、历史军事、悬疑推理、武侠仙侠、古代现代言情、艺术文化等多个门类的付费精品节目，致力于打造最新最热最好听的高清、正版、大制作的华语有声读物专区。三是挖掘和培养精英主播团队，加大生产力度，创建精品有声书品牌，孵化并打造属于有声行业的现象级音频IP。懒人听书在北京、深圳、沈阳三地设立了创作基地，并确立了一整套集挖掘、培养、商业化于一体的培养模式。设立了专门的主播管理团队、专业的录音播音室，在对主播进行严格管理的同时为其提供免费的服务与帮助。

懒人听书的最大优势就在于借助阅文集团与时代出版两家的优质资源，拥有较多原创的网络文学作品，粉丝用户的黏度高、关注持续时间长。但过度依赖两大集团显然并不可靠，因为在2017年，喜马拉雅也与阅文集团达成了排他性合作。另外，作为垂直类听书平台，懒人听书的受众范围相对于综合性平台而言必定会窄一些。这些也就造成了这一老牌听书平台虽然位列前三，但始终不温不火。未来，如何制造出更多的原创内容以打出差异化品牌，或许是懒人听书的一个发展方向。

3. 蜻蜓FM：PGC向PUGC的转型

2011年9月正式上线的蜻蜓FM作为国内首家网络音频应用，当年即获评2011年App Store最佳收听广播电台的工具。蜻蜓FM致力于为用户和内容生产者共建生态平台，汇聚广播电台、版权内容、人格主播等优质音频IP。目前，平台拥有4.5亿用户，收录全国1500家广播电台，认证主播数超35万名。高晓松、郭德纲、蒋勋、张召忠、梁宏达、朱亚文等名人大咖纷纷加盟，小说、相声小品、脱口秀、新闻、情感、历史、音乐、文化、电台，世间百态人情冷暖，尽在蜻蜓 FM 收听。蜻蜓 FM 依靠鲜明的个性化、差异化以及精品内容的 IP 化，双箭齐发，赢得了市场。

蜻蜓 FM 作为一款移动电台（FM）App，是从传统广播模式发展演化而来的，因此不同于喜马拉雅，其内容制作从一开始采用的就是 PGC 模式，蜻蜓 FM 集聚传统优质电台，使平台的内容质量和专业性得到了保证。除中国之声、中国交通广播、经济之声、音乐之声等国家级广播电台外，蜻蜓 FM 还与北京体育广播、上海东广新闻台、河北音乐广播、江苏交通广播、浙江交通广播、郑州新闻广播、陕西交通广播、湖南交通广播、辽宁交通广播、吉林新闻综合广播、云南交通之声、武汉交通广播、山东人民广播电台、江西交通广播等几十家地市级广播电台建立了合作伙伴关系，可谓占据着垄断性的直播资源，可以实现广播内容 24 小时任意回听。

2015 年，蜻蜓 FM 开始进行 PGC 到 PUGC 的战略转型，大规模邀请传统电视、广播的主持人和时事军事、财经商业、人文历史等领域有专业建树的意见领袖和自媒体人入驻蜻蜓 FM 并制作发布音频节目。专业的制作模式有力地保障了内容的质量，也吸引了大批忠实粉丝，比如蒋勋主持的付费节目《蒋勋细说红楼梦》，目前已经累计播放 10 亿次；由蜻蜓 FM 与高晓松联合出品的音频节目《矮大紧指北》上线仅仅一个月，该节目付费用户规模已经超过 10 万人；以梁宏达的《老梁的四大名著情商课》等为代表的优质头部内容，也都吸引了一大批听书用户的关注与拥护。但从客观上来讲，始于 PGC 的蜻蜓 FM 相较于其他发端于 UGC 的平台，在丰富、完善的内容矩阵打造上有着天然劣势。尽管内容制作水平较高，但是受内容数量所限，为用户提供的选择余地较小，而且由于用户需求和水平的参差不齐，内容数量的短板带来了产品口碑下滑的风险。面对言值、满意度、用户偏好等与其都相当且有破局反超攻势的荔枝 FM，蜻蜓 FM 在谋求自身发展的过程中开拓思路，将眼光放到了国外。2018 年，蜻蜓 FM 开始逐渐布局国际化战略。其一是通过与亚马逊 Audible、OverDrive 等建立合作伙伴关系，将蜻蜓 FM 的中文内容进行输入，首批覆盖多语言多国家；其二是研究上线蜻蜓 FM 国际版，在自身专业化、高质量的平台内容基础上，利用外文有声内容吸引更多国际受众。

除了喜马拉雅 FM、懒人听书、蜻蜓 FM 三大平台之外，其他各大听书 App

也都不甘示弱，实力不容小觑。2020 年 1 月 17 日，UGC 音频社区荔枝在纳斯达克挂牌上市，股票代码为 LIZI.US，正式成为“中国在线音频行业第一股”。2020 年 3 月 12 日，荔枝公布了 2019 年业绩报告。据财报显示，荔枝 2019 年全年的营业收入为 11.806 亿元，同比增长 47.8%。荔枝正在不断缩小与听书前三甲的差距，以傲人之姿跃跃欲试，只待时机成熟，积聚力量打破三足鼎立之局面以取而代之。酷我听书与酷我音乐同属北京酷我科技有限公司，在“听音乐，用酷我”家喻户晓之际，公司顺势推出了“听小说，用酷我”。酷我听书致力于打造国内最新最全的正版听书平台，其一直以内容多、更新快、全免费、无广告著称，并借助酷我音乐的高清音质平台为用户打造视听盛宴，每天用户收听的总时长超过 100 万小时。考拉 FM 深耕车载音频领域，是一款专门的车载音频客户端，汇集各类音频好节目，旨在打造华语世界最大最权威的车载音频内容平台。2018 年 7 月，考拉 FM 升级了品牌战略和标识，发布了 K-radio、品牌电台两款车载音频娱乐产品，并宣布完成由汉富资本领投的 A+ 轮融资。氧气听书号称拥有国内大型正版有声书库，海量免费、正版高清，20 万小说作品，20 个大类，可以全方位满足用户的听书需求，并提供媲美 CD 音质的高保真收听体验。

由此可见，我国听书领域暂时格局既定、表面风平浪静之下，可谓暗流涌动、蓄势待发。如此大的一盘蛋糕，究竟该如何瓜分？有声阅读未来的弄潮儿又最终花落谁家？待到他日，是全面布局、综合发展的喜马拉雅逐渐独大，还是依托丰富的版权资源的懒人听书迎头赶上，抑或借助优质内容放眼国际的蜻蜓 FM 放手破局，或是荔枝 FM、酷我听书、考拉 FM 等高品质听书平台脱颖而出？一切都是未知数。但有理由相信，日益激烈的市场竞争、日趋挑剔的听书用户需求，都使得暂时尘埃落定的这一局面将很快被打破，让我们拭目以待！

第三节 “听书”的盈利方式

“时间太瘦，指缝太宽。移动听书，抓住光阴，碎片时间变黄金。”简单的广告语，却道出了听书的真谛。当听书平台用户规模日益扩大、主播数量逐渐增多、专业化制作水平步步提高、市场份额显著提升之时，很多人却提出了这样一个疑问：耗费如此多人力物力、拥有海量免费内容的听书平台，真的赚钱吗？是如何赚钱的？

答案当然是肯定的。不妨先来看一组数据：

2018 年 1 月 20 日，喜马拉雅 FM 副总裁周晓晗正式公布“万人十亿新声计划”，提出公司将在未来 1 年内投入 3 个 10 亿，从资金、流量及创业孵化三个层面扶植音频内容创业者并帮助他们变现。具体目标是孵化出 1 万个收入破万元的创作者，其中收入破百万的不低于 100 人。2019 年 10 月，“万人十亿新声计划”成绩单首次对外公布，在 2019 年 1 月到 9 月，喜马拉雅 1000 万的主播们已经获得了 11.5 亿元的现金扶持，到 2019 年年底，通过“万人十亿计划”，主播从喜马拉雅共获得 16.34 亿现金分成。

2019 年 8 月，继投资方青松基金、阅文集团、时代出版等出手后，懒人听书宣布完成新一轮亿元级融资，由基石资本领投、三千资本跟投，投后估值 20 亿元。懒人听书获取用户几乎全靠自然增长，且用户黏性非常强，目前月活近 4500 万，日活约 1600 万，日均收听时长约 180 分钟。2016 年，懒人听书便通过付费业务实现盈利。2018 年，付费内容收入占比已升至 70%，达 2.5 亿元，用户月消费率近 7%。

2019 年 1 月，艾媒咨询基于主播人气、收入、网络热度、播放量、专辑内容质量、互动分享、商业影响力等多种指标，评选出了 2018 中国有声书平台头部主播发展指数前十名。其中，喜马拉雅平台占到了 6 位。根据 2020 年 3 月的数据，对喜马拉雅平台六大主播的粉丝人数、打赏人数、专辑最高播放量、关注人数进行统计，具体如表 3-5 所示。有声的紫襟作为拥有强粉丝号召力的音频界超级网红荣登第一名，他的代表作品《摸金天师》目前播放量已超过 51 亿，是喜马拉雅建站以来收听量最高的单部长篇作品，他的月收入在百万元以上。而喜马拉雅平台上稳定年收入达百万级别的主播已有近 200 位。

表 3-5 2018 年喜马拉雅六大主播情况统计

序号	主播 ID	粉丝人数	打赏人数	最高播放量	关注人数
1	有声的紫襟	1159.4 万	30720	51.2 亿	133
2	阿陈书场	239 万	4864	17 亿	64
3	泡芙先生	298.2 万	9956	5.1 亿	64

（续表）

序号	主播 ID	粉丝人数	打赏人数	最高播放量	关注人数
4	丸子	264.8	12002	28.7 亿	103
5	幻樱空	235 万	11208	11.3 亿	7
6	慕思维 Sir	189 万	2867	6.1 亿	41

从以上数据可以看出，无论是听书平台还是主播大 V，都已经实现了盈利。那么，具体盈利方式是什么呢？梳理下来，移动听书平台和主播的盈利方式主要包括以下五个方面：商业广告、内容付费、粉丝打赏、购买会员、硬件销售。

一、商业广告

广告，即广而告之，广义的广告是不以营利为目的的，比如公益广告；狭义的广告则专指商业广告。根据《中华人民共和国广告法》的定义，广告是指商品经营者或者服务提供者承担费用，通过一定媒介和形式直接或者间接地介绍自己所推销的商品或者所提供的服务的商业广告。

广告古已有之，并且形式多样。比如招牌和形象幌，大大的酒缸成为孔乙己钟爱的咸亨酒店的独特标志；比如叫卖和吆喝声，悲惨孩童的《卖报歌》已经贯穿一代人的儿时记忆。中国现存最早的工商业印刷广告是收藏在上海博物馆的北宋时代济南刘记针铺广告，比英国第一张推销图书的英文印刷广告早三四百年。近几十年来，我国的广告普遍发展起来，曾经有一段时间，广告频繁地被穿插于电视剧播放中，人们戏称“广告比电视剧更长”。2015 年 9 月新《中华人民共和国广告法》正式实施，对广告的代言人、广告表述、专业数据、适用范围等进行了严格规定，我国的广告发展日益规范。

随着市场竞争的日益激烈，广告商深刻地认识到了“酒香也怕巷子深”，从而不再满足于只依赖报纸、期刊、电视、传单等传统的广告宣传方式进行信息传播。在“信息无处不在、无所不及、无人不用”的全媒体时代，越来越多的广告商开始通过网络进行商品营销，粉丝数量持续增长、用户黏度不断增强、关注时长日益增加的听书类平台成为商品经营和服务者的首选之一。以 2020 年 3 月 15 日的喜马拉雅为例。点击 App，首先出现的是肯德基广告，可以选择右上角“跳过广告”，但是字体过小不易操作；进入主页，在 9 个首页推荐中，有 3 个是广告，列举其中之一，便是“播音主持配音，0 基础入门只需 9.9”；选择想听的某一节目，弹出了“牛津英语绘本 0 元启蒙”的广告，主页背景虚化、广告内容突出；而主页推荐、猜你喜欢、主播互推、“×× 必听”的优选、节目中的各种感谢等，更是无处不渗透着广告思维。具体如图 3-3 所示。

图 3-3 喜马拉雅听书平台中的广告

细说起来，这样的广告可谓是直接了当而又简单粗暴，不得不说，这样的广告依然是有效果的，很有可能在不经意的点开与“瞄一眼”中收获潜在客户。但是，从长远来看，对于将个人权益放于首位、对平台要求日益严格的用户来说，断然不会带着欣喜去兴致盎然地迎接广告，很有可能引起用户的反感，严重者甚至可能导致用户对听书平台乃至广告商失去耐心，将他们统统“拉黑”。听书平台自然是深谙用户的这一心理，因此专门设置了“跳过广告”的诱惑，并将其作为“会员条款”中的主打项，吸引用户购买会员。喜马拉雅 FM 就规定，“开通会员后，可以去除不包括无声音广告、部分广播电台的电台广告及主播在节目播放中的口播广告在内的所有声音贴片广告”。由此可以看出，广告商在听书平台心目中分量十足，粗暴的广告要做，购买会员后贴片广告该保留还是要保留。

那么问题来了，对于逐利的商业听书平台来说，广告商是财神，用户也是财神，手心手背，如何决断？笔者认为，14 年前开播的经典情景喜剧巅峰《武林外传》可能会给出答案。李大嘴炒菜，满面油烟：“唉，又煳锅了，以后这工作还怎么做呀？”佟湘玉答：“还在用铁锅炒菜吗？早就该换了，唐门不粘锅，采用四川最新的唐门镀铜技术，受热面积大，传热均匀，加热迅速，放少许油即可烹饪出美味佳肴，而且易清洗还不易粘锅，现在购买，还可送唐门独家秘制暗器一套，先来先得，送完为止，各大客栈及兵器店均有销售，欢迎洽询！”这段广告做得可谓是行云流水、正中下怀，李大嘴不仅不会烦，还会感激佟湘玉送来了如此物美价廉的好产品。由此可见，如何为具有迫切需求的用户提供对路又诱惑十足的广告宣传，才是实现精准推送、内容变现的关键。这就需要听书平台充分发挥大数据技术的优势，从浏览足迹、播放记录、兴趣选择等蛛丝马迹准确定位用户的需求，并匹配合适的广告，让用户惊艳于听书平台的用心与巧思，从而心情愉悦地接受这种信息输出。比如，对于爱好历史的听众来说，与其直接推荐《大汉刘邦》上新，不如以“从小混混到开国皇帝，他做对了什么？”为噱头，吸引用户主动点击。

可以说，在听书平台建立之初，广告收益是其主要的经济来源。多一点用心、多一点为用户的考量，商业广告不仅会顺理成章，而且也有可能获得更好的收益，从而达到用户、听书平台、广告商的三赢。植入广告其实无可厚非，毕竟很多听书平台都在默默地甚至艰难地支撑着高质量内容的制作、高水平版权的购买，在一点一滴地培养着用户的阅读习惯与黏性，更是在从以数量取胜的粗放型生产模式向以高质量内容生产为核心的精选型生产模式转化。当时机终于成熟，新的创收途径被拓展开来——以内容为根本的内容付费。

二、内容付费

内容付费的最早表现形式是知识付费（Knowledge Payment），即获得知识就要付出费用，其本质是将知识作为一种商品或服务进行兜售与变现。知识付费其实是一种双赢模式：一方面，互联网带来了海量的资源，也带来了真假难辨的困惑，输入某一搜索内容，置顶的结果甚至可能来自虚假网站、中介信息，不仅浪费了用户的时间，还有可能造成信息的误读误用。知识付费则可以很好地解决这一问题，借助权威专家分析与资源优质整合，用户可以用最低的付出、最短的时间获得更有价值的信息，从而在浩渺的信息海洋中高效地有所收获，号称“用一分钟时间为你答疑解惑”；另一方面，知识的商业价值被充分激发，也促使内容制造商获得更强的动力去进行更多优质内容的开发，进入激励的有益循环模式。在知识付费中，付出资金者是知识的获取者，获得资金者是知识的提供者、筛选者或传播者。其摆脱了依靠流量与广告等来获得收益的方式，依靠的是用户的付费意识、高质量的知识供应。当知识也能变现，这不仅是市场经济条件下对“知识就是力量”的商业性解读，同时也会在全社会形成一种“崇尚知识、尊师重教”的良好风气，这无疑是我们所乐见的。

我国听书平台的付费热潮兴起于2016年，始于“分答”。2016年5月15日上线的付费语音平台“分答”邀请了王思聪、罗振宇、章子怡等众多明星大咖及社会各大领域的名人答主在线回答各类问题。上线仅42天，超过1000万授权用户，付费用户超过100万，33万人开通了答主页面，产生了50万条语音问答，交易总金额超过1800万元，复购率达到43%，分答每日付款笔数超过19万次。可以说，答主的行业影响力、内容优质度是进行平台价值评判的标准。金融、情感、生活经验、健康、汽车等领域的火爆人气对于用户和行业专家来说是一种双向吸引，也进一步推动了以付费问答的形式进行知识传授的平台模式的平民化、普及化，从而为内容行业再添了一把火。以此为鉴，也就是在这一年，懒人听书开辟了付费专区，将一些优质听书资源转移到了付费专区。而喜马拉雅则打造了业内首个“123知识狂欢节”，为内容付费打折，用更低调的价格、更高调的资源来打破用户心中的天平，促使为内容付费的理念不断被接受、被推广开来。事实证明，这样的经营策略是卓有成效的，喜马拉雅“123知识狂欢节”当年的销售额就达到2009年淘宝双11的销售总额5088万元，到2019年，销售总额突破1.96亿元，增长率高达300%。

内容付费为何能够得以实现？简单地解释可以归结为两个成本：时间成本与金钱成本。从时间成本上说，正如前面所提到的，海量的互联网信息良莠不齐、鱼龙混杂，优质内容似乎越来越成为一种稀缺资源。面临数不清的选择，如果单靠用户自己去筛选、比较、归纳，无疑是一件劳神费力的事情，对于很多“舍不得休息、舍不得放松”、时间越来越宝贵的现代人来说，花可以接受的资金去置换珍稀的时间成本，无疑也是一种节省，甚至称得上是一种“不等价交换”，这种需求使得内容付费成为可能。从金钱成本上说，去现场听一名领域专家讲座、参加一场行业内培训，不仅要花费动辄三五天的时间，更要花费路费、住宿费、报名费。而通过听书平台的付费讲座，各个领域的专家任选，讲解言简意赅，可以无限回放，并且标价也可以接受，而且很多课程在结束后还可以获得领域内专家亲笔签名的结业证书，作为知识学习的凭证。在这样的金钱成本与收益的对比下，既然能够在线付费听书享受VIP礼遇而免去到现场的繁杂与消耗，何乐而不为呢？

在内容付费的运作过程中，有一点需要注意，即付费音频的遴选，这是一个需要审慎对待的问题。第一，不可否认，在付费主播中，学历、资历、社会兼职等常规的评判标准是一个重要的参照物，但是在“不拘一格降人才”的当今社会，一些行业的后起之秀往往也不容小觑。而且，“听书”作为一个特殊的行业，很多人适应并且适合其模式输送与表达，而很多人则不然。必须要选择那些有真才实学又善于借用听书平台表达的人，避免华而不实的名气效应。第二，一些听书平台为了引人眼球，往往与娱乐明星达成了合作，要确保明星光环下有着独到的见解与实用的帮助，而不仅仅是为粉丝与偶像互动打造了一个听书平台上的“见面会”，否则，一旦陷入了用娱乐化、私密化的内容来博得关注的粉丝效应，用户群体会变得十分不稳定，很难定位。总之，听书平台要保证在后期沉淀足够优质的用户，防止用户的即用即走，尤其是当大多数听书平台都打出“概不退款”的旗号，付费听书如何能让用户觉得满意、觉得物有所值甚至物超所值，是一个值得深思的问题，更是未来内容付费的发展方向。

三、粉丝打赏

粉丝打赏，就是粉丝给自己喜欢的主播以金钱支持的一种行为，这代表着一种认可、一种激励。打赏的实现需要借助三个媒介：人民币、虚拟币、虚拟礼物，即听书平台上的打赏并不是直接支付给主播真实的人民币，而是先需要进行充值，购买各大平台的虚拟货币，如喜马拉雅的喜币、喜钻，懒人听书的懒人币，蜻蜓FM的蜻蜓币、金豆豆等。每个平台的折算标准、兑换规则都不尽相同。持有一定数量虚拟货币的用户在享受听书体验时，遇到心仪的主播，为了表达喜爱之情，则可以用虚拟货币去购买名目繁多、五花八门的虚拟礼物并赠送给主播。这样一来，听书平台由粉丝到主播的打赏阶段完成，并实现了真实货币的虚拟转化。之后进行的则是主播与听书平台的分成过程，主播收到的礼物会经由平台进行人民币折算，在按照签订的协议扣除平台所得部分后，剩余的即成为主播的收益，并最终转化为人民币，丰盈主播的钱包。至此，一个“人民币—虚拟币—虚拟礼物—人民币”的完整打赏分成模态完整地呈现了出来，这就是“粉丝经济”在听书平台的独特表现形式，“是一种架构在粉丝和被关注者关系之上的经营性创收行为，是一种通过提升用户黏性并以口碑营销形式获取经济利益与社会效益的商业运作模式”。

随着“直播经济”的兴起，从2016年开始，各大听书平台陆续开通了“打赏功能”，并制定了明确的打赏说明与分成条款。这样一来，粉丝给主播打赏、主播希望甚至要求粉丝打赏的模式得到确立和巩固，尤其是在包含UGC内容生产模式的听书平台中，“喜欢我的朋友们就关注订阅我，期待你们的小礼物”这样的邀请司空见惯，粉丝砸来的各式礼物因数额巨大甚至形成了专门的榜单，致使很多粉丝后期往往不再是为了打赏而打赏，而只是为了冲上礼物榜单的榜首，满足自己的虚荣心。至此，粉丝打赏成为各个主播及听书平台的重要甚至是主要收入来源。图3-4是一个听书平台的打赏模式截图。各大听书平台为了不断提高主播打赏中的分成份额也是不遗余力地谋划筹措，将虚拟币与等级分值挂钩的方式在很多平台中都比较普遍。以喜马拉雅为例，其将用户等级划分

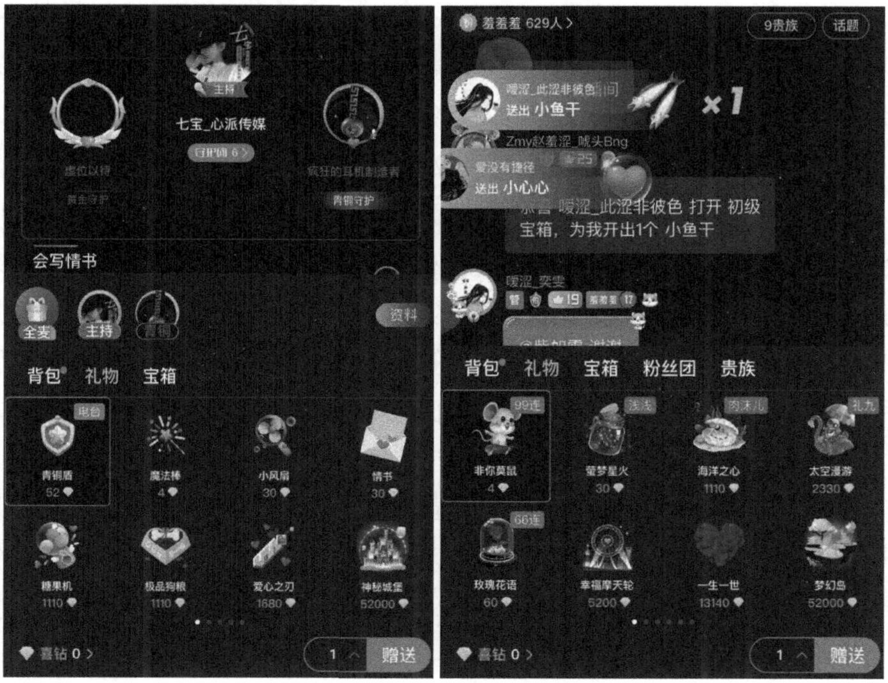

图3-4 听书平台打赏模式截图

为从“读书郎”“秀才”到“翰林”“大圣人”等九个等级，等级越高，获得的平台奖励越多，从付费通用券到不同时长的免费VIP会员不等。等级提升又有收听节目和消费喜点两大获得成长值的攻略，这两种方式既有利于培养用户的活跃度与黏性，又能推广充值模式，而用户得到的奖励又会反过来促进消费与收听。至此，一个良性循环模式建立起来。

听书打赏其实是一种特殊的消费形式。因为无论用户是否打赏，主播都会照常提供听书服务。但很多人为了能够和虚拟网络中喜爱的主播有更多的交流与互动，选择了打赏来表达感情。而且打赏并没有固定的行情，一元也可，一万元也可，无所谓“值与不值”，只是一场基于你情我愿的、迥异于一般消费习惯之行为逻辑的情感抉择。懒人听书在打赏政策说明中这样写道：“唐伯虎有云：‘八目共赏，赏花赏月赏主播。’”并对三类听书平台相关人群进行了邀请：“如果你是懒人主播的忠实粉丝，马上升级懒人听书App到最新版，毫不犹豫地打赏他；如果你有相关书籍录制经验，赶紧进行资质申请，如签约成功即可与懒人签约录制书籍，并参与懒人录制书籍的相关分成；如果你是懒人听书的主播，为大家带来精彩作品的你，速速开通打赏功能，接受粉丝的爱意。”

需要注意的是，听书平台打赏是一种虚拟经济，但是打赏背后的经济活动、社会关系却并不虚拟。娱乐圈中早就有众多疯狂的粉丝让人瞠目结舌，前有执迷不悟的杨丽娟为了实现参加刘德华歌友会的平生夙愿而逼着父亲卖房卖肾，后有周杰伦的粉丝团为了庆祝偶像生日而一举拿下上海环球港的外墙广告。无独有偶，近年来，听书平台的“天价打赏”也层出不穷，因打赏而引起的各类纠纷更是不胜枚举。作为直接获利分成的听书平台方，一方面，既要保护主播的隐私与权益，又要规范主播的言行与方式。主播要给予粉丝正确的引导，号召粉丝以一种更加理性、更加明智的方式表达对主播的喜爱，不要为了获利而没有底线地索取与讨要；另一方面，既要给予粉丝表达情感的空间与自由，又要对粉丝的打赏行为予以限制和约束。如设置打赏上限，出台硬性规定。只有不断加大监管力度，从追逐利益转向追求清朗的环境与秩序，才能进一步推动主播与粉丝之间健康文明的互动，也才能谋求主播、平台更长久的成长与发展。

四、购买会员

目前，大部分听书平台都开通了VIP会员专区，吸收忠实粉丝入会，购买会员的收入成为听书平台的一项重要经济来源。截至 2019 年 5 月，喜马拉雅付费会员数已经突破了 400 万，月 ARPU 值达到 58 元。这就意味着喜马拉雅 1 年内会员数增加了 11 倍，年复合增长率 1100%+；付费率增长了近 8 倍，年复合增长率为 776%。

对各大平台的 VIP 权限进行统计整理发现，一般来说，开通会员的优势主要包括以下十大方面：（1）专享会员书库。经典、畅销、最新好书应有尽有，不限次数免费畅听，好内容、好声音，献给最重要的 VIP。（2）专享折扣购买。海量的精品内容、优质专辑可以打折购买，入会费用完全可以省出来。（3）专享限免听书。会员可以享受精品好书的限时免费听权限，但一般只能在线收听，不能下载。（4）专享每月送券。平台会每月赠送现金减免券，同时通过签到、分享任务还能获得积分直接兑换听读券，直接用于支付抵扣，听读有券，听你想听。（5）专享提前更新。新书抢先听，快人一步，不必焦急等待更新。（6）专享免除广告。可以免除播放页面的图片广告和节目前的声音广告，免广告，不打扰，纯净听书。（7）专享尊贵身份。听书贵族，身份象征，拥有 VIP 尊享标识及专享角标，全方位彰显尊贵会员身份，VIP 发个帖就能看出来不一样。（8）专享会员炫技。比如拥有专属的炫彩弹幕，拥有专属的多变头像，处处彰显与众不同。（9）专享好物折扣。很多听书平台通过线上线下与其他各大电商、视频平台的合作，推出了各式各样的 VIP 会员套餐，比如充会员在线上商城购物享受优惠、送优酷月卡、送 Nano 音响、送京东 PLUS 会员、送美团外卖会员等。（10）专享入会福利。比如老会员介绍新会员可以免费领取周卡试听，再次充值连续包月 / 季 / 年，首月仅需几元钱，每日只有几毛钱，越听越实惠。

会员付费系统的实施得益于三个方面的支持：（1）广泛的用户基础。听书正在成为新的内容消费潮流，各大听书平台都拥有数量较大的忠实用户，经过前期对用户习惯和品牌认知的培育，足够大的流量和广泛的用户基础都让会员付费成为可能。（2）便捷的支付体系。随着网络支付体系的成熟，移动支付、小额支付逐渐成为用户的消费习惯，不断降低的支付门槛也为会员付费提供了便捷的渠道，微信、支付宝、银行卡，只需输入几个数字密码，立刻就能成为会员、完成订阅。（3）市场的价值认可。2018 年 8 月，喜马拉雅完成了 40 亿元人民币的新一轮融资签约，同时已经启动港股上市准备工作，于 2019 年下半年正式登陆港交所。2019 年 8 月，懒人听书进行了 E 轮融资，金额为 1 亿元人民币。可以看出，资本市场对于听书平台的认可，也让其音频付费会员模式变得更具价值。

就现状来说，目前的会员权益对于用户的吸引力和优势都不够。以懒人听书为例，懒人听书现在的VIP会员制采用的是按月付费的形式，主要权益包括：购买折扣、免费听读券、会员书库、新书/更新抢先听、会员LOGO等。另外，有做任务获取积分的方式：通过简单的任务，如签到、分享、打赏充值、资料完善、查看广告等获取积分，主要价值在于换取免费会员资格天数、听读券等。但是查看App Store中的低分评价后发现：最受用户诟病的问题是会员费用高和成为会员仍要付费。可见，目前的会员权益并没有满足用户的期待。因此，有必要开放更多权益，让黏性高的用户更活跃，提高潜在会员用户的付费转化率，提高新用户的留存率。可以在目前VIP会员制基础上，增设等级更高的SVIP，增加更多的内容和给予更优惠的价格，例如额外95折、+60元365天全场限时免费听等，用来强化VIP，吸引用户成为VIP。同时，由于能够成为SVIP的用户必然是懒人听书的头部用户和粉丝用户，面对这些核心用户，可以增设成为SVIP的条件，而不仅仅是通过直接付费的形式获得。比如达到累计使用时长标准、达到累计消费数额标准、完成累计参与互动（发帖或评论）和官方活动的次数标准，在VIP基础上，只要满足这些条件，则有资格直接升级为SVIP，获得空前的优惠体验。这样一来，必将进一步提升用户的积极性与成就感，不断增强用户黏性。

五、硬件销售

2018年年初，移动互联网设备用户突破11亿，整个移动互联网已走入成熟巅峰期，这也意味着红利期基本结束。当全场景时代到来，主导语音交互的智能硬件将成为人们生活的必备品，而音频也极有可能成为与视频、阅读并驾齐驱的内容消费载体。相比网络视频行业，网络音频的渗透率仍然是非常低的，如果要进行拓展和增长，就必须实现移动互联网生态基础上的物联网生态融合。因此，伴随着近年来物联网发展催生的大量不同生活场景下的智能硬件终端，如可穿戴设备、智能家居、智慧教具等，各大听书平台以此为契机，也进一步开发用户的收听环境，打造了多样化的智能硬件以适应用户在居家、出行、旅行、教育等各方面的收听场景。通过有声书平台与物联网渠道的深度结合、有声书与智能硬件终端的跨界合作，能够借助智能硬件搭配优质内容，为用户提供更多有价值的内容，从而促进两个行业的健康发展。

以喜马拉雅为例。2017 年 6 月，喜马拉雅推出了小雅 AI 音箱，这是一款拥有麦克风阵列，能够进行语音识别与语音理解，可以完成多种明星声音合成与定制的全内容 AI 音响。值得指出的是，喜马拉雅联合猎豹旗下人工智能公司猎户星空打造了行业领先的基于喜马拉雅内容的语音交互体验，小雅标志性的唤醒人声回应、最准的内容点播体验、更拟人的温暖女声和童音、断点续播的内容播放体验，即是双方共同努力打造的结果，并持续创新推出了免唤醒的交互体验。2018 年 5 月，喜马拉雅上线了一款面向 0 ～ 14 岁儿童和学生群体的迷你智能音箱“晓雅 Mini”，售价 299 元。其高度仅为 12.7 厘米，重 0. 84 千克，是一款适合儿童场景的语音交互、包含为儿童定制的海量内容的袖珍音箱。2018 年 12 月，喜马拉雅进一步推出智能音箱“小雅 Nano”，重量仅为 166 克。为了更好地推广小雅 Nano 并不断扩大其市场占有量，喜马拉雅开展了会员支付与购买小雅 Nano 的双向促销活动，即支付 199 元（相当于喜马拉雅年度会员费）的价格，“免费”获得小雅 Nano（买小雅 Nano 以后附赠一年喜马拉雅的 VIP 会员资格）。同时，喜马拉雅系列音箱不仅仅局限在以往的命令交互上，它更是拥有了“交心”的聊天技能，包括天气查询、闹钟提醒、找手机、查快递、英语翻译等，逐渐向人性化的生活助理角色转换。

除了智能音箱外，降噪耳机、随车听等多款智能硬件终端也将不断拓宽移动听书的应用场景，有理由相信，通过开发智能硬件衍生品进行盈利，将成为听书平台的另一大经济来源。以蜻蜓 FM 为例，蜻蜓 FM 调整了组织和运转模式，成立了各大业务线以扁平化结构快速响应变动，致力于用平台音频内容打破软硬件以及物联网之间的行业壁垒，构建完整的音频场景生态和商业生态。在已经建立起的包括文化名家、女性、新青年、财经、儿童成长、原创自制、超级广播剧、影视 IP 等在内的九大内容矩阵基础之上，蜻蜓 FM 部署完成了全场景生态 1.0，并首次对外宣布总用户数突破 4.5 亿。蜻蜓 FM 的合作伙伴包括智能音箱品牌、智能家居品牌、可穿戴设备品牌、手机品牌等，希望通过对移动互联网和物联网生态的布局，构建起用户全场景的音频生活圈，完成对用户“倾听 24 小时”的覆盖。例如，蜻蜓 FM 与华为、小米、vivo、OPPO、三星等品牌合作，目标是使“未来，每 10 部手机中就有 8 部内置有蜻蜓 FM 的内容”。

移动听书平台在硬件制造方面的探索与实践也将推动平台与线下传统销售商店及与京东、天猫、淘宝等线上强势电商平台的合作与共赢，因为制造之后完成变现的下一个重要环节即为销售。除了在自身App系统中进行推销外，还可以从线上线下两个维度扩大经销范围，借助销售平台的品牌影响力打开产品知名度，促进忠实用户对于相关产品的感性消费，甚至为移动听书平台创造一个崭新的、更为宽广的发展场域。

商业广告、内容付费、粉丝打赏、购买会员、硬件销售，或许还有更多已经崛起或者正在崛起的盈利方式，正在改变着用户阅读习惯，壮大着听书平台规模，为我国听书产业的发展注入了新的活力，也必将带给用户更加个性化的良好体验。移动听书，未来可期！

结　语

林语堂曾经说过：“读书没有合宜的时间和地点。一个人有读书的心境时，随便什么地方都可以读书。”而现代科技的发展也让林语堂这种随时随地进入读书心境的想法变得更加触手可及，技术带来了书籍载体的改变，语音也成为书籍内容重要的形式。听书平台不断引进新的内容生产模式，创造新的盈利增长方式，并诚邀新兴技术持续为有声书行业助力，未来，听书正在成为新的内容消费潮流。

可以看到，为争夺更多的市场红利，不论是移动听书App还是移动电台（FM）App，也不论是综合类听书还是专门类听书，都在自身定位基础上努力扩充容量版图与内容矩阵，为满足用户需求而兼容小说、教育、艺术、二次元等多种内容类型，拓展UGC、PGC、OGC、PUGC、OPUGC等多种生产模式，开辟除商业广告、内容付费、粉丝打赏、购买会员、硬件销售之外的多种盈利渠道。这种竞争与角逐必将进一步解决大量用户的痛点，降低有声制作的成本并提高效率，完善收听场景以助力渠道做好用户运营。在这种音频生态经济体内，用户能够获得更深度、更高效的服务，主播能够获得更大的影响力以实现自身价值，平台能够借力“耳朵经济”生态圈在音频生态上下游产业进行资本赋能，以打造头部内容机构，扩充商业版图，这无疑是一个能够实现多赢的良性循环系统。

当新鲜感的熙熙攘攘落幕，我国听书市场将迎来不断完善与日益理性，机遇与创新之后的思考耐人深思。喜马拉雅、懒人听书、蜻蜓 FM 三足鼎立的局面不可能长久存在，短时间内听书行业必将迎来重组与洗牌，平台之间的收购与合并不可避免；争夺版权资源与优质内容的大战即将打响，同质化、重复性的平台内容设置引起用户动荡，用户数量进入平稳增长之后，用户的活跃市场与黏性将成为新的观测点；国家层面、平台层面互联网监管力度的进一步加大，粉丝打赏经济面临挑战，如何规范与维护值得深思。总之，我国听书产业的发展不能盲目乐观，要正视繁华背后的隐忧，直面具体困境与挑战，并提出具有针对性的改进建议，而这，也是下一章节即将要讨论与分析的内容。

第四章 "听书"的发展藩篱与未来趋势

作为新兴的文化消费方式，我国听书平台可谓一夕爆红，在短短的几年间如雨后春笋，用户规模也在与日俱增，用户突破多少大关一直是最初阶段各大听书平台宣传的卖点。但在经过市场的不断洗礼之后，听书领域巨大的人口红利正在逐渐趋于平缓，热度下降之后的听书平台将关注点放在了用户黏性与活跃度上，迎来了新的增长态势。当用户数量不再成为焦点，在取而代之的新的维度中，"知识付费"成为其中的重要一环。

来看一组数据。

2020 年 3 月，以"付费知识排行榜"新知榜为研究对象，归纳整理了已经公开了预估订单和预估销售额，且来源于听书平台的新知榜付费知识 TOP5 榜单，具体如表 4-1 所示。可以看出，TOP5 的付费知识预估销售额少则几千万，动辄上亿，资金量巨大。另外，5 个上榜听书资源中，有 4 个来源于喜马拉雅，只有一个来自蜻蜓 FM。

表 4-1 新知榜听书平台付费 TOP5

排名	名称	类别	来源平台	预估订单	预估销售额	综合购买指数
1	蔡康永的 201 堂情商课	沟通表达	喜马拉雅	34.9 万	6911 万元	9.1 分
2	耶鲁大学陈志武教授的金融课	财经	喜马拉雅	29.6 万	5889 万元	9.0 分
3	余秋雨·中国文化必修课	社科人文	喜马拉雅	12.7 万	2529 万元	8.8 分
4	高晓松·矮大紧指北	社科人文	蜻蜓 FM	28.3 万	5306 万元	8.8 分
5	马东携奇葩天团·好好说话	沟通表达	喜马拉雅	46.6 万	9225 万元	8.8 分

无独有偶。2020 年 2 月，新知榜发布了 2020 年知识付费 2 月新课榜 TOP30。这个知识付费新课榜是根据导师专业背景、网络影响力、课程性价比等 17 个维度，对全网新上线的知识付费课程深度测评后，评选出最值得推荐的 30 个精品

课程。对该榜单进行筛选，发现有13个精品课程来源于听书平台，具体如表4-2所示。2月新课榜中，喜马拉雅以上榜12个的成绩排名全榜第一，其出品的《孙英刚精讲唐史》在榜单中排行第三。表4-2的13个课程中，只有《佛学其实很生活》1个来自蜻蜓FM，其余全部来自喜马拉雅。

表4-2 新知榜2020年知识付费2月新课榜中来自听书平台的13个课程

序号	排名	课程	发布平台	类别	新知指数
1	3	孙英刚精讲唐史	喜马拉雅	社科人文	8.6分
2	8	世界史三部曲：从法国大革命到一战	喜马拉雅	社科人文	8.5分
3	10	名师郦波：语文启蒙课九年级（下）	喜马拉雅	考试培训	8.5分
4	11	薇娅：人人都能成为生活美学家	喜马拉雅	生活	8.5分
5	15	樊登：不急不吼养出好孩子	喜马拉雅	亲子	8.3分
6	16	佛学其实很生活	蜻蜓FM	社科人文	8.3分
7	18	恐龙故事小百科/儿童故事	喜马拉雅	亲子	8.3分
8	19	最有趣的汉字课	喜马拉雅	生活	8.3分
9	21	衡水中学戴老师语文125＋高分秘籍	喜马拉雅	考试培训	8.3分
10	23	汤小团之隋唐风云卷（下）	喜马拉雅	亲子	8.3分
11	23	吴有用·唐朝上学记（第三辑）	喜马拉雅	亲子	8.3分
12	26	婷婷声律启蒙：打好国学基本功	喜马拉雅	亲子	8.2分
13	28	美国正面管教讲师/叛逆期的家长与儿童心理教育	喜马拉雅	亲子	8.2分

有学者研究认为，在三到五年间，我国的听书平台将迎来重新洗牌。然而，从以上的最新数据中可以发现，这一涅槃升级俨然已经开始了。喜马拉雅在知识付费中占据了绝对性优势，蜻蜓FM即使偶尔露面却也只能望其项背，而懒人听书却已不知所踪。诚然，从这一个角度的分析不能妄下定论，但管中窥豹，可见一斑。

可以说，知识付费的趋势变迁映射出了我国听书平台之大变局。毫无疑问，听书平台已经开启了新一轮的优胜劣汰与物竞天择，很多问题扑面而来：如果说竞争的关键在于内容，那么如何才能抢夺到更多的优质资源？获得优质资源后如何进行版权保护，维护相关利益人与平台的合法权益？在以用户需求为导向的发展中，如何从内容雷同、栏目趋同的平台设置中脱颖而出？在“粉丝经济”的碰撞下，如何在遵循互联网制度与秩序的前提下获得更多利益？市场重构后的优胜者如何继续扩张事业版图，是收购吞并同类平台，还是将触手伸向上下游？

这些问题的提出，也正是我国听书平台发展中的瓶颈与困境，而其破解过程，不仅是一个需要适时修正调整的过程，更是一个需要时间来证明的过程。或许路径并不是唯一的，或许结局会出现逆行与翻转，但无论如何，深入的研究与探讨或许就能成为迷雾中的一束光，带来指引与启迪。接下来，将从知识型 IP、版权保护、跨媒体经营等几方面分析我国听书平台未来发展面临的具体困境与着力点，并试着提出解决方案。

第一节　知识型“IP”——社群网络扩散的听书新节点

2017 年 7 月，2017 全球青年大会“内容经济：知识 IP 的兴起”论坛在北京成功举办，喜马拉雅 FM 副总裁李海波，中信出版集团 COO 兼副总编辑卢俊，一下科技副总裁何一，三节课联合创始人、《运营之光》作者黄有璨，移动社交应用陪我 App 董事长兼 CEO 孙宇晨等数字阅读、移动听书、互联网运营领域的顶级嘉宾悉数到场并担任对话嘉宾。邀请这些人就“知识 IP”进行分享的原因，是因为他们所在的企业在筹备着或者正在进行着内容的知识型 IP 化。这里面自然包括以喜马拉雅 FM 为代表的移动听书平台，更包括以中信出版集团为代表的传统内容运营机构。甚至，出版集团等内容运营机构的 IP 化建设还要更早一些。以 2019 年为例，掌阅科技、塔读文学、书旗小说就有不少 IP 大动作：2019 年 2 月，掌阅科技以 8500 万元的价格收购昊辰投资持有的南京分部 17.74% 的股权，未来将利用红薯中文网的用户基础和原创 IP，完成掌阅科技原创 IP 布局；2019 年 7 月，塔读文学携手美拍、口碑 App 打造的“有故事”系列 IP 活动——“有故事小酒馆”活动正式上线；2020 年 1 月，阿里书旗小说 3 亿元资金加码内容生态建设，扶持优质作者。

移动听书平台自然也是不甘落后的。有学者指出，“在‘知识经济’掀起知识付费的热潮之下，音频产品形态不断丰富，已从传统的纸质书有声朗读扩展到音频节目自制，从广播电台扩展到移动音频，从有声读物扩展到泛有声知识。”为了进一步扩大听书的社群网络扩散，各大音频平台开始了合作机制的探索与衍化，比如喜马拉雅与阅文集团、上海译文出版社、中国出版集团等的合作，再比如 2018 年 11 月北京人民广播电台与十月文学、阿里文学在有声领域开展的旨在“打造精品”的创作与传播。在众多的营销推广渠道中，知识型 IP 作为促进社群组织构建的独特方式，成为听书社群网络扩散的新节点。

一、“IP”内涵的演变与引申

如同所有事物都是变化发展的，“IP”在含义上的社会关注侧重点也在不断调整之中。在 20 世纪 90 年代互联网兴起之后，我国陆续在信息技术行业、知识产权领域、内容传播产业提出了三种含义各不相同的“IP”，分别是“Internet Protocol”“Intellectual Property”“I Park in Your Mind”。接下来，对三种不同领域、不同含义的“IP”进行解释分析，并试图找到其内在的相关性与联系。

1. 作为 Internet Protocol 缩写的 IP

发端于 1969 年阿帕网的互联网，借助网络与网络之间的通用协议联结成了一个巨大的国际网络，最终实现了从美国走向全世界的 Internet 移动互联网。依托美国 20 世纪 90 年代推出的“信息高速公路”计划，中国于 1994 年正式引入了互联网并得到了迅速发展，2020 年 2 月，中国互联网用户已达 10.8 亿，与互联网相关的产业未来前景广阔。

与互联网相伴共生一起进入中国的一个名词是 Internet Protocol。这里的 IP 是指网际互连协议，是 TCP/IP 体系中的网络层协议。设计 IP 的目的是提高网络的可扩展性：一是解决互联网问题，实现大规模、异构网络的互联互通；二是分割顶层网络应用和底层网络技术之间的耦合关系，以利于二者的独立发展。对一般人来说，最耳熟能详的就是“IP 地址”。IP 的责任是把数据从源传送到目的地，IP 规定网络上所有的设备都必须有一个独一无二的 IP 地址，以保证信息的准确送达。

可以说，互联网领域生发出的 IP 概念完全是一个移动信息领域的技术问题，具有极强的专业性与技能门槛。因此，笔者没有过多关注于如何阐释互联网 IP 的含义，而是将着眼点放在其与听书领域发展的关系上。借助服务类型、生存时间、选项和报头校验码四个关键技术，IP 可以实现寻址和分段两个基本功能，最终扩展为包括文件传输协议、电子邮件协议、超文本传输协议、通信协议在内的一系列内容。而这些互联网技术直接催生了之后包括移动听书平台在内的产业变革与创新，为其技术应用与发展奠定基础、保驾护航。

2. 作为 Intellectual Property 缩写的 IP

在很长一段时间里，甚至是现在，著作权领域的 IP（Intellectual Property）

仍然被广泛地译为“知识产权”，但近年来越来越多的学者认为这种翻译并不贴切，其争论的焦点在于一些标识性的权利，如商标、地理标志、包装装潢、字号等，和“知识”本身关系不大，是否应囊括在“知识产权”这一概念之下。因此，很多学者从其客体应该是知识产品、知识信息等出发，倾向于将“Intellectual Property”译为“思想财产”“脑力财产”或“智力成果权”。但无论具体解释为什么，IP 在本质上保护的是一种创造性劳动，确立的是一种专有权利。即“权利人对其智力劳动所创作的成果享有的财产权利”。就听书产业而言，IP 可以理解为所有成名文创（文学、影视、动漫、游戏等）作品的统称，也就是说此时的 IP 更多的只是代表智力创造的比如发明、文学和艺术作品等相关成果的版权。如书籍的权利人是作者、PPT 课程的权利人是制作者、音频的权利人是朗读者、移动电台内容的权利人是主播，等等。

具体来说，IP 可以是文学作品、漫画、动画、电影、话剧、游戏，甚至可以只是一个概念或者一个网络热词，只要有足够的人气，就可以后续衍生为电影、电视、游戏、音乐、动漫、文学、周边创意等各种文化产品。比如，根据大宇资讯同名 RPG 游戏改编的古装奇幻爱情剧《仙剑奇侠传》，开启了以仙妖神鬼传说为背景、以武侠和仙侠为主题的改编新纪元，成就了一代人的仙侠梦想。湖南卫视从韩国 MBC 电视台引进的亲子户外真人秀节目《爸爸去哪儿》，让无数人被几个孩子圈了粉，连续制作了五季，不仅成就了同名歌曲，而且最终拍成了电影并席卷了近 7 亿元的票房。

可以说，我国著作权法保护的“IP”正是移动听书行业内容制造的主要表现形式与模态。基于智力成果的创造性劳动衍生出了听书平台急需的优质内容资源，并转化为线上线下周边产品。当这样的“IP”逐渐发展壮大并形成了附带于自身属性之上的影响力与号召力，它就会演变为一个具象化的品牌，即“I Park in Your Mind”。

3. 作为 I Park in Your Mind 缩写的 IP

I Park in Your Mind，即具象化的品牌。借用自媒体视频脱口秀《罗辑思维》主讲人罗振宇的话来说，即“能凭借自身吸引力挣脱那些单一平台束缚的内容”，简而言之就是可以在多个平台分发的内容品牌或人物。喜马拉雅 FM 副总裁李海波曾指出，喜马拉雅基于不断变迁的时代需要，已经形成并总结出了一套知识 IP 化的方法与技巧，主要由故事驱动、概念逻辑、技术帮助三部分构成。具体表现为五点：内容数字化、付费常态化、焦点产品化、产业服务化、分发价值化，借此搭建一个IP品牌集群。

在Intellectual Property阶段的阐述中已经证明，“观众不会为IP买单，而只会被故事打动”。好的IP才能拥有天然的优势，可以实现小说、电视剧、电影、动漫、歌曲、游戏等之间的转化。因为在获得改编之前，受到用户认可的IP已经拥有了相当的知名度与粉丝群，能够提供一定的票房保证，从而大大降低了改编之后的市场风险，因此而备受投资人的青睐。这也正验证了“是金子总会发光的”，足够好的IP总会大火的。

实际上，I Park in Your Mind是对Intellectual Property的进一步引申：能够仅凭自身的吸引力就挣脱单一平台的束缚，在多个平台上获得流量、进行分发的内容，就是一个IP，它是能带来“现象级”效应的产品或者人物。这样的IP归纳起来主要有三个特点：（1）在自身垂直领域具有专业影响力，并且具有刷新认知的结论；（2）在同一领域的竞争中能够迅速获得用户青睐并脱颖而出，以建立优势地位；（3）既有优秀的人格魅力，又有专业认同度，二者合二为一。

移动互联时代的IP化离不开新媒体新技术的发力，从定位到塑造，从传播到分发，都需要借助新媒体得以实现。现如今，通过广告投放成功建立的新品牌寥寥无几，但是通过人物IP建立的新品牌则数不胜数，比如罗永浩与罗振宇。在听书领域更是这样，借助新媒体新技术，听书平台提供了一条崭新的IP化塑造与传播路径。2020年1月10日，淘宝第一主播、全球好物推荐官、全年带货超30亿的薇娅，带着她的首档音频专辑《人人都能成为生活美学家》入驻喜马拉雅，化身生活美学引领者分享自己的经验与感悟，这或许又将成为IP化的一个典型案例。而最值得称道的事情在于，在听书平台，每一个术业有专攻的平凡个人都有可能成为其垂直领域的IP。再小的个体，都可以拥有自己的品牌；再小的领域，也可以拥有自己的IP。

综合来看，“IP”的三种内涵看似毫无关联，但却都紧紧围绕在我国信息技术与内容生产融合的主线上，折射出了不同时间段我国内容运营方面的主要问题与关键所在，更反映了伴随着互联网的飞速发展我国文化制作企业的关注点与着力点。移动互联网领域的“IP”代表着先进技术与传播方式的最新变革与创新，也带来了现代传播媒介簇拥下对著作权领域“IP”的重视与保护。在国家法律和产业制度的规范下，优质“IP”得以迅速涌现并深受用户喜爱，并借助线上线下、视频音频等多种渠道与途径集聚起更强的商业市场号召力，成为名副其实的具象化品牌——I Park in Your Mind。

未来，在移动互联网的催生下，传统与现代、线上与线下各大内容创作平台的交融与合作将是大势所趋。本书将移动听书平台建设作为主要研究对象，因此“I Park in Your Mind”释义下的“IP”成为需要重点探讨的内容，同时，这也是目前文化产业发展的关键所在。接下来，将分别从比较热门的个人IP化和影视IP化两个角度进行分析，通过具有代表性的示例，探析大IP都是如何养成的。

二、个人IP化的社群网络扩散

说到个人IP化，不得不提到一个人——高晓松。高晓松似乎是一个矛盾体。他考入了清华却退了学，他成了知名音乐人却无视艺人责任酒驾撞人坐了牢，他轰轰烈烈地恋爱却最终二度离婚。按照大众的审美底线，这样一个带有“污点”的人或许早就无法登上大雅之堂。但是直到现在，高晓松作为音乐人、词曲创作者、制作人、导演、杂书馆馆长、畅销书作家、知名段子手、脱口秀节目主持人、音频节目制作人，被誉为网红界的小清新，仍一直活跃在公众视野并且备受欢迎，俨然是一个行走的IP。那么，不妨来分析下高晓松的IP打造史。

1. 立足视频网站，掀起脱口秀热潮

2012年3月，高晓松主持的《晓说》在优酷视频网站上线，这是一档专门为高晓松量身定制的视频脱口秀节目，也是中国第一档全自由发挥的知识类名人脱口秀。音乐人、导演高晓松首次跨界，即兴说历史、评人物、论文化、谈热点、看世界，打造视频化的“高晓松专栏文章”。在2018年6月举办的《晓说》六周年见面会上，主办方透露《晓说》的节目总播放量已破15亿；2014年6月，互联网文化类脱口秀节目《晓松奇谈》在爱奇艺视频网站上线，主持人高晓松无拘无束地谈天说地，中西练达，无门无类，不偏不邪，笑对千金裘马，亦侃风花雪月，本着互联网精神，分享人生感悟，充分证明了头发长可不一定见识短。上线仅一年半，《晓松奇谈》总播放量已突破5亿大关，成为同类脱口秀中的典范之作。同时，其节目口碑也备受认可，获得豆瓣评分达9.1分的不俗成绩；2017年4月，《晓说2017》“归来”，每周五在优酷视频播出，新版节目定位“文学解读综艺脱口秀”，以更为完整的视野和价值观，首次全方位、

交互式地聊中国传统文学各类奇书，从名著中挖掘新的角度，从耳熟能详的故事中借古论今、关照人生，继续放大节目的功能属性，帮助年轻人解决生活职场乃至人生当中遇到的瓶颈问题。

从《晓说》到《晓松奇谈》再到《晓说 2017》，立足视频网站，高晓松掀起了名人脱口秀热潮，并创下了网络播放奇迹。从调侃“三国梦之队谁是董事长”到把奥斯卡拉下神坛，从探讨走遍世界的关西方言到研究天妇罗蕴含的匠人精神，高晓松借助脱口秀主持人的身份，与观众建立起了天然的熟悉感、亲近感，没有传道授业的说教，只有天南海北的闲侃，既不过分功利，又能增长知识。正如他自己所评价的：“行装偏爱黑色，内心却仍是此间少年。世事上下千年，却偏要说出瞬间。”通过这几档节目，高晓松从一个文艺工作者蜕变为一名当之无愧的知识分子，被这个时代许许多多精神与热情尚在的人们寄予厚望，并且甚少有人能与之比肩。

2. 驰骋综艺微博，学识整容第一人

2014 年 11 月，横空出世的《奇葩说》第一季，用近 3 亿的总点击量宣告了“纯网综”时代的到来。谁也想不到，一档打辩论的节目，竟然成了改变综艺市场的现象级综艺。而高晓松作为“马晓康”三大导师之一，摇着标志性的纸扇，一副宠辱不惊的模样，金句频出，高屋建瓴，各类典故信手拈来，淡然洒脱谈笑风生，其知识涉猎之广、视野站位之高，迅速获得了“80 后”“90 后”的拥趸。而且，高晓松丝毫不介意、云淡风轻地谈及自己的过往，在辩论中，他会袒露自己的婚姻观，也会感慨牢狱之灾带给自己的成长与磨砺，他不端，不装，有点自由不羁，也有世事历练后的洞明。他成了大多数观众心目中《奇葩说》的“标配”，而其笔名、与高晓松相对的“矮大紧”，也通过奇葩说“大紧队”而真正流行于网络。

在《我是歌手第四季》的终极淘汰赛中，老狼携略加摇滚元素改编的校园民谣《冬季校园》淡定开嗓，而半路出场的词曲作者高晓松惊喜亮相，双人 Rap 更是一秒嗨翻全场，歌曲中还大胆加入了《睡在我上铺的兄弟》，引来集体大合唱。虽然只有短短几分钟的表演时间，但两人默契的配合不仅将情怀燃到最高值，更因为这份用心改编、走心演绎、一同登台的兄弟情义，打造了当季的经典名场面。也正是透过这样的演唱，让我们看到了久违的歌手高晓松，“归来仍是少年”。

打开高晓松的新浪微博，其粉丝已经有4507万。高晓松对于“第一网红”的称谓乐在其中，不遗余力地自黑，一手推动“高晓松的自拍”荣登“微博八大杀器”之首。如图4-1所示，面对网友“爱的恶搞”，能够你来我往欣然接受，并拿来作微博头像的，想来也只有大紧了。高晓松丝毫没有偶像包袱，而是以一种自黑为乐的勇气与魄力放飞自我。因为在他看来，这只是年轻一代网民的娱乐形式，加入即可，不足为奇。他深受网民喜爱、传播甚远的种种表情包都已表明，他靠的从来都不是颜值，毕竟，他可是“学识整容第一人”。

图4-1 网友恶搞高晓松的PS图片

3. 转战音频平台，变身行走的大IP

随着听书行业发展的日益高涨，高晓松带着他的数千万拥护者，适时地从视频网站、当红综艺、微博场域开始转战音频平台，《晓说2017》《晓说2018》都被制作成听书资源，在喜马拉雅上的播放量分别为11.4亿、33.1亿，在蜻蜓FM上的播放量分别为25亿、22.3亿。同时，蜻蜓FM独家推出的高晓松指南、《矮大紧指北》节目，即使有“购买付费200元”或“购买会员免费”的门槛，但其节目播放依然超过2亿。根据新知榜发布的付费平台TOP 5统计，5个节目中只有一个来自蜻蜓FM，即《矮大紧指北》，以28.3万的预估订单、5306万元的预估销售额和8.8分的综合购买指数荣登第四名。这样亮眼的数据不仅说明了高晓松在IP品牌上无与伦比的号召力与感染力，也充分展示了移动听书平台相对于视频网站而言更加强大的传播力与扩散力。

除了音频平台这一重要分发渠道，高晓松还担任了许多社会职务。在高晓松的微博认证中，标注的身份是“阿里娱乐战略委员会主席，雜書舘馆长”。高晓松于2016年专任阿里娱乐战略委员会主席，负责阿里大文娱国际化，还牵头阿里影业投资并联合出品了奥斯卡最佳影片《绿皮书》等优质内容。另外，高晓松自2015年11月起，还担任中国大型私立公益图书馆“雜書舘”馆长。“雜書舘”设有国学馆及新书馆，馆藏图书及纸质文献资料近百万册（件），全部免费借阅。2018年3月，“晓书馆”在杭州良渚文化艺术中心开馆，“高馆长”发出邀请：“暮春三月，春服既成。喜见径草晴翠，山樱如雪，趁取雅集于晓书馆，盼君莅临。愿以诗书相亲，学以聚之，问以辩之。”

可以说，高晓松已经成为一个成熟的文化符号与个人品牌，其作为一个IP化个人吸聚着拥有几千万拥护者的忠实粉丝圈，拥有了强大的媒体号召力。这种长期建立起来的圈层化粉丝认同从何而来？有人说，像高晓松这样具备家学渊源，横跨文理中西，驰骋影视歌坛，读过万卷书，行过万里路，又兼有入世情怀，愿意启蒙与分享的旧时代男人少之又少。能文能痞，善于经营，基于文化符号的多维分发，高晓松在这个“看脸”的时代充分证明，自己真的是特殊的那一个。

三、影视IP化的社群网络扩散

影视IP化在我国并不是一个新兴概念，早在《西游记》《红楼梦》等四大名著翻拍成电视剧时期，其实就算得上是影视IP化的试水。名著搬上荧幕，自带各年龄段的粉丝。随着互联网电子阅读的发展与成熟，目前网络小说迅猛崛起，已经成为我国IP市场的绝对主力。业界一般认为，我国影视剧进入以IP为王的时代发端于2012年。随着《致青春》《小时代》《何以笙箫默》《盗墓笔记》等一系列由小说改编而来的影视剧屡创收视新高，吸引了大批资金加速进入文化娱乐产业，直接推动了成熟影视IP的脱颖而出。之后，各种“现象级”小说改编剧层出不穷，在不断刷新播放量纪录的同时，也让影视IP概念深入人心。以在国内较有影响力的视频网站爱奇艺为例，按照播放指数这一标准，统计了截止到2020年3月的电视剧风云榜TOP 10，并对作品来源、听书平台资源情况进行了梳理，具体如表4-3所示。其中，播放指数是客观反映内容累积播放效果的指标。播放效果主要基于用户历史的观看行为等数据评估，可以综合体现内容长期的受众覆盖和观看质量。

表 4-3 爱奇艺电视剧播放指数 TOP 10（截至 2020 年 3 月）

序号	电视剧	播放指数	上映时间	作品来源	听书平台资源
1	延禧攻略	629.9 万	2018 年 7 月 19 日	东阳欢娱影视文化有限公司	喜马拉雅 FM
2	老九门	437.6 万	2016 年 7 月 4 日	南派三叔的同名小说	56 听书网
3	楚乔传	369.7 万	2017 年 6 月 5 日	潇湘冬儿的小说《11 处特工皇妃》	56 听书网
4	琅琊榜	326.9 万	2015 年 9 月 19 日	海宴的同名小说	喜马拉雅 FM
5	花千骨	290 万	2015 年 6 月 9 日	fresh 果果的同名小说	56 听书网
6	欢乐颂 2	287.3 万	2017 年 5 月 11 日	阿耐的同名小说	喜马拉雅 FM
7	我的前半生	248.3 万	2017 年 7 月 4 日	亦舒的同名小说	56 听书网
8	知否知否应是绿肥红瘦	223.6 万	2018 年 12 月 25 日	关心则乱的同名小说	懒人听书
9	破冰行动	202.2 万	2019 年 5 月 7 日	广东省“雷霆扫毒”12·29 专项行动为原型	蜻蜓 FM
10	择天记	199.8 万	2017 年 4 月 17 日	猫腻的同名小说	520 听书网

从表 4-3 可以看出，爱奇艺播放指数前十名的电视剧中，有 8 个为网络小说改编剧，而且 100% 都有了听书平台资源，进行了适合听觉的改编，并获得了不错的收听成绩。《延禧攻略》《琅琊榜》《知否知否应是绿肥红瘦》《破冰行动》等优质影视作品借助喜马拉雅 FM、懒人听书、蜻蜓 FM 等听书头部平台巨大的用户资源得以进一步传播。其中，《延禧攻略》表现抢眼，虽然它于 2018 年 7 月才上映，但相较于 2015 年 6 月就已上映的《花千骨》290 万播放指数的成绩，可谓一鸣惊人。而且，《延禧攻略》629.9 万的播放指数与第二名《老九门》437.6 万的成绩拉开了将近 1/3 的差距。自 2018 年 11 月登陆喜马拉雅 FM 听书平台以来，截至 2020 年 3 月，《延禧攻略》已经获得了 1214.8 万的播放量，成绩喜人。同时，在爱奇艺电视剧播放指数 TOP 10 中，有 4 部电视剧的听书资源归属于 56 听书网。该网站成立于 2008 年，原名“有声小说网”，2010 年起改名为 56 听书网。作为听书领域的老牌公司，56 听书网提供了大量最新热门有声读物，可以实现每日更新、支持自动连播、无弹窗，而且还有自己的专业播音员团队，在听书领域较有影响力。

另外，受播出时间限制，一些剧目虽然没有上榜，但实力不容小觑。比如 2020 年 1 月 22 日上线的《三生三世枕上书》，视频日播放量破亿、总播放量破 60 亿，其在喜马拉雅 FM 上的播放量已经达到了 1377.4 万，位列影视原著榜第七位。在这一大背景下，听书产业顺势而上，成功获得了多部影视 IP 的有声版权，《陈情令》《斗破苍穹》《香蜜沉沉烬如霜》等都被改编成了有声书资源。而屡掀收视狂潮的爆款剧《庆余年》更是以 168915 的热度荣登喜马拉雅影视原著巅峰榜第一名，收听量突破了 3.8 亿！这些赫赫成绩，无疑都让影视 IP 概念逐渐被放大。那么，听书领域的影视 IP 产业链条如何形成？其发酵方式是什么？未来前景如何？下面将从这几个方面对听书领域的影视 IP 化予以简述。

1. 产业链条：上中下游联动整合

一般来说，网络 IP 的源头主要集中在网络小说、动漫、游戏等领域，针对这几大方面内容，目前在我国，影视 IP 化已经形成了一个较为完整的全模态网络扩散产业链条：①上游的优质网络 IP 储备。以阅文集团、掌阅科技等为代表的一批网络文学平台和数字出版企业，通过自主创作、投资收购等方式构建优质 IP 资源储备库。例如，2019 年 12 月，阅文集团“内容合作伙伴大会”举行，会上，阅文集团发布了“优质内容首发计划”“内容 + 平台 + 资源共生计划”，为打造优质 IP 积蓄力量。②中游的影视剧与有声书制作发行。以华谊兄弟、正午阳光等为代表的一批影视公司，以喜马拉雅、懒人听书等为代表的听书平台，分别从上游获取 IP 资源并进行再创作，进一步提高 IP 的市场关注度与认可度。例如，新丽传媒打造的 IP《庆余年》热播，推动其完结十余年后再次登顶阅文畅销榜榜首，收获 350 万次推荐和 60 余万次打赏。③下游的各类衍生品周边。以动漫 + 玩具、影视 + 手游等为代表的衍生品周边，通过上中下游的联动效应稳健变现，进一步扩大 IP 的盈利空间。例如，阅文集团赋能 IP 价值深层次挖掘，推出热门手游《新斗罗大陆》，并与腾讯音乐战略合作，共同发力有声读物打造，拓展内容边界。

2. 发酵方式：海量粉丝 + 分发变现

首先，优质网络小说等经过了较长一段时间的沉浸与发酵，积累了海量的粉丝数量与超高的话题度，并具备了良好的口碑与传播力，在改编、关注度、市场号召力方面具有了天然优势，从而能够拥有收视收听保障、降低投资风险，吸引了投资者的目光。其次，在被改编为影视剧或有声书之后，“原著情怀”吸引了大批的拥趸者，制造了粉丝效应，而且粉丝中大部分是长期接受互联网浸润的思想前卫一族，愿意为产品化后的 IP 消费，从而顺利实现 IP 变现。最后，借助更为广大的以视频网站、听书平台等为代表的互联网传播渠道，再辅以传统媒体的舆论造势与播放，最终为我国影视 IP 领域迎来万亿规模的蓝海。经过过去一段时间的发酵，对于听书领域来说，通过正版付费、衍生品周边等变现渠道，IP 的运营、放大和规模效益将逐步显现。实现 IP 储备基础上的多渠道分发与综合运营，将是今后企业竞争的发力点。另外，今后工作中重要的一点，是要注意影视 IP 的音频改编面临的较大挑战：如何在 5G 应用下实现在线音频新的技术突破，从而以更专业、更完美的优质创作展现影视 IP 的魅力，满足“原著粉”的耳朵，打造全方位 IP 生态圈，也是一个需要不断提升的课题。

3.IP 为王：5G+AI+IP 与万物有声

可以预见，涵盖仙侠修真、穿越、宫廷斗争、盗墓以及言情感性等题材的优质 IP 资源，必将作为核心竞争力成为互联网企业、影视公司、听书平台等抢夺的对象，可谓“得 IP 者得天下”。随着业界对于 IP 的日益重视，作为社群网络扩散的“听书”新节点，包括个人 IP 与影视 IP 在内的知识型 IP 未来将通过“融合”不断实现场景化，使“万物有声”越来越普及。未来，依托一个综合 IP 制造商，就可以实现视频、音频、文字等的多形式生产，再根据不同平台的属性进行分发。同时，“5G+AI+IP 打造”将成为移动新互联时代 5G 技术与听书平台的联动模式。在“5G+ 视频 +IP”的开发带动下，可以有效为听书平台引流，而 AI 学习能力的加强将使得音频的程序化创作由 AI 代工，“5G 渠道 / 平台获取用户数据 +AI 根据用户需求创造内容 +5G 精准分发内容”模式有望成为未来行业 IP 创作的新业态。另外，AI 技术发展不但让“万物有声”逐渐成为可能，也致力于根据受众的不同需要打造场景化的听书体验，如与可穿戴场景、智能家居等的结合，在回归听书“伴随性”本质的同时，也让知识服务进入了场景解决方案的时代，从而为听书平台提供了一个潜在的多元发展空间。

第二节　版权保护——听书产业的“达摩克利斯之剑”

在古希腊传说中，有一个关于“悬顶之剑”的著名典故：公元前 4 世纪，狄奥尼修斯二世是意大利叙拉古的僭主，而达摩克利斯是他的朝臣。达摩克利斯非常喜欢奉承他的僭主，有一次，他奉迎道：“您真是太幸运啦，能成为一个拥有权力和威信的伟人！”于是，狄奥尼修斯提议与他交换一天身份，让达摩克利斯尝试一下当僭主的滋味。晚上的宴会中，觥筹交错，云鬓衣香，达摩克利斯非常享受。但无意中一次抬头，他才发现王位上方有一把悬挂着的利剑，而且仅用一根马鬃系着。顿时，达摩克利斯兴致全无，他恳求狄奥尼修斯放过他，他再也不想得到这样的幸运。这就是“达摩克利斯之剑”（The Sword of Damocles）的传说。此后，达摩克利斯之剑通常被用来表示时刻存在的危险，即使有非常强大的力量，但并不安全，很容易被夺走。

“听书”“有声读物”是近年新兴的一种文化消费方式。但制作、在线提供有声读物如何定性，经营者应当取得何种授权等诸多问题，缺乏明晰的裁判规则。对于听书产业来说，版权保护即是悬在内容产业头顶的“达摩克利斯之剑”。甚至更深一个层次来说，版权是“变现”的需要，只有前期做好知识产权的全面布局，才有助于日后的版权变现。因此，听书领域的版权重要性不言而喻。接下来，将对听书领域的版权问题进行具体分析，试图寻求解决方案。

一、听书侵权，缘何屡禁不止

传统意义上的盗版，是指在未经版权所有人同意或授权的情况下，新制造商对其作品、出版物等进行与源代码完全一致的复制、再分发的行为，通常包括盗版书籍、盗版软件、盗版音像制品以及盗版网络知识产品。在绝大多数国家和地区，此行为均被定义为侵犯知识产权的违法行为，甚至构成犯罪，会受到所在国家的处罚。移动互联网技术的发展为盗版赋予了新的时代内容与表现形式，被保护的不再是具体的有形的物，而成了一种智力成果、一种创造性劳动。随着听书行业的兴起，听书资源在内容、版权等方面的盗版纠纷逐渐浮出水面，成为新的关注点，同时也增加了鉴别、遏制的难度。只要存在 UGC 内容生产模式的听书平台，版权问题就是一个绕不过的话题，而 PGC 生产模式运营下的听书平台更是 IP 购买时版权问题的高发区。正因如此，听书作为典型的内容提供平台，其发展始终围绕着版权保护问题，版权纠纷频发依旧是听书行业的痛点之一。基于我国目前的现状，从听书平台内容生产模式入手进行分析，听书领域的盗版侵权主要源于以下三个方面。

1.UGC：内容侵权的温床

UGC 可以说是内容版权问题的天然避风港，2018 年广电总局各种版权新规出台，对短视频和内容行业造成了不小的冲击，删除的内容超万条，下架整改软件公司 5 家。听书行业同样也受到了影响，针对经典作品的翻录、剪辑等都成为管控对象。但即使是这样，2018 年 3 月，曾鹏宇小说被喜马拉雅 FM 盗版一案依然闹得沸沸扬扬。喜马拉雅 FM 的平台用户“平安娘娘”在未获得作家授权的情况下，将《世上有颗后悔药》录制为有声书并上传到平台，用户可以免费下载，主播可以接受打赏，这一行为直接影响到作者正在筹备的有声书版权签订事宜，导致作者损失金额高达 6 位数。无独有偶，蔡春猪的《爸爸爱喜禾》、唐小饭的《被美人》、编剧张瑶的《若你我从此孤独终老》等均在未经作者和出版方授权的情况下便被盗版盗播制作为有声书，并且出现在喜马拉雅 FM 上。曾鹏宇公开指控喜马拉雅这场风波最终以喜马拉雅 FM 在官方微博发布《关于版权投诉的公告》并公开致歉而告一段落。喜马拉雅方称：“不管付出多大的代价，对所有涉及侵权的作品，承诺坚决处理到底，并联合版权方开展平台版权自查，规范版权监督体系。”然而，仅仅一年之后，《马晓霖看中东》音频版未经本人授权即推出上架，《暖气》的有声版权被侵犯，等等，音频侵权事例层出不穷、屡禁不止。

必须承认，UGC 在抵制侵权上有着天然劣势。听书平台注册除了身份验证外，没有其他门槛限制，任何人都可以注册听书平台、作为主播录制一段音频上传，并借助互联网实现迅速传播。这就为听书平台侵权鉴定制造了两大障碍：第一，数以亿计的平台用户可以上传任何不违反法律法规、不超越平台标准的音频内容，现有平台数据库难以对海量的内容来源进行完全对比，鉴定难度非常大；第二，即使通过版权人事后追溯或其他用户举报等方式获得了某一音频侵权的证据，但由于互联网飞速的传播和听书平台庞大的用户群，很大程度上会让侵权行为成为既定事实并造成难以挽回的损失与伤害。

2.PGC：版权归属终成谜

IP 版权资源的抢夺在 PGC 内容生产模式平台已经成为发展常态与未来导向，但优质 IP 的版权归属却存在疑问。2014 年，朗锐数媒拿到了金庸作品的有声改编和发行授权。但彼时，遍地都是金庸有声作品的盗版，全国 30 多家广播电台、几乎所有的听书平台和绝大多数的音频平台上都存在盗版。经过几年的发展，随着听书平台维权意识的高涨，IP 版权维护有了进展，但很多热门音频的最终归属在广大用户看来，仍然是个谜。

来看关于三大听书平台有声书资源的一组数据：在有声书规模方面，喜马拉雅 FM、懒人听书、蜻蜓 FM 都声称拥有市场上 85% 的网络文学有声改编权。在版权合作方数量方面，喜马拉雅 FM 声称与“170 家 +”开展合作，如中国出版集团、企鹅兰登、阅文集团等；懒人听书声称与“80家+”开展合作，如阅文集团、起点中文网等；蜻蜓FM声称与“150家+”开展合作，如掌阅科技、中文在线、纵横中文网等。国内听书市场虽然广阔，但是优质IP资源和版权集团的数量必定是有限的，三大听书平台在有声书规模与合作方数量上的大幅度重合引人深思。

另外，在互联网上搜索各大听书平台，只要比较有规模的，在正式官网之外，还能看到很多标注“VIP破解版”的链接，号称是相应听书平台小说付费章节的解锁版本，不仅能够实现所有小说完全免费听，还能为用户提供海量的PGC正版有声读物和主播原创UGC电台节目，所有有声读物和电台节目都可以免费下载。何为“破解版”？破解版严格来说不属于一种授权版本，它是针对商业版、试用版、共享版这类有使用限制的软件进行二次开发之后形成的特殊版本，一般通过改写原软件、制作算号器、拦截注册信息等方式，使得使用者无须向平台付费即可无限制享受所有功能。事实上，任何形式的破解软件都是未经授权的“盗版”，都是法律所禁止的。奈何，如今网络中这样的软件越来越多，也不禁让人担心：目前暴露出来的版权纠纷可能只是冰山一角，其背后隐藏的，或许触目惊心。

3. 逐利：惩戒保护失衡

毫无疑问，之所以发生盗版侵权行为，归根结底是为了赚取高额收益。在法律知识日益普及的今天，很多人在进行侵权行为时属于“明知故犯”，热门音频资源潜在的巨大粉丝收益让侵权人铤而走险，牟取非法利益。其有恃无恐的背后映射出的是我国对于版权侵害行为的惩戒保护失衡。

保护不力，维权难。在听书平台寥寥数十人的维权作者背后，是一座巨大的冰山，为什么其他那些人没有站出来？原因在于维权成本高而获赔概率低。首先，维权需要耗费大量的人力与时间，网络小说《锦绣未央》被判抄袭成立，用了整整两年的时间，这个反侵权里程碑的建立无疑付出了很大的代价，其间耗费的人力物力消耗，是无法用金钱来衡量的。其次，侵权认定与赔偿概率较低，不说在现有的技术条件下有声书的侵权取证是一个大工程，即使最终胜诉，赔偿数额也非常低。在咪咕数字传媒有限公司诉喜马拉雅的侵权案件中，历时一年，咪咕最终获得的赔偿仅仅为15000元。再次，在大多数听书领域的侵权案件中，双方当事人往往一边是个人，另一边是平台企业，这种悬殊的对比往往让很多版权人望而生畏，最终不了了之。尤其是我国版权意识普及并不理想，很多人可能觉得也并没有多少具体的损失而直接选择了放弃。

惩戒不力，震慑难。根据我国《刑法》第二百一十七条的规定，以营利为目的，存在四种侵犯著作权情形之一的，违法所得数额较大或者有其他严重情节的，处三年以下有期徒刑或者拘役，并处或者单处罚金；违法所得数额巨大或者有其他特别严重情节的，处三年以上七年以下有期徒刑，并处罚金。侵犯著作权罪的量刑应该是版权保护方面最为严厉的处罚了，但是其罪名成立的前提条件限制众多，而且即使成功定罪，相对于巨额收益来说，这样的处罚力度也并不足以让人望而生畏，毕竟近年来热门 IP 的价格已经翻了 5 ～ 10 倍。更何况，大多数侵权行为根本无法上升到刑法高度，往往只需要承担民事责任即可。然而在其他一些国家，对侵权行为的处罚力度是非常大的，比如在美国，私自使用所有未经授权的产物都将构成重罪，将面临巨额罚款。而在新加坡，使用侵权软件都会被判为刑事罪，还专门设置悬赏鼓励公众举报侵权行为。在这样的对比下，或许可以从某种程度上找到国内侵权屡禁不止的原因。

二、内容付费，用户习惯养成

目前各界对于盗版听书的抨击与批判往往是站在更为宏观的角度，如国民维权意识的养成、整体听书产业的发展、国家法律体系的完善。但笔者在本节却选取了一个独特的视角——用户。盗版听书内容让用户表面看似是受益人，但深层分析却是受害者。唯有认识到这一点，用户才能真正提高警惕，从源头上抵制盗版侵权，逐渐培育起内容付费习惯，真正实现版权“变现”，促进听书产业蓝图的构建。

1. 用户之殇：损害个人权益，重创产业链条

如果说，听书侵权行为的发生在很大程度上源于用户需求的驱使，那么，用户在这场无声的战役中是否真正获益了呢？答案当然是否定的。不可否认，在短期来看，用户或许因为使用了盗版音频资源省下了几十元、几百元，但对于盗版侵权行为的助长，却最终会付出长期利益受损的代价。盗版听书内容会破坏用户的听书体验，还会劣币驱逐良币，使听书行业产业链受损，结果往往是用户所期待的优质内容越来越少，对于听书资源的需求得不到满足。

用户对音频资源的基本需求被漠视。听书作为一种“耳朵经济”，首先打动用户的往往不是内容，而是音质。目前，整个音频生态系统对音质的期望正明

显增强，甚至扩展到买手机时配送的耳机。IP 粉丝之所以不惜使用盗版也要获得资源，往往是期待能够拥有良好听书氛围、高清流畅播放、集成式主动降噪等体验，享受优质，重温经典。但粗制滥造的盗版听书作品却完全漠视了用户的这一最基本需求。未经版权方授权的盗版内容往往夹杂着大量的噪声、尖啸，因为其低成本制作根本无法保障音质。不仅用户的听书体验大打折扣，而且还会对身体造成损害，严重者甚至会出现耳鸣、引起头疼、造成听力下降。与个人健康相比，仅仅花很少的钱去支持正版，享受语速适中、语音清晰、语调抑扬的高保真音质作品，不可谓不划算。如此一来，如果仅仅为了省钱而选择盗版，身体与精神需求却完全被忽视甚至损害了，那用户听书又究竟是为了什么呢？这样的音频内容对于用户来说意义又何在呢？

用户对优质音频内容的追求被阻断。什么样的用户会去使用盗版音频？归根结底，是对优质音频内容有追求的人。他们会关注听书行业动态，想在第一时间获得热门 IP 的有声内容。听书作为被其接受的、对其生活产生一定影响的资源获取方式，不断被赋予更高的标准、注入更严的要求。习惯了听书，这些用户最大的担忧就是“听书荒”，但很多人却意识不到，正是他们对盗版音频的选择，使听书产业整体受创，也让他们陷入了无书可听、无好书可听的境地。当他们正痛心疾首地慨叹听书经济的萧条、慨叹优质资源的短缺、慨叹文化产业的不力时，殊不知，自己也是造成这种现状的幕后黑手之一。原因很简单，没有回报就没有投入。当正版版权方、优质主播斥巨资、耗心力打造的优质音频内容被盗版赤裸裸地非法剽窃时，不仅会打击原创者的创作积极性，更会使其因为入不敷出而选择离开。长此以往，这种对于市场公平竞争的破坏与蔑视，必将造成“劣币逐驱良币”的恶果。最终，正版的质量越来越差，数量越来越少，用户能听到的好作品也越来越少。相对于听书产业链条的重创，用户其实才是最大的受害者。

2. 内容付费：变现促进保护，构建良性循环

谈到版权保护，首先要提到的就是“内容付费”。所谓内容付费，是指内容生产者通过平台以图文、音频、视频等形式，实现内容的分享与传播，用户为获取内容的阅读、收听、收看权限而进行付费行为的交互过程。在听书时代，保护版权、实现变现、构建良性循环系统的一个有效措施就是内容付费，而这一举措实行的瓶颈在于用户的付费意愿，即用户是否有为了购买音频资源而付

费的习惯。可以说，用户自觉付费习惯的培育与养成才是抵制与打击盗版的最有力手段。

根据艾媒咨询的统计，2016—2018 年，我国数字阅读用户的电子书付费意愿持续提升，2016 年为 60.3%，2018 年则达到了 66.4%。2019 年，中国在线音频市场用户规模达 4.89 亿人。同时，各年龄段用户的实际付费金额均高于其意愿付费金额，68.7% 的电子书用户愿意付费区间在 20 元以上。尤其是 18 ～ 35 岁和 36 ～ 50 岁区间的人群，是人均意愿付费金额和实际付费金额的冠亚军。另外，不同城市用户的付费意愿也不同，一、二线城市人群的内容付费意愿较高，数额也较大，而三、四线城市目前仍是内容付费的短板。

从以上数据可以看出，培育用户内容付费习惯的关键有三点。

第一，抓住主要人群。内容付费产业繁荣的根本原因在于用户精神需求的消费升级。18 ～ 35 岁、36 ～ 50 岁的中青年群体有强烈的自我提升与参与竞争的个人需求，因此急需不断获取知识与信息，相较于其他阶段用户，对优质付费内容有更强烈的获得意愿。同时，一、二线城市用户在接受新技术、新观念、新事物方面有天然优势，对内容付费的接受度较高。因此，18 ～ 35 岁、36 ～ 50 岁的人群，尤其是一、二线城市的用户，他们拥有较强的知识需求，具有较高的内容付费认可度，具备为知识付费买单的经济能力，这类人群应该是普及内容付费观念的关键。另外，通过数据统计发现，以上用户大都处于时尚潮流的前端，往往乐于收听头部明星和顶级 KOL 生产的内容，并为其代言和推荐进行付费。因此，听书平台应该充分利用明星和节目的传递效应，进行多层次跨界营销，如邀请明星担任明星读书官、代言各种听书主题活动等，吸引此类用户的关注。

第二，触达下沉市场。在上面的数据统计中发现，18 ～ 35 岁、36 ～ 50 岁的中青年群体以及一、二线城市用户是内容付费的先行者，应该重点关注。那是否就意味着其他年龄段、其他城市的用户就不用顾及了呢？当然不是。而且恰恰相反，对于这些下沉市场的用户，更应该通过差异化营销进行触达。众所周知，听书平台流量红利时代已经逐渐过去，如何在现有用户基础上深入开发新流量成为关键所在，而数据统计中的短板正是今后要努力的方向，不断挖掘移动听书下沉市场仍大有可为。由于这类用户本身对移动听书平台的接触就不多，所以对其内容付费习惯的培育要分成两步走：首先，在进行用户大数据调查时，针对特定城市或特定年龄免费开放一些能够满足其需求、符合其兴趣的优质内容，通过免费、优质内容吸引下沉流量进入到听书平台中来；其次，放弃内容付费的一刀切，不要求购买全集，而是允许用户购买其中一部分，甚至可以由用户自行决定购买的音频数量与种类，并保证单集的单价不高于购买全集时的单价，从而一步步引导用户养成付费习惯。

第三，优质内容对付费意愿有决定作用。用户的实际付费金额均高于其意愿付费金额，说明好的内容引导着用户的付费意愿超出原有预期，优质的内容是促进付费意愿生成的决定因素。一本好书的有声资源、一位大咖的听书课程，都可能吸引那些原本不情愿甚至根本没有意愿的用户付费。在保障优质内容供应的基础上，听书平台应进行形式多样的促销折扣活动，吸引用户付费。2020 年 4 月，喜马拉雅“423 全民听书节”火爆进行。在持续 5 天的听书节中，喜马拉雅推出了四大亮点：拿出 10 亿津贴补贴用户，知名作家的数万本有声书享超低折扣，百位大咖做客喜马拉雅直播间与用户分享阅读心得，喜马拉雅将与社会各界共建“有声图书馆”以推动全民阅读深入进行。事实证明，这样的创意策划是卓有成效的，其重磅新品《全球精英的 5 分钟成长学院》在 DISC 社群联合创始人李海峰一个小时的直播中卖出超 1 万单，超 15 万人次观看，内容消费额超 200 万元。听书平台也显示出了完全不逊于淘宝、抖音的超强带货能力。

由此看出，内容付费普及与内容产业发展是一个相互促进、互为因果的良性循环生态圈。内容付费意愿的提升，将鼓励越来越多优质的内容生产者脱颖而出，也会促进听书行业培训规模与供给支援的稳步增长，从而推动听书精品的涌现与听书内容产业发展；听书内容产业蓬勃发展，又会呈现数量繁多、精品频出的良好态势，带动用户对优质内容的需求度与满意度，最终促进内容付费意愿的普及与常态化。

三、齐抓共管，三方逐层推进

不可否认，相比于文学作品、视频等，有声书作为一种特殊的新生产品，在版权认定方面更有难度。第一，有声书作品中无法直观地呈现版权信息内容，且对其侵权的认定要仔细比对文字内容，而文字作品很有可能还未正式出版，听书平台的版权库里也没有录入，因此很难识别版权归属，只能在出现侵权行为并被投诉后，由作者后期提供版权证明后再进行核实。而此时，侵权行为已经产生并造成侵害；第二，听书平台的音频上传更加简单，任何注册用户都可以操作，其中不乏非法上传行为，如将他人的文字作品自行朗诵、录制并上传，或者将他人录制完成的有声书作品直接上传。这就使得对听书版权的侵害涉及面更广、影响更坏。

近年来，随着国民版权意识的提升，特别是听书平台、听书行业、国家相关部门的逐层监管与规范，在打击盗版、保护知识版权方面取得了较大成效，正在促使以听书为代表的互联网内容产业走向健康经营发展，形成了微观、中观、宏观三个层面的齐抓共管、多措并举的良好局面。

1. 微观层面：听书平台基于技术审核的自我规范

尽管存在难度，但是并不能因音频版权特殊而减免平台义务。听书平台有责任、有义务加大版权审查、自我规范力度，坚决抵制盗版侵权行为。第一，平台在审核上传作品时，要承担较高的注意义务。要认真查验各个主体的授权是否合法、齐备，授权链条是否完整。尤其关注热门作品，不但要让用户提供音频制作方的版权授权文件，还要提供原文作者的授权文件。同时，平台应当让上传者自行声明和保障作品不侵权，以便于后期追责对违法上传者形成震慑。第二，与版权方沟通，建立平台自查自纠机制，同时和语音智能识别公司达成合作，以技术手段对内容进行更精准的侵权识别，通过“技术审核＋人工审核”相结合的方式保护内容版权，进一步加大盗版甄别力度。第三，将云计算、大数据等技术引入平台进行内容审核，适当加大网络服务商包括 ISP 和 ICP 在审核上传者信息和上传内容方面的义务，并规定罚责确保网络服务商的义务执行。第四，开通版权问题快速处理通道，设置专门的法务处理部门，第一时间跟进处理。进一步完善监管系统，一旦在第一步证据搜集阶段确定侵权结果成立，则特事特办，省略繁冗的程序，尽量将盗版侵害降到最低。

以喜马拉雅 FM 为例，目前喜马拉雅 FM 在扬州建立了内容审核基地，成立了由近百人组成的 7×24 小时值班的审核队伍，保障了纠察人力资源的充足；采用“机器＋人工＋抽查”的三审机制，多重审核以最大限度地降低盗版发生率。各大听书平台必须将“尊重版权”作为企业发展的第一原则，通过与科技公司的合作，不断创新、采纳先进技术进行更精准的侵权识别，在为用户持续提供更优质内容的同时，从根本上解决原创作者的后顾之忧，调动并鼓励其创作积极性，最终促进平台发展，达到三赢。

2. 中观层面：听书行业成立反盗版联盟集体维权

2014 年 4 月 22 日，氧气听书、央广之声、央视国际、国视通讯、盛大文学、浙江电子音像出版社等单位联合全国听书作品版权各方权利人以及广大听书作品作者和播音者，在杭州万松书院发起建立“中国听书作品反盗版联盟”（以下简称联盟）。联盟指导单位包括国家版权局、浙江省版权局、中国版权协会等多个权威部门。联盟旨在向盗版侵权行为宣战，推进听书行业的正版化进程，并在国家监管部门的支持下，构筑听书行业的新秩序，有效保护听众权益。这是国内听书行业的首个反盗版联盟，也是继中国网络视频反盗版联盟、作家维权联盟、数字音乐维权联盟之后，国内互联网版权界成立的又一个反盗版联盟。成立伊始，联盟宣布已陆续在深圳、北京、上海等地法院发起诉讼，向涉嫌盗版听书内容的深圳市懒人在线科技有限公司、北京百度网讯科技有限公司、上海二三四五网络科技股份有限公司合计索赔 120 万元。最先立案的杭州平治诉讼懒人听书也成为国内听书行业集体维权第一案。

听书盗版侵权行为损害的不仅是用户、版权方的利益，更是影响了听书行业的健康发展，扰乱了正常的市场秩序，因此，行业建立反盗版联盟，通过统一、联合的法律行动向盗版宣战，是可行的，更是必要的。以“中国听书作品反盗版联盟”为契机，引导更多相关专门行业协会自觉担负起行业整顿与净化的责任，从而呼吁更多听书行业的各方权利人和企业参与进来，对盗版侵权行为予以认真审查、不予传播、坚决抵制。被侵权的个人可以以行业协会为依托，彻底改变侵权案件中的弱势地位，更有勇气、更有信心站出来同盗版侵权行为进行积极斗争。这有利于全社会范围内反盗版氛围的形成与扩大，从而不断优化我国听书产业的发展环境，还版权保护一方净土。

3. 宏观层面：国家法律规范与系列专项行动保护

法律是维护社会公序良俗的最根本手段。从国家层面不断加大对侵权盗版行为的惩戒力度，重拳出击，才能引起全社会对侵权案件的重视，达成共识。每个人不仅自觉抵制侵权盗版行为，而且还自发承担起举报、投诉的义务。通过法律手段对盗版行为及侵权人进行有力震慑与打压，赏罚分明、惩治结合，才能将打击盗版行为真正落到实处。目前，我国修订了多部法律法规，将盗版侵权纳入惩戒范围，如在第二次修正的我国《著作权法》第四十八条中，规定了八种侵权行为，其中包括“未经录音录像制作者许可，复制、发行、通过信息网络向公众传播其制作的录音录像制品的”等，“构成犯罪的，依法追究刑事责任”，这说明法律在保护版权的基础上，进一步将“在线盗版”明确定性为新型犯罪。《关于办理侵犯知识产权刑事案件具体应用法律若干问题的解释》中也有相关的规定。

近年来，我国在严厉打击侵犯版权违法行为、保护知识产权领域方面作出了不懈的努力。2019 年 4 月，国家版权局在北京举办了以“守正创新：新时代网络版权严格保护与产业发展”为主题的 2019 中国网络版权保护与发展大会。国家版权局、国家互联网信息办公室、工业和信息化部、公安部联合启动了打击网络侵权盗版“剑网 2019”专项行动，这也是我国多年来打击盗版的“剑网”系列行动之一。“剑网”以网络侵权多发领域为重点目标，将网络直播、知识分享、有声读物平台的版权问题也作为了集中治理的内容之一。专项行动从规范新型商业模式健康发展的角度，主动加强监管，制定相关规则，积极加以引导，以维护清朗的网络空间秩序，营造良好的网络版权环境。

2019 年，我国数字阅读行业市场规模达到 222.32 亿元人民币，环比增长 28.37%，营收主要受到用户平台付费、版权收入和广告收入拉动，行业持续稳步发展。未来，随着听书行业发展规模的日益扩大，国家层面应出台专门规范音频版权的相关法律规章，以脱离传统版权保护方式，对听书进行更有针对性、更具操作性的规范。同时，要重拳出击，提高侵权成本，进一步加大对听书侵权案件的行政执法力度和刑事处罚力度，让听书侵权行为无所遁形、不敢妄为。

第三节　体制创新——突破内容与服务藩篱的跨媒体经营

在听书产业发展初期，为了追求用户数量的最大化，各大平台盲目扩大内容结构，但是在服务细节上却没有做到位，最终出现了同质化倾向与不规范操作。随着听书产业逐渐走向成熟，当用户的黏性与活跃度成为平台发展的关键，体制机制的创新变得不可或缺。如何打破目前的瓶颈？唯有“伤筋动骨”，才能“涅槃重生”。各大听书平台应该努力突破同质化藩篱，着力打造特色，更加注重品牌化构建，维护忠实粉丝圈。同时，不断完善服务体系，发展理念逐渐由大而全转向专而精，并将跨媒体经营作为未来的着力方向。

一、立足特色，突破内容同质化

内容同质化是目前各大听书平台普遍存在的问题，在发展初期，新兴企业为了在激烈的竞争中谋求先机，不得不迅速扩大听众版图、抢占市场份额，以此吸引资本，赢得下一阶段竞争的入场券。不可否认，这一策略在听书产业发展初期确实见效迅速、效果显著，喜马拉雅 FM、懒人听书、蜻蜓 FM 分别获得了几轮投资融资，听书领域三足鼎立的局面得以形成。然而，这一发展模式带来的问题也显而易见，同质化的内容让平台失去了特色。以 2020 年 4 月 5 日的喜马拉雅 FM、懒人听书、蜻蜓 FM 为例，对三大平台的版面设计进行对比，具体如图 4-2 所示。为了进一步凸显同质化问题，笔者选择了 2020 年 4 月 5 日作为特殊节点。为表达全国各族人民对在抗击新冠病毒肺炎疫情斗争中牺牲的烈士和逝世同胞的深切哀悼，清明节期间，我国举行了全国性的哀悼活动，各大网站、App 全部变成灰色。图 4-2 从左到右依次为喜马拉雅 FM、懒人听书、蜻蜓 FM，总览三大听书平台页面，发现三者非常雷同，除了蜻蜓 FM 因为二次元、FM 等内容可稍微区分以外，喜马拉雅 FM 和懒人听书根本无法辨别，甚至在栏目设置、版面设计、页面布局上都是相似的。

图 4-2 三大听书平台版面设计的对比图

进一步地对三大听书平台的栏目设置情况展开细致对比。如表 4-4 所示，儿童、广播、历史、娱乐、音乐、情感等栏目三大平台都有涉及且命名相同，其他很多栏目虽名称不完全一致但内容也是类似的，如外语和英语、相声评书和相声小品，等等，听书平台在栏目设置上大同小异。对于这种情况的解释，或许可以从三大平台的有声书规模数据入手。对三大平台官方公开披露的有声书规模数据进行统计发现，喜马拉雅FM声称拥有市场上70%畅销书的有声版权、85%网络文学的有声改编权、“6600+”英文原版畅销有声书；懒人听书声称拥有85%网络文学的有声改编权；蜻蜓FM声称拥有85%网络文学的有声改编权。既然是官方公开披露，那三大平台都拥有的“85%网络文学的有声改编权”数据就基本是真实的，那就只能说明三大平台有着相同或相似的内容IP版权合作方，有着相同或相似的有声书创作团队与作者。以稳坐数字阅读头把交椅的阅文集团为例，2019年第四季度其产品矩阵数字用户规模以超过5000万的成绩排名第一。阅文集团与三大听书平台渊源颇深，喜马拉雅和蜻蜓都与其签订过排他性协议，懒人听书更直接是其子公司。2019年，阅文将160部文学作品改编权授予第三方机构。根据其2019年财报显示，阅文集团版权运营收入占总收入的约53%，同比增长341%达44.2亿元，版权运营已成为阅文集团的支柱收入。这样亮眼的成绩背后又有多少比例是由三大听书平台提供的呢？当供货商相同，产品类别及性质即使不完全一样也会是十分类似的，如此来解释听书平台领域的内容同质化现象，也就不难理解了。

表4-4 三大听书平台栏目设置情况的对比表

听书平台	栏目设置
喜马拉雅FM	VIP、小说、直播、儿童、在家上课、战疫头条、广播、精品、相声评书、人文、历史、英语、个人成长、娱乐、音乐、情感生活、商业财经、好书精讲、畅销书
懒人听书	出版、原创、节目、儿童、课程、外语、财经、历史、情感、文学、音乐、脱口秀、广播剧、评书相声、娱乐、成功、汽车、人文、健康生活、动漫、曲艺戏曲、懒人周刊、家教育儿
蜻蜓FM	头条、直播、精品、战疫情、科技、蜻蜓之声、戏曲、短音频、看小说、广播、二次元、悬疑剧场、搞笑、儿童、娱乐、外语、音乐、财经、教育、情感、历史、文化、汽车、相声小品、评书、脱口秀、小说、生活、故事、畅销书、校园、中国之声、母婴、AI读书、品牌电台、联合专区

经历了2015年的跑马圈地和2016年商业模式的深度探讨，移动听书在完成了互联网市场渗透后，用户增长逐渐放慢，开始由高速发展期进入了全新的发展阶段——应用成熟期。整体而言，平台运营仍然居于产业链条的核心位置，但移动听书市场赛道的细分加速，开始对内容、场景、智能硬件、营销方式等

进行全新探索，以提升用户黏性和忠诚度。

在较短时间内，听书平台的同质化发展不可能立即改变，因此“人无我有、人有我优”无疑是一条良策。以BBC热播海洋科普探险故事《海底小纵队》为例，《海底小纵队》在2014年7月正式登陆央视少儿频道首播后，深受国内孩子的喜爱，作为热门IP被改编为了有声书资源，喜马拉雅FM和蜻蜓FM均获得了授权。面对相同的IP资源，喜马拉雅与蜻蜓却交出了不一样的答卷。截至2020年3月，喜马拉雅FM《海底小纵队》的播放量达到了3674.3万，而蜻蜓FM仅有885.4万，足足相差4倍之多。原因何在？因为蜻蜓FM只是将《海底小纵队》的动画原版原封不动地搬到了听书平台上，但是“听”毕竟不能等同于“看”，尤其是听书对象还是只有几岁、理解能力不够强的孩子，仅仅依靠动画原版的照搬，是无法将诸如表情、场景、内心独白、突发状况等完整地让孩子“听”到的。在这方面，喜马拉雅明显技高一筹，它摆脱了纯粹的音效复制，将《海底小纵队》改编为了更适合耳朵的广播剧，让孩子能够更容易理解。同时，不仅收录了动画原版精华故事100集，还制作了海底报告原版歌曲100集、特别篇故事集锦18集，用“听”解放孩子双眼，让孩子随时随地听故事、看卡片、学科普，变身海洋知识小达人。人无我有，人有我优，正是由于将用户需求摆在首位，才能在“思变”的过程中获得用户的更多青睐，高下立现，这或许也是喜马拉雅能在听书产业中独占鳌头的主要原因。

各大听书平台经过不断摸索，逐渐将“特色”作为品牌定位、作为与“同质化”抗衡的有力抓手。随着行业的逐渐成熟和竞争格局的日益清晰，差异化经营成为必然选择。目前来看，在“移动电台＋有声阅读＋音频直播”的产业构成背景下，喜马拉雅FM将有声书作为新的竞争战场进行深耕，在合作平台数量优势、有声书规模优势、生态布局优势等各方面都持续领跑有声书竞争市场，目前与中国出版集团、企鹅兰登等超过170家版权方合作，拥有有声小说10小类、出版畅销书14小类；懒人听书继续坚持有声读物交流平台的定位，加强头部互联网音频平台业态布局，并于2019年8月完成亿元级新一轮融资，以用于加磅内容及版权的引进，尤其是独家版权资源以及头部IP，创建懒人精品有声书品牌，打造“电影级”精品音频内容，孵化爆款音频IP；蜻蜓FM作为综合型音频分享平台，以发展社群和粉丝经济作为主要盈利模式，不仅与高德地图合作推出了“声随大咖、听游天下”的城市文化地图解读栏目，发展了集群化的听书用户，而且其与中国之声等一众品牌电台的合作，也保留了听书中电台的原汁原味；荔枝 FM 主打“文艺情怀”的小众路线，以“帮助人们展现自己的声音才华”为使命，转型语音直播，吸引追求精致内容体验的客户群体，重塑了传统音频行业中原本割裂的音频制作、存储、分发产业链，实现了每一个人“用声音记录和分享生活”的一站式音频分享与传播。

有理由相信，未来，依托特色，各大听书平台的目标定位将会日益清晰，最终实现内容同质化的破局，塑造全新的听书产业发展格局与行业样态。

二、完善服务，遏制不规范服务

在听书平台迅速发展的过程中，服务领域的潜在问题也如影随形、日益凸显。通过对目前听书领域中主要听书软件的服务协议中涉嫌不公平、不合理的条款进行分析，并结合现实中及网络中用户反映较强烈的问题进行统计发现，目前听书平台在服务体系方面主要存在以下几项侵害消费者权益的行为。

1. 听书付费会员服务开通后不可退费

如懒人听书在会员服务协议中声明：“本服务开通之后，不可进行转让；本服务系虚拟货币交易，开通成功之后不支持退款或者更换其他付费产品。”喜马拉雅也规定：“在有效期满后，无论您是否使用完毕所购的服务内容，喜马拉雅不因此向您退还您已支付的费用且不予进行任何形式的补偿 / 赔偿。”氧气听书的充值说明中规定，阅点充值成功后无法退款，不可提现。尽管很多听书平台将责任归结于苹果公司 iOS 系统第三方原因导致了不支持退费，但依然无法免除平台本身的经营责任。另外，《懒人听书付费服务及充值规则协议》中规定，用户不得以消费完成后账户内仍有剩余懒人币为由要求退费。正常来讲，在用户申请退费时，应根据具体使用时间、剩余金额等酌情退款。因此，这种“一概不退”的规定加重了听书用户的合同责任，属于不合理、不公平的条款。听书平台应当给用户充分的选择权利，借鉴淘宝、京东的退换货体系，如可设置“7 天无理由退款”“30 天不满意退余额”等条款，并根据用户服务权限的剩余时间分批次对待，酌情退还不低于总费用一定比例的款项。

2. 听书用户的不活跃账号被擅自回收

如荔枝微课规定，如果用户的账号同时符合以下三个条件：“未按要求完成使命认证；连续 180 天未用于登录荔枝微课平台；不存在未到期的有效业务。”届时，荔枝微课将向用户发送相关通知，若收到通知之日起 7 日内，该用户的账号仍然同时符合以上三个条件的，荔枝微课将解除与用户的服务关系，回收用户的账号，该账号将不能再登录荔枝微课平台。听书用户与听书平台之间的网络服务合同关系在建立时需要双方协商一致，而予以解除也需要在双方协商一致的前提下进行，否则听书软件经营者不得未经与听书用户协商而直接单方解除合同、注销账户。如果仅仅因为用户因个人时间等原因未能登录系统就单方面宣布解约，属于听书平台为了释放僵尸号码的需求而将自己一方的意志强加给用户，无疑违反了合同公平、协商的契约精神。除听书平台外，其他任何购物类、信息类、娱乐类 App 似乎都没有因为用户不使用而收回账号的先例，有的只是为了提高用户的活跃度而采取的一系列激励措施，如签到积分奖励、登录信用升级、连续使用增加权限等。笔者认为，作为一个服务类内容提供商，听书平台没有这样的权利，这将直接影响其服务水平的提升。

3. 听书平台随意地调整会员服务内容

如喜马拉雅 FM 的 VIP 会员服务协议中用重点加粗了如下内容：“上述 VIP 会员服务内容以喜马拉雅官方网站公布的会员服务内容为准，喜马拉雅有权基于自身业务发展需要变更全部或部分会员服务内容。”“喜马拉雅有权根据实际情况自行决定您的使用期限及 / 或终止期限而无需通知您，亦无须征得您同意，您不予追究或者豁免喜马拉雅的相关法律责任。”懒人听书也规定：“将在相关页面或适当位置进行公示，告知用户相关变更或修改内容，但无义务做个别通知。”这种格式条款无疑是对用户合法权益的一种损害，因为用户往往有可能是针对现有服务内容才决定购买会员的，如果听书平台随意变更网络服务合同内容及范围，很可能会给用户带来不便。这样的条件设置难免有店大欺客的嫌疑，即使作为一个大企业存在调整会员业务的需要，也必须保证事先以提示注意、要求消费者对变更的书单进行确认的方式履行自己的义务；即使由于用户数量众多无法顾及一部分人的利益，也必须对受到损失的用户进行补偿，拿出相应的赔偿方案，而不能要求全部免责并用格式条款强行获得用户的豁免权。

4. 购买免广告服务依然无法免除广告

如蜻蜓 FM 在会员协议中规定，“您在使用蜻蜓 FM 会员服务的过程中，将可能看到或听到以各种方式投放的商业性广告或其他类型的商业信息。蜻蜓 FM 将会根据实际情况，对会员在收听节目时接收到的广告设置相应的时长减免，但并不会完全消除所有广告和商业信息。对于部分版权方或其他原因有特殊要求的节目，仍可能向您提供不同类型的广告服务，可能无法关闭，您对此表示理解并接受，您放弃追究并豁免蜻蜓FM的相关责任。”按照法律规定，听书平台未经用户同意或者请求，本身就没有擅自发送广告的权利。但是，在条款中未设置可供消费者选择不同意的选项，实质上剥夺了消费者选择的权利，直接侵犯了消费者的同意权。对于听书用户来说，购买会员服务的两大动机其一是优质内容，其二就是无须接收广告，但听书平台不仅以“免除广告”为噱头吸引用户购买会员服务，而且在会员协议中还规定仍将发送广告并在格式性条款中要求责任豁免，这样的规定自然是不合理的，也是最为用户所诟病的。既然仍无法完全免除广告，那么就应当适当折算费用，但不能以牺牲用户单方面利益为代价。

5. 会员付费以接受自动续费协议为前提

大部分听书平台都规定，开通会员不仅意味着用户接受了《付费会员服务协议》，而且也接受了《自动续费服务协议》。即开通会员服务，就必须接受自动续费服务。会员选择开通自动续费，则视为其同意授权听书平台向账户发出扣款指令，并同意账户根据听书平台发出的扣款指令，在不验证会员账户密码、支付密码、短信校验码等信息的情况下从账户扣划下一个计费周期的费用。除法律法规另有规定外，一般听书平台不以任何方式对会员所支付的费用予以退还。虽然自动续费的功能可以“在到期前至少24小时，手动在iTunes/Apple ID设置管理中关闭”，但这种“充会员送自动续费”的搭售行为本身就是不合理的，而且一旦用户没有自动续费意愿却未能在规定时间内予以取消，所有损失必须由用户自行承担。真正有前景有底气的服务平台，会以为用户提供优质内容服务、获得用户好评与信赖为己任，使用户自觉、自动、自愿地购买会员服务，这样的用户黏性才是最可靠的，这样的用户才是平台未来发展的生力军与助推器。如果仅仅是在这样的小心思、小手段上做文章，难免招人反感。而且，没有给用户说“不”的权利，却又急于同用户的损失划清界限，这又将用户需求和体验置于何地呢？

一般来说，在用户至上的时代，听书用户的需求满足与消费体验决定着用户的选择，应是听书平台重点考量并不断优化的部分。但是从以上的分析中可以看到，听书产业中的“霸王条款”依然存在，不规范服务状况仍然较为突出，服务体系的构建至今仍不尽如人意。不仅如此，听书平台还为用户设置了过多的责任条款，每个听书平台都有大量篇幅的“几不准”“用户禁止行为”等详细说明，但在平台责任阐述中，“由此带来的不便请您表示理解，并不会因此提出任何主张或追究任何责任”等话语比比皆是。说到底，这是传统卖方市场的优越感在作祟。当前，听书平台在不断引进新技术、创新内容业态的过程中，应该将服务理念的提升与完善放在首位，尊重用户意愿，保护用户权益，以不断优化用户体验为出发点和落脚点。少一些霸王行为的格式条款，多一些站在用户角度的权益诉求；少一些经营风险向用户的不合理转嫁，多一些规范完善的服务举措与贴心提醒；少一些责任与损失的撇清与推脱，多一些大平台大企业的担当与胸怀。这些，才是逐步走向世界的优质听书平台应有的姿态与风采。

三、体制创新，实现跨媒体经营

2018 年 9 月，喜马拉雅 FM 与腾讯视频宣布联合开展会员计划，两大平台会在共有的 IP 上协同操作，在泛知识与泛娱乐两个领域深度合作。2019 年 8 月，咪咕阅读客户端上线 8.0 版本，24bits 至臻音质升级听书功能，打造专属 Young 频道；在以“5G+ 未来无限可能”为主题的中国移动全球合作伙伴大会上，咪咕阅读展示了 5G 富媒书、趣读、至臻听书、至境听书等“5G+”特色功能；2019 年 10 月，以“听我的，全场免费”为主题的为期十天的首届掌阅听书节开幕，这是掌阅首次以有声内容为主题举办的活动。

以上这些并不是个例。随着我国听书产业内容形态的不断涌现与体制机制的不断创新，内容平台跨类别经营正成为行业新常态。目前，我国听书领域已经形成了一整套较为完整的产业链：由音频制作机构、UGC 用户、自媒体、传统电台等内容制作方和出版机构、传统电台、资讯平台、出行平台等内容版权方共同组成的内容提供方，为在线综合类、垂直类、直播类等各类型的音频平台提供了内容运营与版权购买服务；各类移动音频听书平台借助应用商店、在线支付平台、网络运营商等服务支持商的技术资源，实现了对在线音频用户的内容服务，并能获得音频用户通过购买会员、内容付费、收听打赏等支付的收益，以支撑听书平台进行内容再生产与企业扩大经营。至此，内容提供方、在线音频听书平台、服务支持商、在线音频用户共同构成了我国听书产业的内容制作与传输链条，上中下游企业之间跨媒体的合作与融合日益紧密并广泛，共同推动着我国听书产业的创新与发展。

从这个层面上来说，包含内容制作与内容版权在内的听书内容生态建设依然是我国听书产业发展的核心与重点。除此之外，综合在线音频平台、垂直有声阅读平台、音频直播平台等应不断开发 UGC、PGC、OGC、PUGC 等生产模式，促使内容建设更加细分化、场景化、人性化。再加之 5G 物联网技术时代的到来，进一步打破了时空的限制与藩篱，必将实现优质内容驱动下的高效赋能行业发展，为听书产业开辟新的广阔空间。具体说来，我国听书行业未来的跨媒体经营将主要表现为以下两大趋势。

1. 深耕场景消费，渗透碎片阅读

听书作为“耳朵经济”，相比于“看”，更能充分适应这个碎片化阅读的时代，因此，场景消费将成为各大听书平台未来的布局方向。目前来看，场景消费主要集中在智能家居、车载音频、智能手机、全场景生态等几个方面。

早在 2017 年，喜马拉雅就在智能家居领域推出了小雅 AI 音箱，2018 年又相继推出了迷你智能音箱“晓雅 Mini”和升级版智能音箱“小雅 Nano”。喜马拉雅系列音箱基于亿万听书数据资源，围绕用户的不同需求展开，进行“内容型音箱”的探索与创新。同时，与海尔、美的等厂家合作，在其家居系列产品中植入喜马拉雅的听书资源。之后，喜马拉雅又开始布局车载场景，与多家硬件厂商、汽车品牌达成战略合作协议，以实现行车环境下双手与手机的解放，完成智能播放。

2018 年 7 月，考拉 FM 发布了全新的品牌标识，正式启用“听伴”为新的品牌名称，将“陪伴每一个在路上的你”作为新的品牌 Slogan。同时，还发布了 K-radio、品牌电台两款车载音频娱乐产品。听伴开创了“场景化 + 智能电台流”核心技术，借助车载音频清晰的产品定位和鲜明的技术特色，能够将传统的人找内容方式转变成内容找人，并实现根据车主场景需求的不间断主动推送。这标志着，汽车由被动型的交通工具变为一个移动服务终端，从而开启了我国智能出行的新篇章。

蜻蜓 FM 着力打造全场景消费新生态，其音频内容全面标签化，助力语音交互系统精准调起内容，根据人群、场景打造定制化内容服务。2019 年 1 月，蜻蜓 FM 包含移动互联网生态和物联网生态两大版块的全场景生态 1.0 正式部署完成，凭借这一战略，蜻蜓 FM 成为国内首家生态流量 MAU（月活跃用户数）破亿的在线音频平台。在移动互联网生态中，蜻蜓FM与华为、vivo、小米、百度、今日头条等企业开展合作，在智能手机中内置蜻蜓听书资源；在物联网生态中，蜻蜓FM的合作领域包括智能音箱、智能家居产品、可穿戴设备、车厂和TSP厂商等，最终实现内置智能家居及可穿戴设备3700万台、支持音频内容收听的汽车800万辆。

随着5G+AI+IP打造、5G+VR内容、5G+AR+沉浸式阅读等赋能模式为移动阅读领域带来新变革，促进更多元的内容分发渠道、更具代入感的虚拟技术、更具沉浸式的阅读体验成为未来移动阅读、听书领域联动的方向。当“硬件+内容+实时互动”的全场景时代到来，主导语音交互的智能硬件将成为人们生活的必备品，而音频也极有可能成为与视频、阅读并驾齐驱的内容消费载体。因此，依托以车联网、智能家居为代表的线下智能领域，听书平台开始考量如何营造不同场景，抓住碎片化时间，主动推送用户需要的内容。未来，打造场景生态，保持内容与场景的高契合度，是场景消费的重点发展方向。

2. 商业模式成熟，营收方式多元

在对我国听书产业盈利模式的探讨中发现，商业广告、粉丝打赏、知识付费、购买会员、硬件销售是音频平台的五大经济来源，而且呈现一个逐步推进的态势。在听书平台发展初期，即2012—2014年，主要依靠广告盈利，如页面展示广告、音频插播广告等；2015年，喜马拉雅FM上线了打赏、分成系统，主播可以自行开通该功能，这也直接促进了主播与用户的互动，催生了“粉丝经济”的风靡；2016年，知识付费全面浸润听书领域，各大平台纷纷推出了内容付费音频资源，进一步改变了听书行业的营销业态，也让会员制深入人心，实现了平台会员的大幅上涨；2017—2018年，随着粉丝经济、会员经济的兴起，用户黏性与忠实度的不断提高，也直接带动了听书平台线下智能产品的研发与销售，场景化的车载产品、智能家居产品、可穿戴产品促进了场景消费的不断延伸。

进入2019年，各大听书平台采取了多元化的商业营销方式，进一步刺激内容消费升级。2019年5月18日，荔枝举办了第二届“荔枝声音节”，为声音爱好者打造专属的声音狂欢嘉年华，将声音互动从线上延伸到线下；2019年6月6日，喜马拉雅FM举办第三届“66会员日”，为付费用户提供更为优质、标准的服务；2019年8月17—19日，荔枝打造的“声音画像馆”快闪店浪漫开馆，酷炫的声音装置让参与者与新奇的声音互动新玩法“亲密接触”；2019 年 9 月 1 日，蜻蜓 FM 举办第二届“9.1 倾听日”，首次开启全场免费畅听活动，4000 万用户参与，带来了 1.9 亿次收听量；2019 年 11 月 15 日，2019 荔枝年度声典正式开启，黄金 IP 活动再启程，争夺声音领域至尊奖项；2019 年 12 月 1 日，2019 喜马拉雅 FM“123 狂欢节”去掉了往届“123 知识狂欢节”中的“知识”，“去知识化”正在成为内容付费的新风口。

2020 年 4 月 23 日，第 24 个世界读书日来临之际，各大听书平台都开展了丰富多彩的“423 听书节”活动，尤以喜马拉雅 FM、蜻蜓 FM、懒人听书的活动规模最为浩大。喜马拉雅上线了《张爱玲全集有声剧》《全球精英的 5 分钟成长学院》《博尔赫斯精选集》等多部重磅 IP，并邀请上百位大咖做客直播间。同时，针对我国 1700 多万视力障碍人群，喜马拉雅与中国盲协共同发起盲人有声文化资源平台“有声图书馆”项目，由喜马拉雅将主流媒体、明星大咖、出版集团等多方参与、推荐的最有价值的图书逐步有声化，全民共建有声图书馆，为全民阅读深入开展助力。蜻蜓 FM 上线唐家三少、东野圭吾、饶雪漫等知名作家的品质有声读物，还首次公布了平台超级会员一周年及有声书收听大数据，推出会员年卡五折等大促活动。借助 423 听书节，蜻蜓 FM 齐驱有声书和会员两驾马车，并以“低门槛”的会员体系吸引大众尝试音频内容付费，为有声书和音频产业寻找到了新的增长点。懒人听书推出了“会员超进化，抄底抢”，主打“海量精品免费听，低至 0.18 元 / 天”。在开展会员折扣、限免听、限免读等多项会员福利的同时，还与 PP 体育、芽芽故事、芒果 TV、瑞幸咖啡等品牌推出了联合会员福利，并与咕咚、起点读书、顺丰速运、QQ 阅读、看漫画、去哪儿网等多个平台推出了免费领券大礼包活动。各大听书平台灵活多样的活动不仅为自身招揽了用户，也为“全民阅读”摇旗呐喊，为全社会重视阅读、参与阅读创造了浓厚的氛围与条件。

可以看出，为了满足用户需求，结合自身定位，各大听书平台都找到了适合自己的平台发展模式，制定了独具特色的未来发展战略。围绕“内容 + 智能终端 + 大数据 + 衍生 IP”的发展重点，各大平台借助日益多元的商业营销模式，在各自的细分赛道上均有较大的成长空间，也促成了基于用户、跨行业厂商互动的崭新商业营收方式。在智能网联这一风口下，听书平台正在用前瞻的眼光，塑造着新的行业形态。

结 语

整体来看，我国听书行业用户已经停止了盲目的新鲜感消费，整个市场已回归理性，用户黏性、使用习惯以及消费体验成为听书平台的发力重点。受这一趋势驱使，知识型“IP”作为社群网络扩散的听书新节点，成为争夺对象，也直接促使了版权保护这一听书产业的“达摩克利斯之剑”成为困扰诸多内容创业者及内容平台的棘手难题。新的发展时期，我国听书行业发展环境利好，驱动了行业良性有序发展：从政策环境上看，我国相关部门加大了惩戒力度，严厉打击网络侵权盗版行为，《中华人民共和国著作权法》等法律法规也正式将“在线盗版”明确为新型犯罪，加强了对互联网音频作品的保护，行业规范逐步落实，行业版权环境日益好转。从经济环境上看，随着我国经济的日益发展，国民收入不断提高，内容付费被越来越多的人接受，用户付费意愿与实际付费金额逐步提升，对于优质音频作品和优秀听书主播的喜爱也助推了互联网时代音频行业内容变现模式的发展。而汽车保有量的持续增长，更为听书平台线下场景化消费创造了有利条件，直接推动了用户的车载音频娱乐需求。从社会环境上看，粉丝经济兴起，为我国听书行业创造了新的营收方式。国民的娱乐需求日益增长并不断细化，不仅促使了评书、相声等传统娱乐文化的再次翻红，更催生了穿越小说、二次元等新型潮流文化的涌现。不同类型、不同需求的用户在丰富音频内容的同时，也聚集成了具有相同爱好与兴趣的网络社群，为听书平台的赛道细分创造了得天独厚的条件。从技术环境上看，经历了 4G 时代音频资源的迅速推广与传播，5G 物联网时代将带来听书行业崭新的发展空间。基于成熟的技术条件，越来越多的人能够作为创作者直接参与到听书平台建设上来，从而有利于更多更优质音频内容的出现，也给用户带来了更多选择。同时，也让突破内容与服务藩篱的体制机制创新成为可能，为不断满足用户需求的跨媒体经营创造了条件。

风口之上，赛道渐成。但不管市场如何风起云涌，有两个根本点永远不会改变：第一，产品为骨，内容是魂，好的内容永远是听书产业的灵魂；第二，听书行业新形态的到来需要听书产业链上所有企业团队的相互扶持，开放、友善、合作、共赢才是平台做大做强的不二法宝。

第五章 “听书”实例研究：开浩御书房

在前面的章节中，笔者梳理了“听书”的中外源起与盛行原因，分析了“听书”的内容模式与盈利方式，探讨了“听书”的发展藩篱与未来趋势，对我国“听书”产业有了全面的了解与把握，对听书未来的发展充满信心。事实也的确如此，根据新知榜《2018—2019 内容付费行业白皮书》的数据统计，2018 年，直播、视频、音频、图文等类型的互联网内容产业总产值超过 5209 亿元，预计到 2020 年，30% 的网络阅读量都将从音频进入，音频有望成为互联网下一个大入口。

依托各大听书 App 的优质发展平台，一大批签约主播脱颖而出，一大批音频企业崭露头角，一大批制作机构锋芒毕露。本章试图进行“听书”实证研究，以音频制作中小企业中的后起之秀上海昂明文化科技有限公司为例，分析其旗下开浩御书房与喜马拉雅 FM 的合作运营，并具体研究了由开浩御书房制作的《5 分钟实用心理学》《100 讲通晓中国文化》两大喜马拉雅头部节目，以归纳其内容、语言、表达、运营等方面的特色，为其他音频制作中小企业提供参考模板。

第一节 公司运营状况与业务特色概述

一、公司及核心人物介绍

上海昂明文化科技有限公司成立于 2018 年 10 月，旗下重要品牌开浩御书房启动于 2015 年 1 月 21 日，最初是以书籍解读为核心的自媒体创意项目，目前为综合性的互联网策划项目。公司提倡独立思考，以文化思考为中心，以现代人面临的知识膨胀和认知困境为主要切入点，为用户提供书籍筛选和解读的内容，用逻辑的方式呈现读书思考学习的成果，主要以社会科学类书籍为讲述内容，目前已获得了15万用户（仅限于喜马拉雅FM平台的统计）。团队中从自媒体产品、包装到推广、客服均有专职人员，目前团队成员稳定，团队业务成熟。

上海昂明文化科技有限公司的主要项目内容包括以下四个方面，（1）书籍解读：以社会科学为主，擅长的领域包括中国文化、心理学、博弈论、经济学、金融知识、金融交易等；（2）有声书制作：承接各种有声书制作，包括历史文化、网络小说、少儿读物等；（3）自媒体包装策划：为企业定制互联网内容，承接各种互联网包装业务；（4）制作互联网分享课程：御书房设计的《十倍学习法》《超强说服力》，均为喜马拉雅网络电台同类微课销售榜首、连续销冠获得者，《100讲通晓中国文化》《5分钟实用心理学》也取得同类节目中较好的成绩。

上海昂明文化科技有限公司独具创新的解读视角、优异的内容制作水平也得到了喜马拉雅FM的青睐，喜马拉雅FM多次主动抛出橄榄枝，促成了双方的合作，共同对两个栏目进行推广。《5分钟实用心理学》《100讲通晓中国文化》都得到了喜马拉雅的相关推荐。

开浩御书房成立最初，仅为一个人的网络电台，至2018年2月，内蒙古巴彦淖尔开浩书房文化传媒有限公司成立，拥有团队成员20人，主营业务从当初的书籍解读发展为互联网自媒体包装策划、有声书制作、互联网分享课程制作等多项目发展的企业，目前现金流稳定，业务流程娴熟。作为喜马拉雅人文频道月度优质主播、商业财经月度优质主播，开浩御书房带来了不一样的“煮书”方式。其用独特的角度，带用户感受知识的魅力，让知识的门槛不再是学习的障碍。许开浩作为上海昂明文化科技有限公司的董事长，也是开浩御书房的核心品牌讲师，曾于2016年任荔枝播客学院导师，主要负责网络电台制作培训；2017年签约喜马拉雅，成为北京出版集团指定互联网合作商；2018年主办的微课荣登喜马拉雅销冠，旗下直播公会入驻喜马拉雅直播频道，现有签约主播500余人。许开浩作为上海昂明文化科技有限公司的核心人物，并非播音、出版、传媒相关专业出身，但短短两年多时间，却在听书音频领域建立了自己的独立王国，实力不容小觑。

二、营销策略与产品生产

基于良好的前期沟通与认可，开浩御书房与喜马拉雅达成了多项合作协议，主旨在于由开浩御书房提供优质内容，而喜马拉雅则为包括开浩御书房合作伙伴新媒体搭建在内的开浩御书房的电台内容提供宣传支持与助力，以保证音频内容获得行业内较高的曝光率。具体说来，喜马拉雅 FM 对开浩御书房音频资源的推介一般包括三种形式：首页焦点图、首页弹屏、开屏推荐，具体如图 5-1、图 5-2、图 5-3 所示。整体来讲，喜马拉雅 FM 推荐位标价依次为首页焦点图＜首页弹屏＜开屏推荐，但实践证明，首页弹屏由于加大了用户误触的可能性，反而传播效果更好。有赖于喜马拉雅 FM 的推荐，开浩御书房的相应音频资源都能达到单集十几万的收听量。

图 5-1 喜马拉雅 FM 首页焦点图示例

图 5-2 喜马拉雅 FM 首页弹屏图示例

另外，开浩御书房的课程一直走低价销售路线，在满足开浩御书房的中学生用户的同时，也保证了大部分用户的忠实度。借此机会，开浩御书房打造了自己的“用户数据库”，建造了属于开浩御书房自营的社群，该社群用户互动频率较高，根据鲸打卡（社群小程序制作商）的数据测算显示，御书房 200 人的社群，沟通频率与 5 万人社群的沟通频率接近。主播及参与创作人员通过“小书童”等方式与用户实现了无障碍的及时沟通，“有问必答”的用心解答也促生了“有课必有拥护”的暖心回应，从而使得御书房的产品一经推出就能达到一呼百应的效果，迅速占领市场。移动性较强的用户管理策略，让御书房在以往的销售中表现良好，不依赖于平台、相对独立的粉丝管理，使得公司很容易与平台达成营销合作，这是一个课程销售推广的良性循环。而独立的客服管理，也一直是御书房的优势所在。

图 5-3 喜马拉雅 FM 开屏推荐图示例

在产品生产方面，开浩御书房的产品主要是课程和有声读物，御书房有王牌节目制作人许开浩，任荔枝播客学院和喜马拉雅大学导师，常年负责各种电台培训业务，每年培训主播数万人，能够随时搭建讲师团队。此外，御书房拥有主播数据库，可以满足300本书同时录制的有声制作规模，主播均为职业、半职业水平，能够保证产品工艺达到行业领先水平。御书房还拥有专业的策划设计团队和销售团队，能够实现互联网产品的生产包装销售一体化。

三、市场调研及发展前景

开浩御书房发布过两次市场调研，共有300余人参与了调查。两次调查均为购买产品的用户调查，结果显示趋于一致，两次调查的群体并未有交叉。第一次调查结果显示，开浩御书房的用户中，26～35岁的受众群体约占一半，男女比例均衡，30%左右的人群月收入为8000元以上，30%的人群月收入为3000～5000元，其余大部分为学生。在第一次调查中，被调查者最大的需求为“交流学习”，普遍提到“市面出版物阅读有困难，时间不允许等因素，需要解读”；第二次调查结果显示，购买御书房课程的用户普遍处于事业上升期、对家庭关系及子女教育有所需求、生存有保障但对生活质量有需求等不同的焦虑阶段。

上海昂明文化科技有限公司是伴随着自媒体技术的逐渐成熟应运而生的，深刻地反映并折射出互联网与新媒体技术的演变发展历史。2012年，互联网技术迅速发展，视频音频技术也大幅提升，利用互联网发声的群体正在增加，从而涌现出大量优秀的自媒体品牌，开浩御书房也进入到了紧张的筹备组织当中。2015年，随着互联网知识付费趋势的形成，开浩御书房创立并开始了最初的探索。到2017年知识付费逐渐成熟、自媒体格局基本形成之时，开浩御书房也紧随脚步，完成了技术锻造。

从开始到发展，开浩御书房的用户群体始终非常稳定，从最初的百余人付费群体，逐渐发展为数千名固定付费的用户，成功地在众星云集的互联网自媒体品牌中树立了属于自己的标杆。如今，开浩御书房除了原本的书籍解读业务外，还拓展出了集自媒体培训包装为一体的内容，并与北京出版集团建立了长期稳定的合作关系，同时获得了多家出版集团的投资意向。这样的合作模式，也是与开浩御书房下一步“与文化根基共谋发展”的战略相吻合的。

从2018年10月上海昂明文化科技有限公司成立到2019年4月制作推出

喜马拉雅头部节目《5 分钟实用心理学》，仅仅用了半年时间；从“心理学很简单，因为这个技巧人人都会”的发刊词首次推出到取得 400 万播放量的好成绩，仍然仅仅用了半年时间。2019 年，公司宣布与北京市宣传部下属企业北京出版集团达成合作，推广中国文化，出版“大家小书”丛书，并推出了《100 讲通晓中国文化》互联网音频节目。《100 讲通晓中国文化》一经推出就引起了强烈反响，荣获喜马拉雅人文频道“热播榜”第 28 名的优异成绩，并荣登喜马拉雅平台“中国文化”关键词搜索第二名。

第二节　两大核心栏目制作特色与点评

上海昂明文化科技有限公司对于开浩御书房的定位是：知识解读自媒体达人，致力于发掘现代人知识解决方案，在人文、社科、心理学等学科硬核知识上发力，进行趣味解读，拥有独到的见解、通俗易懂的表达方式，并兼具实践性和指导性。正是以这样的顶层设计为指导，公司于 2019 年 4 月推出了《5 分钟实用心理学》，并作为北京出版集团知识代言人推出了《100 讲通晓中国文化》。两大核心栏目制作能够发挥企业优势、体现企业特色，也因此深受欢迎。其中，《100 讲通晓中国文化》专辑订阅量半年以内就达到了 3.5 万人，播放量近 300 万。

一、《5 分钟实用心理学》的特色与点评

《5 分钟实用心理学》的发端源于现代人在激烈的工作学习竞争以及紧张的快节奏生活重压下对于情绪管理能力的失衡与无力：花很多钱买的情绪管理课，学了一大堆，还是一个暴躁、不善于控制情绪的人？不会说话，总是得罪人，明明干了很多工作，却换不来领导的认可？相亲找对象总不知如何相处，小事太在乎，大事犯迷糊，遇到真爱遥遥无期、难上加难？基于这些普通人的困惑与无奈，开浩御书房推出了这款“让人秒懂世界”的节目——《5 分钟实用心理学》。其推出的卖点在于两个极端的鲜明对比：极少的时间，5 分钟 ×3/每周，早餐时间就能搞定；极大的收益，多一种“心眼”看世界。《5 分钟实用心理学》利用付出与收益之间的比较差距，首先将用户吸引过来，之后又在情绪和认知、职场和理性、情感和沟通三大场景中切入了让很多人望而生畏的

心理学，并依附于体系化的心理学内容，涵盖了社会互动、情绪管理、人际沟通、认知过程、人格建立、理性思考、生物本能等多方面内容。而这些看似深奥的专业知识最终的落脚点却是解决人们生活中点点滴滴的小问题，回答用户奇奇怪怪的小困惑。比如，下决心买的健身卡为什么会被闲置？飞纸飞机之前为什么要哈一口气？为什么越是亲近越没有话说？为什么洗澡前随便扎的头发永远是最好看的？为什么排队的网红奶茶不好喝？借钱不还的人在想什么？等等。最后的结果往往是，用户一边惊讶于“天啊，他怎么知道这也是我所困惑的”，一边感慨着“噢，原来如此，恍然大悟啊”，一边还将半途效应、控制错觉、废话倾向、穿针心理、羊群效应、认知失调等隐藏在现实生活中的心理学专业知识牢牢掌握了。没有枯燥的理论，只有有趣的故事。正是由于深谙用户心理，又能深入浅出地讲解，《5 分钟实用心理学》不出所料地大获好评。恰恰，这档充满趣味性的节目还为用户带来了实用性：学点实用心理学，能够促进用户的思维活跃；看问题不再浅表，而试着开始去深层理解行为背后的本质；找办法不再执拗，对于问题的解读更加全面、视角更加多元；作决策更加轻松，周身散发理性的光芒。《5 分钟实用心理学》也得到了喜马拉雅 FM 的认可，其推荐示例如图 5-4 所示。

图 5-4 喜马拉雅 FM 对《5 分钟实用心理学》的推荐示例

《5 分钟实用心理学》的成功不仅仅在于方式方法的成功，更在于制作理念的精准定位，很好地把握住了心理学的精髓与核心。就如同统计学的关键不是数数，出个结果，而是在过程中把数字填对地方；经济学的关键不是发展规模，而是稀缺性，即核心竞争力。每一个学科的知识点背后映射的其实都是看待世界不一样的视角，如果能够通晓这个学科的必要条件，如果能够找到这个学科的核心思路，那么不仅能熟读熟记，甚至还能举一反三，将其变成自身的行为准则。心理学同样如此。开浩御书房将学习心理学作为一次旁观的机会，一次站在第三方的角度审视自己的机会，一次意识到其他人和自己一样重要的机会，一次防止自己冒犯别人的机会。《5 分钟实用心理学》将心理学的核心思维定义为：让我们以第三方的角度理解、尊重自己的意志和别人的意志。这个思维的算法不同于其他社会科学，正如开浩在发刊词中所说的：“很多时候你看懂了，无须说出来，理解和尊重本身具备力量。我们的心理问题和负面情绪，源于我们试图去改变他人，而不是改变自己。学习心理学，能让我们建立一切从自己出发的行为准则，从而理解别人，建立与别人的正确连接，从而改善自己的生活。”的确如此，每一种思维模式，都代表着另外一套解决问题的方法，每一种思维模式，都代表着另外一种看待世界的视角。《5 分钟实用心理学》让用户看到了学习的魅力之所在——我们多了一条可选的路。

二、《100 讲通晓中国文化》的特色与点评

如果说《5 分钟实用心理学》只是上海昂明文化科技有限公司的牛刀小试，那么《100 讲通晓中国文化》则是开浩御书房与北京出版集团鼎力合作推出的结果。北京出版集团瞄准了开浩擅长讲述类节目的优势，将其聘请为北京出版集团知识代言人，并将北京出版社出版的精品丛书“大家小书”系列交由上海昂明文化科技有限公司进行有声化改编，最终投射到喜马拉雅听书平台，这就是《100 讲通晓中国文化》。喜马拉雅 FM 对《100 讲通晓中国文化》的推荐示例如图 5-5 所示。

图 5-5 喜马拉雅 FM 对《100 讲通晓中国文化》的推荐示例

“大家小书”系列丛书由北京出版社自2002年陆续出版，出版了4辑，每辑10种，共40种（目前该系列共计200余本）。所谓“大家”是指学有专长的老一辈学者，也寓意本套丛书是为大众阅读而编辑出版的。这是一套“大家”写给大家看的书，蔡元培、李大钊、金性尧、老舍、朱自清、梁思成等近百位中国文化名师的作品都被收录其中，从历史到诗词，从文学到建筑，可以说这套书涵盖了中国文化的方方面面。名师们用自己对所在领域独到的见解，展示了宏伟的中国文化画卷，甚至完全可以陈列在大学课堂上作为讲义。所谓“小书”，是指所选著作都是篇幅短小的作品，用小32开印刷，便于携带阅读（新版改为大32开）。若就篇幅而言，似乎“小”了一些，但就学术性而言，不但不轻，反而显得相当重。正如著名评论家所说的那样：“其中收录有关文学、历史、哲学、艺术等各个文科领域的作品，既是名家大家的作品，举重若轻，深入浅出，整齐地展示学术成果；又是大家民众的读物，可以开阔读者眼界，一窥学术堂奥。而一册小书，凝聚着人类的智慧，浓缩了学者毕生的心血和才华。本书典雅而大方，对于青年学生，对于爱好文史的读者，养眼且怡心！”

就是这样一本举足轻重的大部头，其有声书改编落在了开浩御书房身上。自2017年开始筹备以来，开浩御书房用了两年多的时间，精选80本“大家小书”进行了系列解读，打造了领略中国文化魅力、倾听中国文化名师教诲的通俗课堂。这也促使《100讲通晓中国文化》制作出一系列图书导读或图书解读类的文化节目，名为“100讲”，却只是一个虚数，呈现出来的要远比“100”多得多。

《100讲通晓中国文化》首先对“文化”进行了定义与解读。文化是人类已知世界的精神总和，你不可能摆个文化在桌子上，但买什么样的桌子、桌子上摆着怎样的物件，都是被文化所左右的。可以说，文化会形成人的气质、会左右人的决定、会影响人的思想，唯独——人看不到它。了解文化的意义在于，文化是一种通识，更是一项技艺。认识和了解文化、习得文化技艺，以促进用户培养逻辑能力、提升判断水平、锻炼思考能力，这也正是《100讲通晓中国文化》的意义之所在。在内容结构上，《100讲通晓中国文化》将“大家小书”全部吃透揉碎，舍弃了原有的章节目录，并按照独特的视角重新调整为六大部分：（1）名师“大”历史，从秦汉到明清，进行历史、军事、经济全方位大解读；（2）名师读名著，囊括四大名著，揭示不一样的小说人物；（3）名师

“大”思想，孔孟儒道无所不包，细细梳理中国思想发展史；（4）名师“大”文学，唐诗宋词、李白鲁迅，赏析五千年的中国文学著作；（5）名师“大”导游，园林、桥梁、建筑、长城，甚至还包括紫禁城那些不为人知的故事；（6）名师“大”杂谈，绘画、戏曲、书法、舞蹈、医学、语言、兵种，兼容并蓄无所不包。这样的大手笔、大魄力，如果没有自身深厚的文化底蕴、博览群书的气势与独辟蹊径的解读，是万万不可能做到的。

既然文化探究早已耳熟能详，那么《100讲通晓中国文化》又带来了什么惊喜呢？开浩御书房创新性地尝试将“人”放在历史的洪流之中，以“人”这一微观视角统领全篇，发出了沉重一问：文化，对于普通人来说能有什么用？基于实用性角度进行内容制作一直是开浩御书房的特色，比如之前推出的博弈论、实用心理学等。在文化探讨中依然将普通人的需求与要求作为出发点，不仅体现了节目的人文关怀，更让枯燥的过往变得生动有趣起来。因此，在《100讲通晓中国文化》中，讲历史时讲的不是某年某月发生了某件事，而往往着眼于这件事能够给普通人提供的人生启发或者行为指导。或许会有一些“野史”或“八卦”，但毕竟听得进去的，才可能是让人受益的知识，听不进去的，只能是死气沉沉的数据。不仅是历史，诸子百家思想、四大名著、诗词歌赋、建筑艺术等内容，也都是按照这种思路依次呈现的。北京出版集团、上海昂明文化科技有限公司、喜马拉雅FM鼎力合作的出发点在于“您们负责竖起耳朵，我们负责通俗到底”，在深入浅出、嬉笑怒骂中，让中国文化被越来越多的人所接受、所牢记。这是民族的瑰宝，更是个人的财富。

在接下来的章节中，笔者基于上海昂明文化科技有限公司及喜马拉雅FM的后台数据，调取了《5分钟实用心理学》栏目中播放量排名前三位的音频资料、《100讲通晓中国文化》栏目中播放量排名前两位的音频资料，并将其全部转化为文字材料。经过由听书的口语化输出到书面的文字化表达的转换，截取了最能代表主播风格的一些段落，进行精品解读与分析，以更好地体现开浩御书房的特色，发掘上海昂明文化科技有限公司的发展方向。

第三节 《5分钟实用心理学》精品解读

经过查阅上海昂明文化科技有限公司及喜马拉雅FM后台数据，发现《5

分钟实用心理学》中排名前三位的音频分别为2019年7月12日播出的《转发锦鲤到底能不能涨运气？——迷恋小概率》、2019年5月31日播出的《如何让学习像打游戏一样上瘾？——内在动机》和2019年6月12日播出的《如何做，让“ta喜欢我”的幻觉成为事实？——投射效应》，截至2020年4月底，其播放量分别为29.3万、16.8万和16.4万。《5分钟实用心理学》共有62集的体量，目前已经更新完毕，在推出不到一年的时间里，目前总播放量已经达到了398.1万，而且单集播放量能达到以上的数字，成绩也是不错的。

接下来，笔者将截取选段，对《5分钟实用心理学》前三甲的音频内容进行分析与解读。

一、《转发锦鲤到底能不能涨运气？——迷恋小概率》

《转发锦鲤到底能不能涨运气？——迷恋小概率》的文字节选内容具体如下：

我有个朋友，她是个很喜欢美食的专业吃货，她下载了一个手机软件，专门去抽各种霸王餐，而且每期都会参加。整个城市都在抽取这些霸王餐，而中奖率不过3%以内，但小概率依然不能打消她的积极性，只要是霸王餐活动，她就不会错过。这种贪恋低概率事件的现象，还发生在公司的年会上，每年年会上，大多数人都会暗搓搓地祈求自己能中大奖，甚至我还看过公司年会前转发“杨超越”照片求好运的朋友。

按理说，这两种情况都是低概率事件，碰到了看一下没问题，但是每期都参加，而且做出了一些无意义努力的行为，就不符合逻辑了。心理学上，把人们基于小概率事件发生的期待而产生的超过概率应有预期的行为，叫作“迷恋小概率”事件。

可以说迷恋小概率事件是基因的骗局，因为迷恋小概率事件对于基因的多样化发展很有帮助，但是对于个体来说，是有些荒谬的。我们来打个比方说明一下，假如有1万个人类个体，他们承载的基因是相似的，如果基因希望自己能更好地复制下去，最好的方式就是多样化尝试，也就是不要把鸡蛋都放在一个篮子里，因为万一是错的，就会遭受灭顶之灾。最合理的做法，就是让每一个个体都去试各种方向，概率低不要紧，因为人多，机会多，万一成功一个，就有可能繁衍出另外1万个。

于是我们内心总是隐约地觉得，遇到事情，去试就对了。这是对基因有利的，但基因又不会特别关照某个人，所以这不是我们个体最优的策略，基因多样化尝试是人类作为物种繁衍最好的进化原则，它们才不会理某一个个体是不是成长得茁壮。

《自私的基因》一书就说明了这个观点，这本书认为，人类是基因的载体，所以，很多根植于内心的冲动，其实是为了基因的繁衍，而未必是有利于个体的。说到底，迷恋小概率事件是有利于群体发展的，也因此引发了侥幸心理，我们如果能客观地认识到概率的含义，也就是说，你再努力也不会改变既定概率，比如转发杨超越这种行为，不管你转不转，和你中奖一点关系都没有，那就可以取消掉，没有过多的寄托，也就不会受小概率事件的影响了。正确地认识概率，就能避免侥幸。

那么对于普通人来说，要怎样决策更为理性呢？可以说，我们每个人的未来都是风险性选择，因为我们并不知道明天会怎样，那么最好的方式就是：对于损失，千万不要侥幸，赌博、恶习这类概率性坏事，我们不必做，不要去赌自己可能不赔，因为概率上我们并不占优，久赌无胜家，老烟民必然一身病。而面对那些可以给我们带来好处的事情呢，比如读书、学习、为人善良，就不要看短期的结果，如果看中短期收益，就很容易变得世俗，而那些世俗的人未必就过得比有理想的人要好。对于好事，我们要尽可能把目光放长远一些，因为理想和善良是概率占优的好事，这些好事假以时日，就一定会给我们大惊喜。同样，我们也要清楚，我们其实很害怕失去，但是很多失去并不是剥夺，结束一段互相伤害的感情、删除一个负能量爆表的渣朋友、杜绝一种恶习，这不是失去，这是开始进入优质生活的必要成本，当我们理解了前景理论，还怕有什么事选不对吗？

“前景理论”（Prospect Theory）也译作展望理论，是由美国普林斯顿大学心理学教授丹尼尔·卡内曼和阿莫斯·特沃斯基于 1979 年提出的。他们从实证研究出发，“将来自心理学研究领域的综合洞察力应用在经济学当中，尤其是在不确定情况下的人为判断和决策方面作出了突出贡献”，也因此被授予了 2002 年度诺贝尔经济学奖。前景理论的数学函数满足 $\Delta U=\sum iv(x_i-r)\,w(p_i)/\sum iw(p_i)$。这里 x_i 为第 i 种可能的收益，p_i 为发生的概率，r 表示参考点（reference point），v 为价值函数（value function），w 为概率比重函数（probability weighting function）。价值函数曲线 $v(x)$ 会穿过参考点 $(r, 0)$ 并形成一个 S 形曲线。概率比重函数

$w(p)$ 一般取作 $w(p)=p^{\alpha}$，$0<\alpha\leqslant 1$，反映人对小概率的“过敏”程度。

是不是看完有点蒙？抽霸王餐和年会转发杨超越真的和如此复杂的数据模型说的是一回事吗？的确如此。事实上，在《5 分钟实用心理学》中，《什么样的情况下，抢到大红包也不开心？——参照依赖》《为什么我们越在意钱就越穷？——确定 / 反射效应》《怎样扔掉老人冰箱里的过期食物？——损失厌恶》以及《转发锦鲤到底能不能涨运气？——迷恋小概率》四集内容，共同构成了“前景理论”。这个用于描述和预测人们在面对风险决策过程中的期望与行为的心理学复杂模型，就这样被拆分成了四部分，通过抢红包、搞副业、扔过期食品、抽霸王餐等几乎人人都遇到过甚至很多人都亲身经历过的日常表述了出来。于是乎，复杂的数学逻辑似乎几句话就能总结出来了：我们的好坏标准是从参照物那里得出的，而不是绝对值，这叫参照依赖。在面对利益时，人们喜欢落袋为安，在面对损失时，因为损失厌恶，我们会选择赌一把，即确定效应和反射效应，再加上对小概率事件的迷恋，共同构成了我们在面对风险问题时的决策。以上，就是前景理论。

在本集音频中，首先从抽霸王餐、转发锦鲤两个耳熟能详的身边事例入手，深入浅出地阐述了“迷恋小概率”的具体表现形式，之后随即以 1 万个人类个体繁衍的举例指出了对个人而言迷恋超过概率应有预期的行为其实是荒谬的。进而将论述提升一个层次，指出任何人都不应该对损失抱有侥幸心理而去做一些概率性坏事，因为这种赌博心态从理论上来说是并不占优势甚至是不可能成功的。最后，主播将文章立意进行了又一次拔高：理想和善良是概率占优的好事，这些好事假以时日，就一定会给我们大惊喜。就这样，从阐述诺贝尔得奖理论的真谛，到毫不留情地指出投机倒把行为的虚假泡沫，再到劝人向善劝人有舍有得，在短短 5 分钟的一个音频里，立意被连续拔高了三个层次，称得上是独具匠心了，也可以看出幕后工作人员在内容构建上所下的功夫。

二、《如何让学习像打游戏一样上瘾？——内在动机》

《如何让学习像打游戏一样上瘾？——内在动机》的文字节选内容具体如下：

有一个父亲，在女儿觉得自己不擅长学习后，给女儿出了一个方案，只要女儿每次考试都能考 0 分，那就判定女儿不擅长学习，允许女儿自由选择未来的方向，前提是每道题都必须答。结果女儿考试时，发现自己瞎猫碰死耗子也能答对几道题，于是没办法，为了考 0 分，只好努力学习，尽可能知道每一道题的正确答案是什么从而绕过它。在不断挑战0分的过程中，女儿学到了很多知识，求知欲也被满足，渐渐地投入学习当中去。终于有一天，女儿如愿以偿地在写满卷子的情况下考到了0分，当她拿着卷子去找父亲时，父亲说：“你看到的是0分，而我看到的是100分。”果然，女儿在之后的学习生涯中，一路披荆斩棘，获得了较好的结果。

很多人都认为这个方法巧妙，因为父亲设计了一个有趣的目标，他打破了人们的惯性思维，因为一般人是不会设计个0分的目标的。这种设计固然别具匠心，但我们今天要讲一个更重要的角度，那就是这个父亲巧妙地激发了女儿的内在动机。

内在动机是指人们从事某些活动的动机就是这些事本身，无关乎任何外在因素，而完成活动能够让参与者得到情绪上的满足，比如成就感。打个比方，大多数人玩游戏很开心，因为玩游戏只是为了玩游戏，可是上班就很烦，因为上班是生活所迫，不是心甘情愿的，为玩游戏而玩游戏就是内在动机，上班是因为钱，就是外部刺激。

那么我们面对的教育问题是什么呢？家长也好，学校也罢，总在宣传一个理念：学习是为了有出息，为了给社会作贡献。可是这个过程是长久的，你小学听到这样的说法，高中还是这套说辞，生活还是一成不变，人自然也就烦了。建立外部激励除了让你觉得烦之外，还会挤压内在动机。每当我们接受了一次“好好学习就有出息”的说法后，就建立了一个外部激励，如果这个外部激励没有满足你，反而会削弱你做这件事的动机。比如，那些既喜欢学习又相信学习好会有出息的人，如果认真上课，发现人际关系没有改善、老师对他依然很严厉、父母依然为生活所迫而奔波，他就会认为这是一种错误的判断，甚至会不顾学习本身带给他的成就感，依然会放弃学习。这就是外部激励排挤内在动机的现象。相比于给他们更多的希望而言，让他们通过自己的意愿去做事，才是无比重要的。

最后还是分享一个心理学秘密：内在动机最为开始的时候，确实比外部激励要有用一点，但是仅凭内在动机，是不足以让一个人坚持下去的，依然要搭配一些方法。最实用的方法莫过于增加反馈感，即让人很快地体验到成就感。但是生活里不总是有反馈感的，想要建立反馈感，那需要量化你的行为，比如我们的节目，就可以通过播放量来量化结果，你也可以思考一下，你想努力的目标可以量化吗？

关于指导孩子学习，网上流行过很多段子，比较经典的例如“不谈作业，母慈子孝；一谈作业，鸡飞狗跳”。但是当段子变为现实，真的有33岁母亲因陪孩子写作业而急性脑梗住院抢救时，就不得不开始反思孩子的教育问题了。

我国历来是教育大国，却仍不是教育强国。关于如何改进教育的争论与探讨进行了几十年，提出内在动机的，《5分钟实用心理学》也绝对不是第一个。但难得之处在于，它从心理学角度阐述了“如何让学习像打游戏一样上瘾”。两个看似不相及甚至完全对立的极端，就这样被摆在了桌面上进行比较，甚至还真的找到了相通点。为什么很多人喜欢打游戏？因为这纯粹是一件愉悦身心、极易获得满足感的事情，无关乎任何的外在因素，不是为了谁，也没有订立什么目标，或许只是想放松一下自己，简单地说，玩游戏就是为了玩游戏。但没想到的是，在游戏过程中居然获得了满满的成就感，经验条一直在变动，一个决策下一秒就能印证出是对是错，从而诱导游戏者不断思考如何改进策略，如何出奇制胜。每一次技术值的增长，每一次顺利过关斩将，每一次升级徽章的获得，都是对游戏者最直接、最迅速的反馈与嘉奖。这会促使游戏者深陷成就反馈中无法自拔，想要戒除游戏的难度可想而知。

由此及彼，学习如果设置成游戏的套路，估计也是可以上瘾的。首先，要保持学习的纯粹性。学习不是为谁挣得荣光，学习也不是为谁作出贡献，甚至学习也不必以身边的孩子为榜样时时鞭策，更不必与未知的将来和人生挂钩，毕竟也没有听说哪位家长教育孩子说“看别人家的孩子游戏打得多好，你打不好就没有出息”。如果只是简单地把学习当作一个习得知识的过程，当作一个“打怪闯关”的过程，抛却外在激励的束缚，只看看今天自己又战胜了多少知识领域的小恶魔，成就感是不是就自然而然地上来了？其次，要设置具体量化指标以及时获得反馈感。“现在好好学习，长大了就能有好工作好生活”，这样的承诺太久太远，懵懂的孩子不理解、不接受是正常的、无可厚非的。成年人不能总用自己的认知观、价值观去揣度孩子，毕竟，在孩子眼中，好朋友之间的一次争吵都会成为人生中一次过不去的坎。要对学习的反馈感进行具体细致的量化，让孩子及时获得成就感。就比如音频中的女孩，目标就是“0分”，每一次向“0分”靠近的过程，都是一次感慨学习真有意思的过程，这样一来，学习也是会上瘾了吧？

开浩御书房的独特之处还在于，他是一个成人暗黑童话的制造者。在将学习与打游戏互相比较、将心理学的内在动机娓娓道来之后，他会直截了当地告诉你：“生活里不总是有反馈感的。”或许残忍，但这就是生活的本来；他还会充满戏谑地指点你，想知道如何戒除游戏瘾吗？那就去开个网吧吧，开了网吧，买卖不好，你会愁买卖；买卖好了，你会愁人多电脑不够。而你玩游戏要么是为了排遣忧愁，要么是为了陪客户，如果不能单纯地再为了玩游戏而玩游戏，很快，从此你将彻底告别游戏。

时刻充满正能量，不抛弃不放弃，却又能坦荡地直面人生，不逃避不掩藏，这或许，就是开浩御书房的魅力。

三、**《如何做，让“ta喜欢我”的幻觉成为事实？——投射效应》**

《如何做，让“ta喜欢我”的幻觉成为事实？——投射效应》的文字节选内容具体如下：

网上曾经流传过一个段子，说人生有三大错觉，那就是手机振动、我能逆袭、她喜欢我。我能逆袭的现象，其实是过度自信偏见。而手机振动属于心理学中的条件反射。那么，认为对方喜欢自己到底是什么心理学现象？又该如何避开这种错觉呢？

心理学中，将自己的特点归因到其他人身上的倾向，叫作投射效应。说直白一点，如果你喜欢一个人，你就会像个投影仪一样，把这种情感也投射到对方身上，你多半会认为对方也同样喜欢你。但是要注意的是，这只是投射效应的一种，在日常生活中，我们的错觉不仅仅只是如此哦。投射效应一般表现为三种，第一种叫同感投射，第二种叫愿景投射，第三种叫情感投射。

同感投射比较好理解，就是自己啥感觉就认为别人啥感觉。举个例子，前两天天气特别热，我等红绿灯的时候，旁边的一对情侣在拌嘴，女孩子因为男生不好好给她打伞，一直说到男孩子不理解姨妈痛到底有多痛。和我一起走的同伴就说：“这女孩儿怎么这么无理取闹啊，需要什么就直接说嘛！”我说：“你错了，你这么说是因为你是男生，男生感受世界的方式很直接，所以你会认为女生也应该直接，这多半是错误的。这和女孩子非要给男生讲太阳多晒、姨妈多痛一样，只是希望把自己的感受投射到别人身上，属于无效沟通。”在这个例子中，我们看到了两次投射效应，一次是女孩子认为男朋友应该和自己感同身受进而体谅自己，一次是我的同伴认为这个女孩子应该像男人一样直接表达需求并理解她的男朋友，这些都是投射效应。

继续来说投射效应的第二种表现形式，叫作愿景投射，也就是把你的愿望投射到对方的身上。举个例子，职场中老板认为员工应该勤奋工作，员工认为老板应该多给自己奖金，都是典型的愿景投射。老板渴望遇到勤奋的员工，员工渴望遇到挥金如土的老板，所以彼此把愿景投射到对方身上，产生了投射效应。

投射效应的第三种表现形式，就是情感投射，是指我们把自己的情感倾向投射到别人身上。像开篇说的，错觉之一“她喜欢我”，应该表述为“我喜欢她，所以我希望她也喜欢我”更准确一些。经常有人陷入困惑：如果不确定对方喜不喜欢自己，对方又没有明确表达，应该怎么办？答案是：不需要怎么办，有怀疑就都是幻觉，不表达就都是顾虑，喜欢是一个人的自娱自乐，欢喜才是两个人彼此喜欢，要分清楚幻觉还是客观，这才是我们每时每刻需要做到的。那么，怎么才能做到分清楚幻觉和客观呢？提出三个“多说少说”的原则，方便大家参考借鉴。

第一，多说正确方案，少作价值判断。情侣之间要注意，如果你希望对方对你好，你只需要感激对方对你的好就可以了，不需要碎碎叨叨说对方哪里做得不规范。找对象不是辩论会，包括教育子女也是，往往将对方置入犯错者立场的人，就要承担对方怀疑自己的代价。

第二，多说现实数据，少谈主观感受。在工作中这一点尤为明显，比如和老板汇报工作，你说“本月业绩同比下滑 3%”，要比你说“我感觉我们的工作节奏要慢点，慢慢来才有好结果”要好得多。前者阐述的是客观事实，而后者只是主观推论，越多主观感受，意味着你对客观越不重视，这在职场上是很致命的错误。

第三，多说自己喜好，少显聪明才智。比如喜欢一个女孩子，你要是耍小聪明道出她喜欢你的种种证据，就算说对了也不讨喜，被亲近的人揭穿不是好的体验，多半女孩子会很反感你的卖弄。所以你只需要表达你对她的喜欢就好，如果她表态了那是她喜欢你，如果她不表态你也不丢人。爱情不是聪明与否的问题，卖弄聪明很容易适得其反，聪明往往不体现在嘴上，更应该体现在行动上。

《论语·颜渊》篇第十二章，仲弓问仁。子曰：“出门如见大宾，使民如承大祭。己所不欲，勿施于人。在邦无怨，在家无怨。”仲弓曰：“雍虽不敏，请事斯语矣。”“己所不欲勿施于人”正出于此，意思是自己不喜欢的，也不要亲自强加给对方。这个千百年来国人耳熟能详甚至奉为圭臬的警句名言，在开浩御书房的带领下，引导着人们思索问题的另一个极端——那么，“己所欲”呢？大部分中国人选择了“施于人”。

可是，这样做真的是对的吗？在中国，受民族性、文化性的影响，人以家庭为单位，处于一个长期的、具有密切关联性的社会关系中，不同于国外18岁之后的自力更生，中国三世同堂者比比皆是，并成为国人向往的生活。其实这本无所谓对错，只不过使得心理学中的投射效应在国人中表现得尤为明显：父母用他们自认为爱孩子的方式设计并规划着孩子的生活，上什么辅导班、学什么专业、考什么大学，甚至还会将自己心心念念一辈子未完成的梦想寄托在孩子身上；夫妻用他们自认为爱对方的方式刻画着家庭生活的氛围，一边是忙忙碌碌却唠唠叨叨的妻子，一边是貌似清闲却苦不堪言的丈夫；上下级用他们自认为爱公司的方式在职场上努力打拼，然而领导埋怨下属工作不切实际，怒其不争，下属却抱怨领导不了解实际情况，哀其不幸。正如著名作家王小波在《沉默的大多数》一书中所提到的：“身为一个中国人，最大的‘痛苦’是忍受别人‘推己及人’的次数，比世界上任何地方的人都要多。”

意思很明确，中国人有较强的投射倾向，这个“推己及人”就是典型的投射效应，国人总是把自己认为的事情当成理所当然的事情，而且要求别人做得到，这会为人际交往添加很多不必要的压力。“静坐常思己过，闲谈莫论人非。”避免陷入投射效应的关键在于提高认识，免于跳入推己及人的怪圈。因此，作为一个有态度的音频平台，开浩御书房必然要将自认为对的提示给用户，供用户去甄别选择。多说正确方案，少作价值判断；多说现实数据，少谈主观感受；多说自己喜好，少显聪明才智。三个注意点涵盖了从恋爱、结婚到教育、职场的人生全过程。其主旨在于，不需要将个人的想法、方式强加于他人，你只需要借助数据等更加理性客观的证据进行更加冷静清醒的思维判断，将这个结果告诉对方并阐述自己的喜好与想法，足矣。至于对方听不听、接不接受，就不需要多加考虑了，成年人都有基于自身价值理念上的选择与衡量。或许很多人还在纠结于这样是否无法分出是非对错，但其实，家不是一个需要讲理的地方，往往得了理而伤了情，无法获得满意的结果；而职场更不是一个能够讲理的地方，钻了牛角尖的争辩，直接影响今后心平气和的工作状态。

开浩御书房正是在身边小事的娓娓道来中，将平时司空见惯的表面现象中蕴含的深刻内涵揉碎了给用户看。这里面有对心理学专业知识的分析与传播，有对家庭职场不同方面处事原则与手段的探讨与辩驳，有对根深蒂固的传统观念的解答与选择，更有对中国传统文化与传统思维的剖解与阐发。一件小事，洋洋洒洒，谈天说地，恍然大悟，用户会忽然发现：原来，这就是投射效应呀。对方喜不喜欢我我不知道，但我知道，我喜欢的是《5 分钟实用心理学》里的开浩御书房。

第四节 《100 讲通晓中国文化》精品解读

经过查阅上海昂明文化科技有限公司及喜马拉雅 FM 后台数据，发现《100 讲通晓中国文化》中排名前三位的音频分别为 2019 年 11 月 27 日的《西游 • 唐僧师徒的塑料情谊》、2020 年 3 月 14 日的《聪明绝顶的庄子，为啥和骷髅睡觉？》和 2019 年 10 月 30 日的《三国 • 刘备：中国古代第一简历该怎么写？》。《100 讲通晓中国文化》是开浩御书房在 2019 年 8 月底才推出的一档节目，目前已经推出了 64 集，正在持续更新连载中，总播放量已经达到了 264.7 万，仍在不断上涨中。

接下来，笔者将截取选段，对《100 讲通晓中国文化》播放量前两名的音频内容进行分析与解读。

一、《西游 • 唐僧师徒的塑料情谊》

截至 2020 年 4 月底，《西游 • 唐僧师徒的塑料情谊》作为《100 讲通晓中国文化》的单集收听榜首，其播放量已经达到 14.7 万。喜马拉雅 FM 分别通过首页弹屏图和首页焦点图对该音频资源进行了重点推介，具体如图 5-6 所示。

《西游 • 唐僧师徒的塑料情谊》的文字节选内容具体如下：

对于唐僧来说，取经路上的第一个考验并不是妖魔鬼怪，而是融合这个团队。

先来说悟空，悟空是最难搞的，也是最好搞的，为啥呢？因为悟空看似不安分，但实际上并没有造反单干的意思。因为他就是先单干后融入体制的，人家以前是老板，只不过觉得老板这个活不好玩，才想混混体制的。看看悟空的履历就知道，他原本在花果山当老大，这个创业项目很不错，还和牛魔王拜了

图 5-6 喜马拉雅 FM 对《西游·唐僧师徒的塑料情谊》的推荐示例

把子，业务扎实，完全是在妖界呼风唤雨的人物。干好了的悟空膨胀了，认为天上地下唯我独尊，所以，阳寿到了被送到地府报到，这猴孩子却不服从管理，还把地府一通乱砸。这一砸砸来了玉帝的慧眼识英雄：小伙有实力，天庭正值用人之际，你来给我当司机吧。但是我又不总出门，所以，你每天的工作就是给我洗洗车溜溜车，职务就叫弼马温吧！

当悟空得知司机的职位等级不高之后，很是不爽：创业的时候，悟空的梦想是世界五百强，而且也确实做得很不错，最后被天庭收编了，却只给了个九品芝麻官的职位，于是罢工不干。后来被派去看桃子，又因忍不住嘴馋搞砸了，把蟠桃吃了个精光，这才有了后来的大闹天宫。

由此可以发现，心急的悟空一心只想证明自己：我是齐天大圣，我应该拿到更高的职位。但这也是唐僧挠头的原因，职位给低了他不干，给高了他又干不了。同样还可以发现，悟空只想做个打工皇帝，当老大这种事以前干过，悟空并不稀罕。所以，悟空是最好安排的一个，唐僧也准确地把握了这一点：在徒弟中，悟空是本领最大的，作为师父我要教他更高级的，比如教他善良。

再来说八戒。八戒可谓是凭实力旷工的代表，所以唐僧是不准备管他的。为什么这么说？要搞清这个问题，就要思考八戒下界后的身份。八戒在高老庄有吃有喝有媳妇有活干，老丈人是很爱他的，要不是现原形，完全可以一辈子做个金牌上门女婿。现形了，大不了换个地方，提高点警惕，以他干活有劲儿的能耐，当个本地首富也不是不可能的，再娶七八个媳妇，这一辈子也是逍遥自在的。可是八戒通通不要，反而跟着唐僧去受罪，其实人家这叫凭爱好打工（师徒四人中，只有八戒一路上游山玩水，不亦乐乎），毕竟闲着其实挺难受的。你可以试试闲几天，真心是抓心挠肝的难受，很多人想着闲，是因为工作太枯燥了，而不是因为工作太忙了。

八戒就好比好多拆二代，家里好几套房，还是北上广深的，自己也没啥技能，在公司做个前台或保洁，拿着三千块开着玛莎拉蒂上班，他打工，就是图个开心而已。毕竟西游这个创业团队是很人道的。八戒想跑的话理论上来说是能的，关键是这厮嘴上说要回去，几时有过回去的行为？人嘛，干啥都要有个台阶，八戒也是怕别人想不通，才要装出一副“我其实也不乐意的样子”，毕竟是个有家有业有好日子不过非跑去找罪受的人，有个说辞就好了。

至于沙和尚，可不是大家要欺负他，沙和尚的安排也透露出唐僧的精明和睿智，沙僧上次犯错因为什么？是沙僧打破了玉帝的茶碗儿，这要是个普通员工也就算了，这事情有可原，可惜沙僧不是普通的员工，而是玉帝的卷帘大将。卷帘大将是干吗的？顾名思义，就是卷帘子的，过去的床上有床帘、门口有门帘，不论玉帝走到哪儿，都有沙僧在旁边帮着卷帘子。而且其实卷帘大将还有另外一项工作，那就是玉帝的贴身保镖。如此一来，打碎茶碗儿被贬就可以理解了，一个保镖兼生活助理，连个杯子都看不住，还凭啥让领导相信他能干好本职工作？所以，基于这样的履历，沙和尚很可能是一个表面看起来老实，实际上做事有点迷迷瞪瞪的糙汉子，这趟西游的目的，就是让他做基础工作，磨磨他的性子，让他把简单的苦力活整整明白。

作为吃瓜群众，每当看到唐僧和孙悟空发生意见分歧时，总会有爱嚼舌根的猪八戒出场搞事情，火上浇油，要不是幕后老板偷偷出手解决，恐怕西游团队随时可能原地解散。这个师徒情谊、团队友谊还真是挺塑料的。但是这种看似塑料的关系却异常稳固，因为唐僧没有“管”，而是“给”，给了大家改错的机会，给了大家成全自己的机会。这种团队氛围如果用世俗的眼光来看，确实很塑料，没有什么具体的管理行为，都是宏观的看法，但是这样的氛围才能打造出每个人都尽全力的西游团队呀。西游团队给我们的启发，不是怎么管住悟空这样的人，而是怎样把一个野猴子变成成熟稳重能力强的斗战胜佛。

再来说说师徒四人代表的几类人吧。

第一类，悟空型员工。这类员工看似跟老板关系很紧张，一言不合就和老板闹翻，很多时候都不知道这类人如此过分耿直却为何还能留在公司。真正的原因在于悟空的能力不可或缺，而且他们始终都不是为了自己当老大而奋斗，老板虽然不会真的和他们交朋友，但是他们是最有潜力成为首席的人，因为团队的本质是创造价值，最有能力且绝无二心的人虽然不会对老板太体贴，却也不会让老板太受伤。如果你在职场中遇到这样的人，请多一份尊重，少一点猜疑，因为悟空型员工很考验领导的水平，如果领导不够理性，很容易错过他们。

第二类，八戒型员工。这类员工条件还不错，所以工作就是个爱好，跟你混是喜欢你的氛围，这类人看似阿谀奉承贪财好色，实际上也都是人的本性，他能留下和晋升，凭的是对老板无欲无求的付出和态度，以及过关的业务能力（可别小看八戒，八戒以前可是天蓬元帅，武力值也是可以的，和悟空斗只微微逊色而已），他能西游绝对不是单靠一个嘴甜，而且不要小看会说话的人，会说话也是一门艺术。不过如果你不善言辞，也没有必要去学别人说话，好好搞技术也是不错的选择。

第三类，沙僧型员工。这类员工没有突出的特长，情商和能力都处于一般水平，因此这类人需要踏踏实实地去熬去学习，而不要总是忿忿不平地想为什么我每天上班 14 个小时却不如别人工资拿得多。理由很简单，沙僧的这个活或许白龙马都能干，而悟空的活菩萨都未必干得了！拿多少钱，是用能力等价兑换来的。沙僧很清楚自己，所以西天路上老老实实地挑担子，都是基础工作，他却做得很好。同时，他还老老实实地跟着唐僧悟空八戒学，老老实实做个复读机，最终也成了金身罗汉，脱离了仆人的身份。

透过 86 版西游记，人们对于师徒四人的印象是“你挑着担，我牵着马，迎来日出，送走晚霞”。一路上打怪升级，其乐融融，关系好得亲如一家。而这一期的开浩御书房却打破了刻板印象，独辟蹊径，将取经比作一个公司大订单，按照职场设定分析唐僧对于团队分工的排兵布阵，从公司关系格局角度大谈唐僧师徒的塑料情谊。这也就难怪，很多人说《100讲通晓中国文化》里的西游完全是暗黑童话，其发刊词中更是直接在题目中写道：“对不起，要毁了你的西游了。”

在原著和电视剧的深刻影响下，在已有固定思维的用户面前推翻唐僧师徒真挚感人的社会主义兄弟情，而大谈职场生活中唐僧师徒的塑料情谊，要想站得住脚，就必须有充分的论据作为支撑。在基于职场角度透视唐僧师徒四人的关系之前，首先要全方位阐释用户印象中的西游团队，具体分析每个人的具体特征与其所代表的的职场形象。

在国人的印象中，悟空本领大却不听话，经常被唐僧教育，念动紧箍咒有N次，被赶回花果山也有好几次，不过置气归置气，悟空在心底里对唐僧、对西游团队确实极其放不下。八戒好吃懒做却嘴巴很甜，唐僧格外喜欢这个哼唧哼唧的男孩，给他布置了任务，但也是较为轻松的“牵着马”。沙僧承担了最辛苦的挑担工作，却仍然任劳任怨默默付出，只有在“打报告”、表想法的时候才引人注目：大师兄！师父被妖怪抓走了；二师兄！师父被妖怪抓走了；大师兄！二师兄被妖怪抓走了；师父，大师兄说得对；大师兄，二师兄说得对。总之，虽然有许多小波折、小故事，但总体来看好像每个人都任劳任怨、全力而为，并且每个人物都有自己的个性，特色鲜明又可爱至极。这样的西游团队不仅俘获了千百年来国人的心，推动西游记荣登四大名著之首，更是让任何一个创业老板都梦寐以求、倾心不已：有这样的团队在手，业绩盈利自然都不在话下。

名著的魅力之所以流传千古，就在于其不仅经得住推敲，而且“There are a thousand Hamlets in a thousand people’s eyes”，一千个人心里有一千个哈姆雷特。就像《红楼梦》，易学家看到的是浅，道学家看到的是淫，理学家看到的是逆，哲学家看到的是乱，韵律学者看到的是混，文学家看到的是满，社会学家看到的是短。《西游记》同样如此，近年来网上比较流行的便是对西游团队反其道而行之的评论，比如“阴谋论”。

阴谋论认为，西游团队表面祥和的背后是唐僧的老谋深算。唐僧借助三招管理法宝，针对不同的徒弟施以不同的手段。比如对于悟空，借助紧箍咒展开铁腕政治。悟空技术傍身自然傲气十足，常常脾气暴躁、性格乖张，往往不等唐僧“阿弥陀佛，出家人以慈悲为怀”的名台词说出口，悟空早已一言不合直接上金箍棒。因此，每当悟空不听话或出现暴力倾向时，唐僧就会念上一下紧箍咒，用这种铁腕手段来制衡悟空。对于八戒，唐僧把这个嘴甜又心细的徒弟当成了贴身保镖，打个水啦、跑个腿啦、缝个衣服啦，八戒不光能圆满完成任务，还很擅长扮丑说笑讨师父欢心。八戒颇像职场中的“老油条”，工作积极性不高，业务能力不精，但仍然受到领导的偏爱，万年老二也能屹立不倒。对于沙僧，唐僧柿子专捏软的，压榨老实人。由于沙僧的存在感太低，难活让悟空干了，小事让八戒做了，所以就给老实巴交的沙僧分配了最累的苦力工种。工作能力不如悟空，为人处世不如八戒，老实人沙僧不受待见，干得最多，得的最少，只能被人欺负。总之，从“阴谋论”角度出发的论述将唐僧分析成了一个知人善任、颇有心计的领导，既合理安排了徒弟们的工作，又分而治之，用不同的手段予以牵制，可谓是“表面师徒情”的典型代表。

开浩御书房自然是不认同“阴谋论”的，认为阴谋论的错误之处在于由既定结果反向推导原因，即由西游团队的分工状况回溯唐僧的“阴暗”用心，这属于“伪”辩证逻辑的思路。开浩御书房团队引经据典，深刻指出西游团队“塑料情”的论据基于两点：第一，沙僧并没有那么忠厚老实。他有过吃人的履历，脖子上戴的项链最初是九个骷髅头。在原著中“八戒大战流沙河”一节，“一个是久占流沙界吃人精，一个是秉教迦持修行将。他两个来来往往，战经二十回合，不分胜负”。这样的沙僧，又怎会老实巴交任人宰割？第二，西游团队的构成并不是唐僧招募的。师徒四人人选的安排选定完全是如来、观音一手操刀的，说唐僧处心积虑地想要控制谁着实有些说不通。可以说，三个徒弟都是带着任务来的，不仅要帮助唐僧完成取经大任，还要为以往的所作所为“赎罪”，真正改变心性立地成佛。

基于这样的立意，开浩御书房提出唐僧的用人智慧：不是“管理”，而是“给予”，根据徒弟们的性格特点，给予徒弟们充分的自由、合适的机会，成就徒弟们完成自我救赎。悟空本领大又有自我实现的追求，那就给他带队的平台与权限，由他带领西游团队一路降妖除魔、过关斩将；八戒好吃懒做又有色心，那就给他烦琐的小事，经常同他交心进行感化教育，恩威并施下使其即使有贼心也没了贼胆；沙僧基础性业务不扎实，那就给他最基层的挑担工作，让他能够磨炼意志、锻炼技能，在细致工作中更能谨小慎微。可以说，看似世俗的安排，实际上充满了唐僧的良苦用心。

这个西游团队中，唐僧和悟空经常有意见分歧，还有嚼舌根的八戒火上浇油，再加上一拍手只会说“这可怎么办”的沙僧，观者也不禁提心吊胆担心西游团队随时原地解散。这样的师徒情谊、团队友谊果真称得上“塑料”。但是唐僧的给予和成全就像是一股核心力量，在看似松散、随意、放任的氛围中打造出了每个人都倾尽全力的西游团队。每个人都有强烈的主人翁意识，这是我的事业需要我来守护，不需要谁来布置任务，不需要谁来安排行程，一切却又都浑然天成。唐僧师徒的塑料情背后，是做更好的自己的机会，是无比团结又充满向心力的团队凝聚力。

在开浩御书房的细细描摹下，一个充满烟火味的西游团队展示了出来，一份整日吵吵闹闹、以互怼为乐的“塑料”情谊呈现了出来。或许表面上看起来没有那么其乐融融，但是不是又很像身边某个刀子嘴豆腐心的家人呢？何其有幸，有如此能够理解自己、包容自己、成全自己的团队！

在此基础上，开浩御书房又进一步挖掘西游团队的现实意义，为每一个成员对号入座，将他们与职场中的各色人等链接起来。比如最有能力的悟空型员工或许不够体贴，却绝无二心，要给予他更多的尊重与展示机会；比如擅长语言艺术又基础业务达标的八戒型员工，要懂得发掘其闪光点与优势；比如踏踏实实、肯于在基础性工作中埋头苦干的沙僧型员工，要正视他们的付出与努力，不让踏实人心寒。这样的分析与阐述，不仅让领导对员工的能力与特点有了更清晰的认知，有利于增强其领导艺术，也让职场上的“小白”们能够从中找到自己的影子，明确今后努力的方向。

更为重要的是，开浩御书房辩证性地教会了听众正确认识自己的方法：每个人都是多面的，西游团队甚至可以说得上是集合而成的凡人众生相。我们中的大多数人，或许，唐僧的优柔寡断我们有，悟空的桀骜不驯我们有，八戒的小肚鸡肠我们有，沙僧的愚钝笨拙我们有。对于西游团队的解读，更像是一个对自身短板的审视与反思过程，亲切却又实用，给人启迪同时也耐人寻味。

就是在这样的娓娓道来中，开浩御书房将独具匠心的一家之言呈现在了听众面前。对于名著的解读，如果没有对整篇内容概览全局的高度、没有细处着眼举一反三的宽度、没有旁征博引生发深化的深度，都是无法完成的，也是无法让人信服的。开浩御书房敢于向《西游记》下手，敢于向中华文化下手，也是在大量背景知识的吸收与融合基础上做出的。《佛教常识答问（赵朴初）》《佛教基本知识（周叔迦）》《中国政治思想史（吕思勉）》《〈西游记〉与中国古代政治（萨孟武）》《〈西游记〉漫话（林庚）》等都是其重要参考书目，政治、文化、宗教无所不包。习近平总书记曾说：“过去说，要给学生一碗水，教师要有一桶水，现在看，这个要求已经不够了，应该是要有一潭水。”这是开浩御书房的努力方向，也应该成为每个人为学为事业的目标准则。

二、《聪明绝顶的庄子，为啥和骷髅睡觉？》

截至 2020 年 4 月底，《聪明绝顶的庄子，为啥和骷髅睡觉？》作为《100 讲通晓中国文化》的单集收听亚军，其播放量已经达到 14.6 万。喜马拉雅 FM 通过首页弹屏图对该音频资源进行了重点推介，具体如图 5-7 所示。

图 5-7 喜马拉雅 FM 对《聪明绝顶的庄子，为啥和骷髅睡觉？》的推荐示例

《聪明绝顶的庄子，为啥和骷髅睡觉？》的文字节选内容具体如下：

春秋战国时期是一个诸侯割据、各个国家为了掠夺土地战争不断的时代，有人曾经统计过《春秋》中的记载，得出一个骇人听闻的数据：在 242 年之间，发生了 300 多次战争，这些诸侯国平均一年得打上一架。在这种战争肆虐的情况下，儒家和法家想要通过自己学派的理念去强大国家，于是选择了参与到政治中去。但同时期却有两个学派，对“当官”这件事一点也不感兴趣，那就是道家和墨家。

道家著名的代表之一庄子，就被当时一个强大的诸侯亲自招揽，想要让庄子做他国家的总理，庄子却不领情，直接戳破了官场的利益纠葛，表示不愿意与其同流合污。人都有趋利的本能，哪怕是蝇头小利都会争得头破血流，却很少有人考虑得到这些利益所需要承担的后果，而庄子这个道家思想的传承者却深刻明白这个道理，不愿踏入利益纠葛之中。道家通过观察世界的原始现象，比如水流、人体、冷热交替、树木繁殖等日常现象，总能从自然中感悟出一些很朴实的道理。

而墨家当时的弟子虽然有的在各个国家做官，但是在墨家看来，做官只是宣扬自己学派理念的一种手段，他们不是为了强大某个诸侯国，他们的目的是为了世界和平、百姓幸福。因为按照当时墨家的规定，被派往各国做官的墨家弟子必须推行墨家的思想，否则，这个官不做也罢。而且做官得到的钱财要统一上交总部，由墨家总部统一支配。用我们现在的观点来看，墨家就是个外包公司，这些墨家弟子虽然分到各国做官，但实际上都是在为墨家这个大公司做事。

由此可见，道家和墨家做事风格虽然不同，但是结果却相同，一个是我不当官也不给你做事；另一个是我虽然当官，但还是自己干自己的，也不给你办事。何以出现这样的情况？不妨来看两个故事。

道家学说的主要创始人庄子正在四处云游，忽然间在车上发现一个骷髅挡在了路上。要是普通人遇到这种情况，估计早就躲得远远的了，就是不害怕也会觉得晦气，但是庄子可不是普通人啊，他没有害怕，而是下了车，拿着手里的鞭子戳了戳骷髅，发出了灵魂五连问：“先生是贪求生命、失却真理，因而成了这样呢？抑或你遇上了亡国的大事，遭受到刀斧的砍杀，因而成了这样呢？抑或有了不好的行为，担心给父母、妻儿子女留下耻辱，羞愧而死成了这样呢？抑或你遭受寒冷与饥饿的灾祸而成了这样呢？抑或你享尽天年而死去成了这样呢？”这也就是骷髅了，但凡要是个全尸，估计听了庄子的话都能被气活了。而庄子问完呢，看见这个骷髅没有回复，枕着这个骷髅躺倒就睡。睡着了还琢磨，梦到骷髅跟他说：“你之前说的话我都听见了。看你所说的那些话，全属于活人的拖累，人死了就没有这些拖累了。我给你讲讲人活着不懂的道理吧。”庄子说：“好吧。”骷髅说：“人一旦死了，在上没有国君的统治，在下没有官吏的管辖。也没有四季的操劳，从容安逸地把天地的长久看作是时令的流逝，即使南面为王的快乐，也不可能超过。”庄子不信，说：“那我要是给你原地复活，让你返回到你的父母、妻子儿女、左右邻里和朋友故交中去呢？”骷髅琢磨了一下，深感忧虑地说：“我怎么可能抛弃南面称王的快乐而再次经历人世的劳苦呢？”

在春秋战国时期这个人人渴望建功立业的时代，在其他百家诸子为自己的理念、抱负、利益四处奔波游走的时代，在人人为了生存而在战争中垂死挣扎的时代，道家的人们不得不说是这个时代的一朵奇葩。他们看透了人间的利益、官场的尔虞我诈，他们明白自己的弱小，明白自己对这个时代的微不足道，也明白自己想要的到底是什么，所以他们更能发现生活中的快乐。路途中调戏下骷髅，看水时询问鱼儿“你幸福吗？”，以此才能够在这片大地上诗意地栖居。

再来看墨家。有一次，楚国的科学家公输班帮助强大的楚国建造了云梯，准备攻打当时弱小的宋国。墨子听说了这件事情，立马从当时所在的齐国出发，去往楚国打算劝楚国的君主放弃战争。他一个人历经十天，徒步走了一千多里地，相当于一个人从上海徒步跑到了杭州。墨子到楚国的时候衣衫褴褛，脚下的鞋也磨破了，于是拿布裹着脚急忙赶到楚国的皇宫见公输班和楚王，打算阻止楚王攻打宋国。墨子先与公输班讲道理，但是公输班只负责生产云梯，怎么用云梯却不归他管。于是墨子找到楚王去讲道理，让他放弃战争。楚王不听，怎么办呢？于是墨子就让公输班作为攻城方，自己作为防守方，做了一个小型的战争模拟，演示战争。公输班用九种方式攻城，都被墨子瓦解了，公输班用完全部攻城机械，而墨子的守城器械却仍有余。墨子就用这种实际的演练方式告诉楚王战争的不可行，让他放弃战争，而且还和楚王说，就是杀了自己也没用，一个墨子倒下去，还有千千万万个墨家的弟子拿着自己制造的守城器械帮助宋国守城。这样，楚王才被迫放弃掠夺宋国的企图。墨子不畏生死，以一己之力秉持自己心中的正义，去帮助弱小反抗强大的楚国，实在值得称道。

道家看到了自身面对这个时代的弱小，自己一个人很难改变这个时代，所以他们在做了自己的努力之后，选择了无为，无为不是不作为，而是在做完自己所能够做到的最好之后，不再强求，不再画蛇添足，就像《老子》中的那句话一样：功成、名遂、身退。在做好自己的事情之后，依旧还能够不忘初心，放弃名利的诱惑，全身而退。那墨家呢？他们在这个乱世中却理解了生命的强大，所以他们奉献出自己，奔走于危险之间，就像在大家小书《中国政治思想史》中吕思勉先生用的那句话一样：墨子之徒百八十人皆可使之赴汤蹈火。有人可能会问，难道他们就不怕丢掉性命吗？怕啊，毕竟蝼蚁尚且偷生，更何况是人呢？但是这些墨家的人更明白，每一段成功，都有必要的代价，自己的生命，不过是这一次努力，少许的代价而已。

庄子枕骷髅而眠的故事出自《庄子·外篇·至乐》，反映了道家无为而治、崇尚自由、随遇而安的思想；而墨子以一己之力迫使楚王放弃攻宋的故事则出自《墨子·公输》，反映了墨家"兼爱"、"非攻"、甘于奉献的主张。看似随意的两个故事，却凝结着道家、墨家最精髓的思想内涵。一集音频，敢于下手两个春秋知名学派，这样的魄力估计也就是开浩御书房了。

任何一个学派思想的形成都与其创始人的生长环境、工作经历密不可分，道家、墨家也是如此。道家学派创始人老子年轻时在周朝担任类似现代图书管理员的工作，博览群书、学识渊博，通过阅读集天下之精华的皇室藏书，老子逐渐有了"天地不仁，以万物为刍狗"的感慨。老子早年间师从一位对许多问题都有奇特而独到见解的老师，他告诉老子，人在经过故乡时要下车，表示不忘故旧根本；在高大的树旁经过要弯腰伛背，以示其对长辈的尊敬。这位老师讲述的"满齿不存，舌头犹在"的故事，更是直接影响了老子"柔弱胜刚强"思想的形成。老子在《道德经》中就写道："我有三宝，持而守之，一曰慈，二曰俭，三曰不敢为天下先。"这里的"慈"，就是"慈柔"的意思，可见，贯穿老子三大处事理论原则之一的就是柔，以柔来离身，以柔来克刚。因此，老子及其继承人庄子所秉承的思想就是，在不可阻挡的大势面前展现出柔弱的姿态，不去妄想改变这个天地，而是在乱世之中随遇而安，安贫乐道，快乐逍遥，以求一方净土生存。正如庄子所言："游于羿之彀中，中央者，中地也；然而不中者，命也。""吾生也有涯，而知也无涯，以有涯随无涯，殆已！""泉涸，鱼相与处于陆，相呴以湿，相濡以沫，不如相忘于江湖。"还有濠梁之辩、鸱得腐鼠、材与非材、庄周梦蝶、鼓盆而歌、庄子陪葬等经典的轶事典故，也都深刻地反映了庄子及道家的处世理念与哲学思想。

至于墨家，其创始人墨子出身于一个没落的贵族家庭，少年困苦，墨子做过牧童，学过木工。可以说，墨子见证过家族曾经的辉煌，也体尝了底层百姓的疾苦，更在战乱挣扎中懂得了运用知识来思考战争中的生存之道：群众的力量是无穷的，虽然一个人不能做出什么事情，但是一群人却能够推平一个国家。于是墨子开始广收门徒，从基层做起，向农民、向工人宣扬自己的反战思想，要求每个人都互相爱护，不引发战争，而饱受战争之苦的百姓也早已厌恶战争，于是迅速拥戴墨子，从而形成了当时唯一能够与流传已久的儒家抗衡的墨家学派，“非儒即墨”的评价就是对此时墨家思想规模与声势的最好形容。与先进理念相匹配的，是墨子深厚的科学知识及其在现实生活中的运用。敏而好学的墨子在当时就提出了宇宙、时空等“惊世骇俗”的超前观念，与仍信奉鬼神、将命运寄希望于上天的百姓们形成了鲜明对比，也颇显得格格不入、特立独行。不仅如此，墨子从少年时代起即开始进行持续的钻研探索，尝试利用物理学知识去认识世界、改造世界，研究设计出了许多能够出奇制胜的技术，这就是为什么“子墨子解带为城，以牒为械，公输盘九设攻城之机变，子墨子九距之。公输盘之攻械尽，子墨子之守圉有余”的原因之所在。在春秋战国的冷兵器时代，能够掌握技术、制造兵器、善于谋略布局的人往往有着发言权与主动权，这是墨子的底气，却并非其全部底牌所在。“公输子之意不过欲杀臣。杀臣，宋莫能守，乃可攻也。然臣之弟子禽滑厘等三百人，已持臣守圉之器，在宋城上而待楚寇矣。虽杀臣，不能绝也。”墨子虽有技术谋略在手，但他能以一己之力劝服楚王的根本原因还在于他占据人间正道，他的身后是千千万万宁死不屈、至死不渝的墨家理想的继承者与守卫者。更为有趣的是，这个典故也是“墨守成规”成语的由来。

开浩御书房在对道家、墨家进行阐述时，高明与全面之处在于超脱了一般解读对于两个学派主导思想、主要事迹的表述局限，而是高屋建瓴地进行了前世今生的关照与对比，将道家、墨家在现代社会的渗透与影响通过日常常见的事例表达了出来。比如，商人自古“重利轻离别”，经济学家、文人等在概括商人的特点时也经常会用到“逐利”“钻营”等字眼，然而，中国人在很多时候却是有利不取、有害不避的，与既定的刻板印象形成了鲜明的对比。大凡事业有成的企业家，办公室里挂的牌匾往往是“舍得”“满盈”字样，这种“有利不取”的智慧是多年经营收获的“凡事不可强取、做人顺势而为”的聪敏与智谋。至于“有害不避”，在2020年的初春更是得到了最全面、最深刻的印证。

新冠病毒肺炎疫情肆虐，“南山镇守江南都，率白衣郎中数万抗之，且九州一心，能者皆竭力。医无私、警无畏、民齐心，政者、医者、兵者扛鼎逆行勇战矣。商客、名家、百姓、仁义者，邻邦献物捐资。叹！山川异域，风月同天”。当全球各国惊叹于中国人的奋不顾身、英勇无敌，舍小家为大家，为了国家利益不惜牺牲个人私利甚至生命的时候，殊不知，这不仅是新中国建立阶段坚决抵御外辱、谋求民族富强的生动对照，更是源于中华民族悠久独特的民族智慧：道家选择了“无为”，不是不作为，而是在做完自己所能够做到的最好之后，不再强求，不再画蛇添足，不为名利、不忘初心，“功成、名遂、身退”。而墨家，则选择了更为直接的表达方式：感悟于生命的强大，选择了奉献自己，奔走于危险之间。或许会有所失去，甚至是牺牲生命，但他们仍无怨无悔，毕竟，“每一段成功，都有必要的代价，自己的生命，不过是这一次努力，少许的代价而已”。

在经过了学派阐述、现实对照之后，开浩御书房又进一步切合音频宣传主题，引入了北京出版社“大家小书”系列《中国政治思想史》中吕思勉先生用的那句话：“墨子之徒百八十人皆可使之赴汤蹈火。”原文是：“墨子服役者百八十人，皆可使赴火蹈刃，死不旋踵。”其实这句简单的评价背后还有一个可歌可泣的故事：曾经有个城主，雇佣墨家来帮他守城，并与墨家首领约定，一块玉分两半，二玉相遇，方能归还城池。然而，城主贪生怕死，连夜叛逃，并将玉也带走了。不见另外半片玉，即使这个国家的君主派大军压城，墨家军也丝毫没有离开的意思。诚如墨家首领所言：守城不是为了城主，而是为了墨家，墨家弟子的一言一行、一举一动都代表了墨家的形象，如果未能遵守约定，那以后谁还敢相信墨家的弟子呢？谁还会找墨家办事呢？最终，墨家弟子守住了城池，也守住了自己的承诺，而守住承诺的方法也非常简单：守城的 183 名墨家弟子，全部在守城一战中战死，无人生还。

“志不强者智不达，言不信者行不果。”最终，开浩御书房将本集音频的落脚点与着力点放在了此处，这不仅是对道家、墨家传统思想文化的回应，更是对当前新冠病毒肺炎疫情期间无数舍己救人、舍生忘死的中国人的观照。至此，开浩御书房的制作巧思达到了高潮，激荡着扣人心弦又荡气回肠的历史回响！

出于笔者的偏爱，以一首《千秋蹈火》结束此篇音频赏析，这是唱给墨家子弟的赞歌，更是唱给当代中华儿郎的赞歌：

劫火烙印足音，冻水洗脉，许君一诺，千里应声万里来。生何愁死何哀，信手挥之度外，重义轻身，付扬眉一拜。荣华弃于俯仰，蹈火赴汤，你听到吗？兼爱非攻世未忘，生翱翔死雄壮，来去不卑不亢。重义轻身，化千秋锋芒，沧桑侠祖，属墨家儿郎。

第五节　未来：与短视频联动助力内容出圈

上海昂明文化科技有限公司作为我国移动听书产业中的后起之秀，作为白手起家、凭借优质内容打出一片天地的中小型企业的优秀代表，其发展历程生动地反映出我国听书行业的演进形态，全面地折射出我国音频制作领域的生产模态与未来趋势。经过几年的发展，上海昂明文化科技有限公司在音频制作方面逐渐积攒了一些经验与心得，开始尝试通过扩展公司业务领域来壮大公司规模，谋求更进一步的发展，与短视频的交叉联动成为其新的方向与追求。

事实上，我国移动听书产业上下游企业之间与其他领域的合作交融早已开始并且形式丰富多样。例如，2019 年阅文集团的两大业务方向分别是版权运营与在线阅读业务。阅文集团通过与影视公司、手游企业、音乐平台等第三方机构的合作，将版权运营打造成了约占总收入 53% 的支柱性收入。同时有力地拓展了内容边界，占据了更广泛的产业市场。2019 年，掌阅科技着重发力“音视频 + 文字”领域，深挖音视频应用场景，为平台拉新和拓展产品应用边界赋能。截至 2020 年 3 月 28 日，抖音上线的掌阅视频矩阵粉丝数已达近 1100 万，体现出较高热度。

以上这些有益的探索和实践都为上海昂明文化科技有限公司作出了优质榜样与先进示范。经过科学的社会调查与严谨的数据分析，上海昂明文化科技有限公司携开浩御书房将持续在短视频方向发力，音频制作将与短视频联动助力内容出圈。

一、音频携手短视频的优势与劣势

以上海昂明文化科技有限公司为代表的中小音频制作传播企业在扩展短视频业务范畴方面具有先天的优势，具体表现为以下三个方面。

1. 为移动音频听书平台引流

虽然目前听书行业发展速度日益加快，出现了明显的利好趋势，但是与视频领域相比，依然呈现明显的短板。以爱奇艺视频、优酷视频、腾讯视频等为代表的视频网站拥有着庞大的用户规模与惊人的播放数量。以爱奇艺为例，2019年爱奇艺在活跃用户及会员用户规模方面双双领先，该财年爱奇艺总营收达到290亿元人民币，同比增长16%。截至2019年12月31日，爱奇艺的总订阅会员人数为1.069亿人，与截至2018年12月31日的8740万人相比增长了22%。值得指出的是，2019年度爱奇艺的总订阅会员人数中98.9%都是付费订阅会员。因此，音频制作企业完全可以借助视频平台本身强大的流量优势，将部分对阅读内容有兴趣的用户进行引流。开浩御书房完全可以将公司正在制作的音频资源进行视频转化，通过视频形式对音频的主要内容、特色、创新点、相关知识荟萃等进行一针见血的解读，迅速抓住用户眼球，勾起用户的好奇心，引导其转向音频平台进行更深入细致的了解。

2. 垂直化分发、差异化触达

目前我国各大视频平台不仅数量众多、影响力广泛，而且根据视频内容可以划分为不同的媒体矩阵。有爱奇艺、优酷、芒果等拥有海量优质高清网络视频的大型专业性视频播放平台，也有抖音、快手、火山、哔哩哔哩等旨在帮助大众用户表达自我、记录美好生活的音乐创意短视频分享平台。上海昂明文化科技有限公司等音频制作传播企业可以深挖不同视频平台的特点与优势，分别制作主题相似、表达方式各异的短视频内容，并通过本公司不同的垂直账号分发，触达差异化用户群。同时，这些垂直账号在设立之初就要注意保持同样的LOGO、同样的风格，以形成内容矩阵，并最终朝着品牌化方向发展。借助账号间的垂直化分发、差异化触达，不仅能够进一步提升音频内容的传播力、音频公司的影响力，而且还可以通过全矩阵联动重点推荐合作书籍的模式，有效促进书籍销量的提升，实现传统出版资源的创收。

3. 精品化内容吸引用户付费

随着自媒体的不断兴起，为用户提供了更多表达自我、释放性情的机会，也使视频领域同样面临用户水平参差不齐、上传作品良莠不分的问题。以抖音为例，其自2016年9月上线起已被国家有关部门约谈多次，无论是不雅视频的发布还是侮辱英烈的广告，都在偶然中深刻揭示了其蕴含的必然逻辑。政策法规意识淡薄、审查机制失灵、政治敏感性不足、只讲流量而罔顾正能量、追求日活量而忽略视频质量，这些不是单个平台的个例，更不是单位用户的个例。然而在这方面，拥有音频制作经历的内容团队则具有了天然优势：他们经历了音频运营探索，深谙相关准则与底线；配备专业的制作团队，不仅具有相关剪辑技巧，还能够迅速根据市场反应随时调整视频内容；旗下几百位音色各异、特色鲜明的主播齐聚，能够满足视频配音等多方面技术要求；更重要的是，通过已经在音频领域小有名气的知性主持人就书籍内容或书籍内容的生活映射展开，能够有力地保障内容质量，同时可以成功吸引原音频粉丝并尽快积累视频拥趸者。总之，音频团队可以有效保证视频质量，从而有效吸引高消费群体关注和付费。

音频企业进军视频领域不仅具有众多优势，劣势也是显而易见的，面临许多现实困难。首先，条线较斑杂，长尾流量少。尽管音频与视频行业有众多融通之处，但毕竟隔行如隔山，在进入之初，音频企业必将面临条线斑杂、长尾流量少的困境。因为视频矩阵条线较多，有较多的长尾平台，音频平台往往面临粉丝少、点赞数少等问题，难以在较短时间内打开局面。根据传统市场运营中的“二八定律”，市场份额过小，相应的市场回报也就很小，而开拓市场的成本却不见减少，因此长尾市场就很可能是一个亏损的市场。尽管随着互联网等信息技术的兴起，使得用低成本甚至零成本去开拓这类市场成为可能，而且也已经有很多成功案例，但对于上海昂明文化科技有限公司等中小企业来说，难度还是很大的。其次，更新频率低，粉丝易流失。上海昂明文化科技有限公司本身的团队人员数量就不多，音频制作又耗费了很大的心力，以《100讲通晓中国文化》为例，每周三、周六持续更新，工作强度较大。再加上出版社洽谈、音频课件推广等业务内容，如果再将现有规模体系下的团队调拨一部分用以更新视频账户，在保障视频内容质量的情况下，难免造成部分账号内容更新较慢，长此以往，不仅难以吸收新粉丝，而且很可能造成已有活跃粉丝的流失。

二、开浩御书房短视频运营的策略

从上文的分析可知，上海昂明文化科技有限公司等中小音频制作传播企业构建短视频矩阵具有特定的优势与劣势，但总体来看，短视频矩阵对于企业内容布局的优势大于不足。未来，开浩御书房携手短视频联动助力内容出圈，是一个值得尝试的新方向。

上海昂明文化科技有限公司在进行视频制作与推广的尝试时，要充分认识到企业自身在跨领域传播中的优势与劣势，客观正视中小企业进军视频市场的现实问题与短板，提前做好详实细致的市场调研，制定针对性强、可操作性强的短视频运营策略，尽可能减小阻力，成功实现业务范围的拓展，使公司经营迈上一个新台阶。

1. 视频短而精，内容大于技巧

上海昂明文化科技有限公司作为一个主营音频资源的中小型企业，在进入视频领域之初，应该先行介入抖音、哔哩哔哩等新兴创意视频平台，以“视频短而精，内容大于技巧”作为理念与主旨，致力于提供主要涉及书籍介绍、场景应用、内容改变和知识荟萃等维度的短视频内容，以满足不同内容偏好的用户需求。这样的优势在于，首先，开浩御书房本身就是走在音频产业前沿的内容制造主体，拥有一群锐意创新的年轻人，在把握潮流风向标、酝酿新思路新形式上具有敏锐嗅觉，能够较快抓住用户心理，制作出内容精品；其次，开浩御书房主打知识讲解类主题，深挖书籍介绍、知识荟萃等维度，主要是依靠内容取胜的，在视频制作初始阶段应该提高内容要求，相应降低技巧性剪辑标准，这样可以控制制作成本，缩减创作时间，便于快速调整方向，以集中主要精力用于内容精品化拓展。

当然，在以内容赢得用户之后，开浩御书房应进一步精进编辑、剪辑技巧，努力为用户提供内容形式俱佳的作品，以吸引更多粉丝并不断引流音频市场。同时，要不断延长短视频时间，从抖音一分钟左右的资源，到几分钟甚至十几分钟的体量，并逐步向 B 站、YouTube 等平台过渡，最终通过发力短视频内容联动，搭建短视频内容矩阵。

2. 借力出版业，玩转长尾营销

长尾市场是 B2B 交易平台天然的立足市场。当企业的创意来源于市场和消费者，则企业也需要通过各种更加圈子化与多元化的沟通渠道与消费者进行沟通并传递品牌的精神，并基于这种传播与消费者共建品牌的核心价值，使得市场愈发显示出更多元化、利己化的趋势，而这一结果的前提是企业在营销方式上的相应改变。以此为基点讨论上海昂明文化科技有限公司在视频领域的长尾营销策略，则需要从以下两个方面入手：第一，与专业出版机构合作，共建行业品牌公信力。开浩御书房要借助北京出版社、“大家小书”等类似出版品牌与图书品牌的影响力，不断扩大企业的辐射力与信任度，借助传统平台天然的公信力，成为优质内容、优质资源提供者的代表，与用户建立亲近感与信任感，形成“凡开浩，必精品”的印象。第二，严格保障内容精品化，用户分层推进辐射力。上海昂明文化科技有限公司如果抛开产业价值和内容基础，只谈扩大业务范围的概念，就如同无土栽培，是无法成长为参天大树的。开通垂直领域账号实现视频传递仅仅是走完 0 到 1 的第一步，关键还在于保证视频质量，宁缺毋滥，同时根据各大视频平台用户的层次、特点“画像”进行细分，分类分级进行内容传递与理念推广。

3. 运用新技术，打造良好体验

2019 年 12 月，在 ACM SIGGRAPH 亚洲会议上，来自美国和以色列的全球人工智能科学家团队展示了一种基于人工智能的“由文本生成视频”的视频生成技术。这也意味着只需要输入文本，算法即可自动从数据库中选择场景或镜头来描绘故事情节，即便是不会视频制作的“新手”也能制作出高质量的视频，无须专业的视频制作和编辑技能。实际上，视频领域的革命早在 VR、AI、PS 等技术得以运用，无须再为马赛克图片烦恼、不用再为听不清的同期声纠结时就已经在进行了。同样，全民阅读领域的技术应用与更新也一直在持续。2020 年 3 月，掌阅上市首款彩色墨水屏阅读器；科大讯飞正式发布彩色电子阅读器，同时联合咪咕科技发布咪咕讯飞电子阅读器。技术创新既然是关键之所在，那么也应该成为上海昂明文化科技有限公司发力的合作方向。这意味着，开浩御书房要在可承受范围之内尽量争取得到最新技术授权，为用户提供更加顺畅、精良、新颖的视频观看体验。同时也意味着，技术的发展降低了视频制作的难度，也使得技术应用相较于内容逐步丧失了竞争力。因此，无论何时，内容把控与经营才是制作之本，而技术，则是以用户需求驱动、打造优质服务的“锦上添花”。

结　语

随着5G互联网技术的普及、全民阅读习惯对民众生活的逐渐渗入，我国出版相关企业注册量逐年攀升。到2019年，出版企业年注册量达到95406家，是2017年的2.3倍。作为出版业的下游产业，移动听书音频资源制造与传播的相关平台也如同雨后春笋，像上海昂明文化科技有限公司这样的中小企业越来越多，竞争越来越激烈，在“听书”这盘大棋上，业界精英都在探讨如何才能多分得一杯羹。这是挑战，更是动力。上海昂明文化科技有限公司的努力并未停止，开浩御书房的探索也从未止步。立足音频领域，跨界视频领域，年轻的创业团队正在全力以赴，致力于为公司打造一个更加值得期待的明天！也希望能以本章内容为蓝本，为更多相关企业提供有益的发展思路与经验借鉴。

第六章　疫情之下阅读的“数字新声活”

2020庚子年，是21世纪第一个“20年代”，作为众多重大事件的关键节点、作为一个新的时间坐标而备受瞩目。这一年，是全面建成小康社会和“十三五”规划收官之年，我国“使国民经济更加发展，各项制度更加完善；到世纪中叶建国一百年（2049年）时，基本实现现代化，建成富强民主文明的社会主义国家”的第一个百年奋斗目标即将实现；这一年，绝对贫困将在中国全面消除，千百年来困扰中华民族的绝对贫困问题即将历史性地画上句号，中国将在这场脱贫攻坚战中实现现行标准下农村贫困人口全部脱贫、贫困县全部摘帽，解决区域性整体贫困，带领8亿多人成功“脱真贫、真脱贫”的中国将在人类发展史上谱写浓墨重彩的新篇章；这一年，是抗美援朝战争70周年，是深圳经济特区成立40周年、上海浦东开发开放30周年，是中国第一颗人造地球卫星“东方红一号”发射成功50周年，还是新中国成立以来在中国大陆开业的第一家证券交易所上海证券交易所正式成立30周年。正如习近平总书记在2020年新年贺词中所强调的：“2020年是具有里程碑意义的一年。”

然而，2019年12月，一场名为“新型冠状病毒”的肺炎疫情肆虐而来并延续至今，改变了全中国乃至全世界人民的生活轨迹，使得2020年注定成为一个具有特殊意义的年份。

截至2020年4月19日，我国累计确诊病例达到84225人，境外输入病例1575人，累计治愈人数为77876人，累计死亡人数为4642人。

截至2020年4月19日，国外累计确诊病例2261250人，累计治愈人数为533220人，累计死亡人数为156507人。

己亥末，庚子春，
荆楚大疫，染者数万计。
众惶恐，举国防，皆闭户，足不出。
道无车舟，万巷空寂。

幸龙魂未殁，风雨而立。
南山镇守江南都，率白衣郎中数万抗之，
且九州一心，能者皆竭力。
医无私、警无畏、民齐心，
政者、医者、兵者扛鼎逆行勇战矣。
商客、名家、百姓、仁义者，邻邦献物捐资。
叹！山川异域，风月同天。
岂曰无衣，与子同裳。
能者竭力，万民同心！
月余，疫尽去，
华灯初上，万国赞，此为大幸。
此后百年，风调雨顺，国泰民安！

就目前的情况来看，“月余，疫尽去”只能说是国人表达的一种美好心愿。在全体中国人自觉响应国家号召集体待在家中近一个月期间，通过医护人员、武警官兵、各行各业、普通百姓的共同努力，疫情得到了初步控制，实现了国内抗“疫”战争的阶段性胜利。但是，更为严峻的世界疫情下半场战役已经打响，控制国外输入病例成为我国抗击新冠肺炎疫情的关键，而全球各国卓有成效的抗疫手段、严格科学的隔离措施也成为这场需要全世界人民联合起来共同抵制的新冠疫情胜利的关键。

第一节　新冠肺炎疫情对我国国民数字生活的影响

2020年年初，“新型冠状病毒肺炎”肆虐，深刻地影响了我国乃至全球的经济、政治、生活。时至今日，仍有数以百万计的确诊病例等待救治，许多国家仍处在封锁与隔离状态中。本节将首先阐述新冠肺炎战“疫”持续近四个月来在相关方面的“大事记”，记录下对新冠肺炎较完整的抗击过程。之后结合重要节点，从具体数据、App使用排行等方面分析新冠肺炎疫情为我国互联网产业以及国民数字生活带来的影响与改变。

一、新冠肺炎疫情传播发展“大事记”

借鉴“知微事见”平台的整理内容，不妨先来追溯一下自2019年12月初首位患者发病至今，新冠肺炎战“疫”持续近四个月来就疫情进展、舆论热度、各方举措等相关方面的“大事记”，以对这场扩展到全球、影响全人类的突如其来的疫情有一个更深入的了解。

2019 年 12 月 8 日，官方通报的首例不明原因肺炎患者发病。

2019 年 12 月 30 日，武汉市卫健委关于发现“不明原因肺炎”患者的内部通报在网络流传。

2020 年 1 月 1 日，与新冠肺炎联系紧密的武汉华南海鲜市场闭市修整。

2020 年 1 月 9 日，央视新闻报道，武汉病毒性肺炎病原检测结果初步评估专家组确定病原体为新型冠状病毒。

2020 年 1 月 13 日，世界卫生组织（WHO）发表声明称，泰国公共卫生部报告该国发现第一例新型冠状病毒感染的肺炎病例。

2020 年 1 月 14 日，世界卫生组织正式将引发此轮肺炎的病毒命名为 2019 新型冠状病毒（2019-nCoV）。

2020 年 1 月 16 日，日本确认国内出现首例新型冠状病毒感染病例。

2020 年 1 月 20 日，韩国疾病管理本部确认国内出现首例新型冠状病毒感染病例。

2020 年 1 月 20 日，中共中央总书记、国家主席、中央军委主席习近平作出重要指示，要求各级党委和政府及有关部门要把人民群众生命安全和身体健康放在第一位，制订周密方案，组织各方力量开展防控，采取切实有效措施，坚决遏制疫情蔓延势头。要全力救治患者，尽快查明病毒感染和传播原因，加强病例监测，规范处置流程。要及时发布疫情信息，深化国际合作。要加强舆论引导，加强有关政策措施宣传解读工作。同一天，国务院总理李克强主持召开国务院常务会议，进一步部署新型冠状病毒感染的肺炎疫情防控工作。

2020 年 1 月 23 日，号称“九省通衢”的江城武汉正式封城。全市城市公交、地铁、轮渡、长途客运暂停运营；无特殊原因，市民不能离开武汉，机场、火车站离汉通道暂时关闭。

2020 年 1 月 24 日，湖北省启动重大突发公共卫生事件一级响应。武汉将参照北京小汤山医院模式，新建火神山、雷神山两所医院。

2020 年 1 月 26 日，国务院办公厅发布关于延长 2020 年春节假期的通知。

2020 年 1 月 27 日，教育部发布关于 2020 年春季学期延期开学的通知。

2020 年 1 月 29 日，西藏启动重大突发公共卫生事件一级响应。至此，中国内地 31 个省份全部启动突发公共卫生事件一级响应。

2020 年 1 月 31 日，世界卫生组织将新型冠状病毒肺炎疫情列为国际关注的突发公共卫生事件。

经过两个多月的奋战，2020 年 3 月 23 日中央宣布，以武汉为主战场的全国本土疫情传播已基本阻断。这表明，战“疫”工作的重心要放在两个方面：一是继续做好防控工作，防止疫情死灰复燃；二是对国外疫情输入要死守严防。因此，这并不意味着新冠肺炎疫情抗击的全面胜利，只是从国内上半场转入了国外下半场，疫情对于我国人民的影响尚未解除并且仍在持续发力。2020 年 3 月 31 日，教育部宣布 2020 年全国高考延期一个月举行，考试时间为 7 月 7 日至 8 日。时至今日，各大中小学、高校、幼儿园全面复工复学仍未完全展开。

二、新冠肺炎疫情对我国互联网的影响

2020 年的春节，最流行的不是吉祥话，不是大拜年，而是一段段朗朗上口的顺口溜，比如“中央令，我执行，为了安全宅家中。听党话，跟党走，坚决拥护党决定。戴口罩，勤消毒，饭菜一定要煮熟。待家中，不出行，新型病毒总会停。有任务，要执行，全国努力定能赢。”这是我国国民在党中央的领导与指挥下齐心协力共抗疫情的生动写照，是千千万万普通百姓为抗“疫”作出的独特贡献。正是由于全民自发地“宅家”，疫情期间，我国国民的正常生产生活受到了极大的波及与影响。在将近一个月“全民宅在家、人人皆厨师”的日子里，网购、外卖等互联网盈利项目都被阻断，也侧面限制了互联网行业的应用与发展。接下来，将从规模以上互联网企业营业收入及同比增速、互联网用户规模以及用户月均安装应用数等几方面进行统计与梳理，归纳分析新冠肺炎疫情对我国互联网发展的影响。

1. 规模以上互联网企业营业收入及同比增速

新冠肺炎肆虐之时正是我国春节期间的返乡高潮，武汉又是九省通衢、交通要塞，这就为疫情的防治带来了极大的不便。要避免疫情蔓延，就要切断其传播途径，最好的方式就是人与人之间暂时相互隔离，避免近距离接触。除了定期购买生活必需品外，大多数中国人选择了足不出户，几乎全国所有各级城乡的街道在春节期间的白天也都空无一人。没有人流就没有消费，即使电商平台也不能幸免。没有相应的物流支持，互联网企业也陷入了营销低谷。根据 Fastdata 级数关于《2020 年中国互联网发展趋势报告》的统计，从 2013 年开始，我国规模以上互联网企业营业收入虽然在同比增速上逐渐放缓，从 2013 年的

32.1% 逐渐降低到 2019 年的 21.4%，但是在营业收入数额上却处于不断上涨趋势，由 2013 年的 3317 亿元逐步年年递增至 2019 年的 12061 亿元。受疫情影响，2020 年 1—2 月，规模以上互联网企业营业收入仅为 1311 亿元，同比虽仍有涨幅，但增长仅为 4.5%，呈现断崖式下跌。虽然这仅是两个月的统计数据，但从整体看，2020 年互联网企业营收都不容乐观，这也意味着，互联网行业营业收入将正式迎来个位数增长的开端，具体如图 6-1、图 6-2 所示。

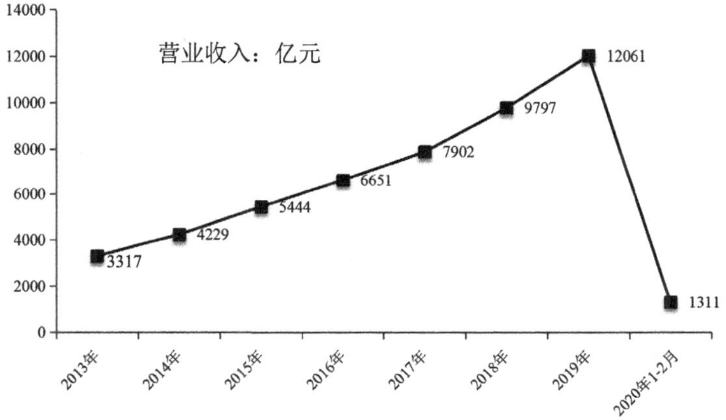

图 6-1　我国规模以上互联网企业营业收入统计

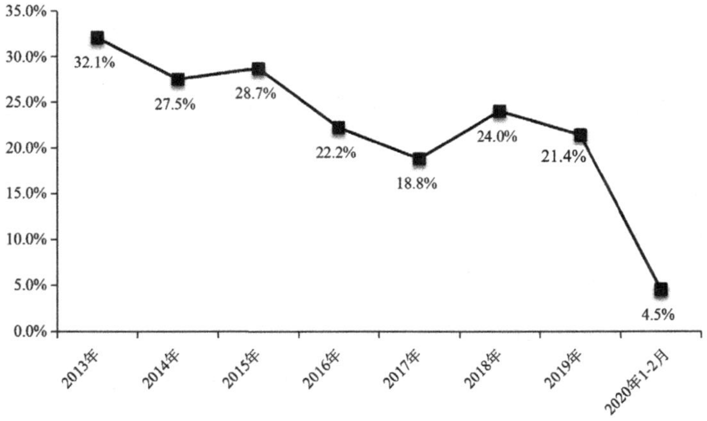

图 6-2　我国规模以上互联网企业营业收入同比增速

实际上，新冠肺炎疫情期间对互联网的影响也并非一刀切。用户需要待在家中满足娱乐、办公、上学、看病等各种强劲需求，反而在疫情当下直接催生了网上娱乐、在线办公、在线教育、线上医疗资讯等新型满足方式，这也是互联网平台收入仍呈现上涨增幅的原因之所在。全民居家隔离引起了消费需求的变更，也支撑着整个互联网和相关服务业维持正增长态势。

2. 互联网用户规模以及用户月均安装应用数

整体来看，疫情直接推动了我国国民的数字化生活，互联网用户规模呈直线上升趋势。易观千帆对 2019 年 7 月至 2020 年 3 月我国移动互联网的用户规模进行了统计，数据显示，截至 2020 年 3 月，我国移动互联网数字用户规模达到 10.22 亿人，较 2019 年 12 月的 10.18 亿人环比增长了 0.41%，具体如图 6-3 所示。

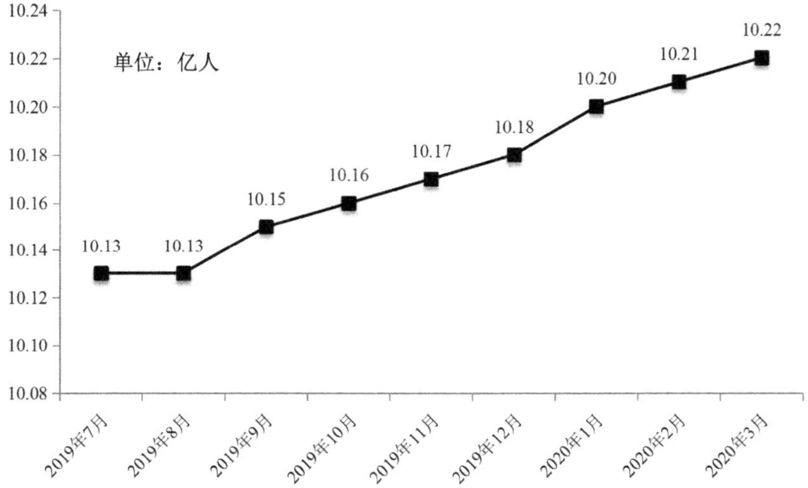

图 6-3　2019 年 7 月—2020 年 3 月我国移动互联网用户规模

与互联网用户规模不断增大有直接联系的是用户月均安装应用数的持续增长。2019 年 7 月至 2019 年 12 月，我国用户月均安装应用数一直在 46.16 ～ 47.08 个之间上下浮动，虽有波动但是并不明显。到 2020 年 1 月，由于年关将近，社会各界都在忙于推进年终工作进度，月均安装应用数甚至还稍有下降，达到 47.05 个。然而，从 2020 年 2 月全国人民隔离在家开始，互联网月均安装应用数迅猛增长，直接从 47.05 个跃升至 48.84 个，并最终在 2020 年 3 月突破了 50 个大关，达到了 50.95 个，环比增长 8.2%，具体如图 6-4 所示。

更进一步，月均安装应用数的增长必然带来用户互联网人均单日使用时长的提高。根据易观千帆的统计，2019 年 12 月至 2020 年 3 月，我国互联网人均单日使用时长分别为 6.06 小时、6.15 小时、6.80 小时和 6.92 小时，呈现明显涨幅，这一趋势与月均安装应用数曲线图也是正好相吻合的。

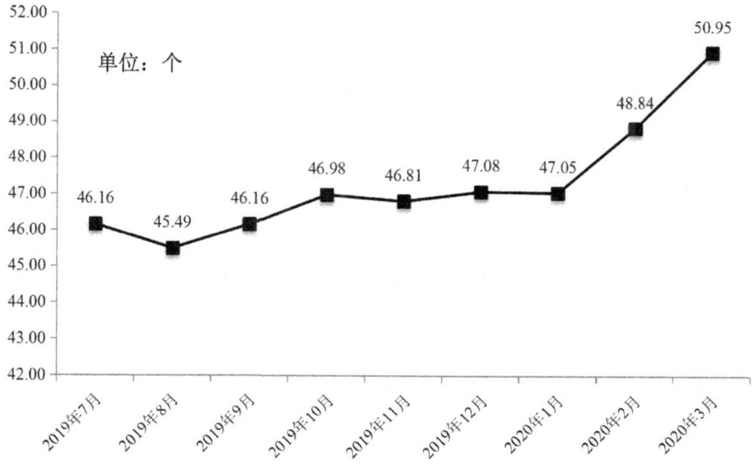

图 6-4 2019 年 7 月—2020 年 3 月我国移动互联网用户月均安装应用数

总体而言，互联网用户规模、用户月均安装应用数乃至互联网人均单日使用时长作为处于同一维度的三个侧面，充分显示了 2020 年第一季度疫情对我国互联网使用情况的催化作用，我国国民的数字化程度正在呈现全面加速状态。

三、疫情当下我国互联网发展的新模态

受疫情影响，我国互联网在用户规模、安装应用数持续增长的同时，对于互联网使用的侧重点也在发生变化。因此，虽然从总体上看 2020 年第一季度我国国民的数字化程度不断深化，但具体来说不同月份却又表现出不同的特点。

从 2020 年 1 月开始，在疫情的带动下，从生鲜电商到远程办公、在线教育等一系列垂直领域都迎来了黄金发展期。随着疫情的日益严峻，这一发展趋势在 2 月份得到了进一步拓展。根据易观千帆的统计，2020 年 2 月 MAU 超千万的 20 个 App 中，有 9 个都来自教育领域，其中 4 个属于中小学类教育。以腾讯课堂、猿题库、乐教乐学、学习通等为代表的多家教育品牌陆续开启了免费校内同步直播课，充分发挥起了连接线下教师、学校和学生的作用，保证了学生们的刚性需求，为教育教学工作的有序开展提供了智力支持。同时，在国家大力支持非接触式远程办公的大背景下，移动办公领域获得了爆发式增长。2020 年新春期间，中国有超过 1800 万家企业选择远程办公，远程办公人员超过 3 亿人。钉钉、企业微信、腾讯会议等一大批移动办公应用获得了用户的青

睐。另外，我国互联网移动购物领域也发生了新的变化。一般来讲，春节过后物流、仓储行业的复工会带动春节次月移动购物电商平台的恢复性上涨，但是在疫情的影响下，各地复工缓慢推进，物流、仓储、工厂有一个相对较长时间的恢复过程，这就造成电商平台的月活变化并不明显。而作为国民生活需求刚需的生鲜电商的增长势头却非常强劲，盒马、叮咚买菜、每日优鲜的月活环比增幅均超过 10%，订单、流量、品牌好感度等多方面得到大幅度提升。

进入 2020 年 3 月份，疫情得到逐步控制，我国国民日常生产生活得以逐步恢复，除学生仍在停课不停学外，基本上各大行业都得以复工复产，MAU 超千万的 App 排名也发生了变化。表 6-1 是易观千帆统计的 MAU 超千万的 App 增速 TOP 20。所谓 MAU（Monthly Active User），是一个用户数量统计名词，指网站、App 等月活跃用户数量（去除重复用户数），数量的大小反映用户的活跃度，但是无法反映用户的黏性。

表 6-1 2020 年 3 月 MAU 超千万 App 增速 TOP 20

排名	App 名称	3 月活跃用户规模（万人）	月活跃用户环比增幅
1	腾讯会议	3616.2	63.33%
2	钉钉	17678.9	39.49%
3	淘宝特价版	1706.9	38.64%
4	腾讯课堂	2182.2	35.05%
5	网上国网	1242.7	32.40%
6	菜鸟裹裹	1042.7	26.29%
7	Boss 直聘	1721.9	26.09%
8	作业帮	14548.4	21.16%
9	学习通	1479.1	21.04%
10	一起小学学生	3110.5	20.98%
11	哈啰出行	1502.8	20.18%
12	百度翻译	2069.8	19.26%
13	贝壳找房	1146.1	18.72%
14	饿了么	7585.8	18.56%
15	美团外卖	3744.6	18.40%
16	QQ 输入法	1334.2	18.01%
17	Keep	3395.8	17.39%
18	Caculator	1673.2	17.32%
19	美团	10979.3	17.17%
20	阿里巴巴	1385.4	16.14%

3 月份 App 应用最大的特点在于移动购物平台的重新上线。疫情消散促进了我国国民生产生活的逐步恢复，也为移动电商平台的复苏奠定了条件。一方

面，国民从紧张的疫情防御中逐渐放松，前期被压抑的购物需求逐步复苏；另一方面，全面复产复工也直接推动了物流仓储业的繁荣，为电商销售创造了可能。以此为契机，各大电商平台不断推陈出新，运用多种经营手段制造购物噱头，也促使淘宝、菜鸟裹裹等 App 得以重上 TOP 20 榜单。淘宝特价版 App 在 3 月份的活跃用户规模为 1706.9 万人，月活跃用户环比增幅 38.64%。菜鸟裹裹 3 月份的活跃用户规模为 1042.7 万人，环比增速 26.29%。

另外，生活服务领域受益于复工复产也实现了多点开花：（1）疫情因素造成的人口工作变动得以凸显，很多曾经从事流动工作的人员需要重新物色新工种，再加上金三银四传统招聘旺季的带动，使得招聘求职线上行业 App 迎来了新一波的流量增长。以 Boss 直聘为例，其联动北京、上海、广州、深圳等 12 座城市与上百家优质企业推出“重启 2020”线上专场，并通过深度契合细分人群的需求而参与承办了多项招聘活动，用户规模增长至 1721.9 万人，环比增长 26.09%。（2）恢复日常通勤后，城市人口回流，对于生活服务领域的需求在多个行业予以体现：为减少疫情期间的无接触概率，短途出行需求推动共享单车行业复苏，哈喽出行单车服务凭借低人流聚集度、线下高强度车辆消杀等运营手段，实现了 App 端用户规模达到 20.18% 的较快环比增长速度；外卖订餐应用活跃用户持续走高，饿了么、美团外卖受益于实体餐饮经济的盘活，月活跃用户环比增长均超过了 18.4%。而美团虽然涨幅稍有落后，仅为 17.17%，但其活跃用户规模却达到 10979.3 万人，在超千万 App 增速 TOP 20 中仅次于钉钉和作业帮。

3 月份变化中的不变即是移动教育。中小学教育仍处于持续上涨阶段，但国家“停课不停学”的号召发出之后，各大中小学校、高校虽然没有复课，却通过网络教学维持了教育计划的顺利运行，这既营造了“教师变主播”的教育新景观，也在一定程度上影响了各大头部在线辅导平台的用户规模。另外，职业教育在疫情的影响下也实现了较快增长，宅在家中的求职者纷纷通过互联网职业教育平台提升个人素质、扩展技能覆盖面，以为疫情之后的顺利复工就业奠定基础。

整体而言，经此新冠肺炎疫情一战，无论是从用户、资本还是行业环境来看，都标志着消费互联网的终场之战在 2020 年正式打响，强者赢、平者让、庸者亡。大型互联网企业将会投入更多的资源到企业服务、人工智能、工业互联网、机器人等更具想象力的领域；大型移动电商平台不断推行战略升级，推动产品及服务的更迭，显现出强大的增长态势；线上办公平台赋能中小企业复工、学生复课，公考类 App 活跃用户增长显著，公务员考试人数或将再创新高；泛娱乐行业活跃用户再创峰值，视频消费热点化、本地化；直播平台专业化趋势增强，游戏直播需求旺盛，等等。疫情当下我国互联网发展展现出了新模态、新格局，也迎来了新挑战、新举措。

第二节 新冠肺炎疫情下我国全民阅读的困局与自救

2020 年 4 月 23 日是第 25 个世界读书日，历年来我国传统新闻出版业都会在这一天举行形式多样的庆祝活动与纪念仪式，推动我国全民阅读活动的深入开展。然而，在今年这个特殊的时期，受新冠肺炎疫情影响，我国全民阅读领域呈现了线上线下“冰火两重天”的鲜明对比，这种强烈的差异背后折射的是我国传统阅读领域面临的艰难与困局。这是挑战，也是契机，社会现实需要与自身发展趋势都推动着出版人、书店经营者、阅读推广人不断探索，在挣扎中寻求转机与蜕变，在窘境中尝试自救与破局。

一、全民阅读线上线下的鲜明对比

2020 年 4 月 23 日，全国政协委员读书活动启动仪式在北京举行。中共中央政治局常委、全国政协主席汪洋出席了启动仪式并讲话。他指出，开展委员读书活动，是贯彻落实习近平总书记关于加强和改进人民政协工作的重要思想的实际行动，是政协委员增强履职本领、提高建言质量的内在要求，是加强思想政治引领、更好凝聚共识的有效途径。党中央对政协委员开展读书活动给予充分肯定，提出要发扬人民政协重视学习、崇尚学习的优良传统，运用好读书活动这个新的载体，组织广大政协委员多读书、读好书、善读书，努力建设书香政协，不断提高委员思想水平和能力素质，更好地担负起新时代的职责使命，为坚持好人民政协制度、发挥好人民政协专门协商机构作用、发展好人民政协事业作出应有贡献。

从 2 月下旬开始，全国政协结合疫情防控组织委员开展读书活动，取得了积极成效。此次全民阅读启动仪式以“发挥政协优势，体现政协特点，注重实际成效”为具体要求，进一步推动读书活动在全体委员中的全面开展。从政治角度出发进行分析，汪洋同志的讲话高屋建瓴地从四个方面提出了开展全民阅读活动的标准与原则：第一，要把讲政治贯穿读书活动全过程，善于运用正确的立场、观点、方法观察问题、分析问题、解决问题，从历史与现实、国内与国外的比较中读出“四个自信”；第二，要坚持学有所用、学以致用、学用相长，自觉把读书活动同实际结合、向履职聚焦，努力把读书的收获转化为做好工作的过硬本领，转化为履职尽责的工作成果；第三，要充分发挥读书的主动性，尊重意愿，鼓励自愿参加、人人参与、自由组群，营造畅所欲言、各抒己见、理性有度、合法依章的良好氛围；第四，要加强对读书活动的组织指导，逐步完善工作制度，丰富活动载体，做好成果转化，不断提高读书活动的机制化、程序化、规范化水平。

全国政协委员读书活动的相关成果可以推及全国作为阅读活动的思想指导与理论指南。同时，新冠肺炎疫情的影响又促使我国传统图书出版行业催生出了积极应对的新策略、新形式。为了积极响应国家“零接触”的抗“疫”号召，在今年的世界读书日，全国各地线下阅读活动基本都转战“云端”。至此，理论与实践层面的结合为2020年我国全民阅读活动带来了全新的面貌，也代表了我国全民阅读活动开展的风向标。接下来，将以北京、陕西、吉林三个全民阅读活动开展得比较有特色的省市为例，阐述2020这个特殊年份我国全民阅读活动的发展情况。

北京：2020年度首都市民阅读系列文化活动。2020年4月19日，“阅读北京——2020年度首都市民阅读系列文化活动”正式启动。这场由北京市委宣传部与北京市文化和旅游局主办的文化活动集聚了首都图书馆、北京市各区图书馆、北京市图书馆协会等承办单位，可以称得上具有较高规格。为了抗击疫情，北京市全民阅读活动将启动仪式从直播间搬进图书馆阅览室。同时，一系列以“与书香为伴 与经典同行”为主题的活动，其最特别之处在于优化升级了网络总平台和小程序，创新形成了五大系列主题活动形式，策划举办了多场云活动，广泛邀请读者参与阅读、分享阅读。

陕西：4•23世界读书日暨全民阅读月系列活动。陕西省坚持多年的公共文化服务品牌“4•23世界读书日暨全民阅读月系列活动”如期举行，此次活动以“书香助力战‘疫’，阅读通达未来”为主题，设计了包括主题阅读活动、“学在陕图”公益课堂、陕图读书会、陕图讲坛、外文新书抢先看、视障阅读、少儿绘本讲读与表演活动等在内的7个大项60余场次的一系列阅读推广活动。陕西省文化和旅游厅主办、陕西省图书馆承办保障了活动的权威性与高规格，全省各级各类公共图书馆、省内各高校图书馆的倾情加盟实现了活动的丰富性与多样性。受疫情影响，陕西全民阅读月的以上活动全部转战线上，完全不在线下举办聚集性活动，这也是陕西全民阅读月活动连续举办多年来的第一次。

吉林：2020年“书香吉林阅读季”。2020年4月23日，吉林省在省图书馆举行2020年“书香吉林阅读季”启动仪式，启动仪式采取线上直播的形式进行。活动由吉林省委宣传部、省教育厅、省文化和旅游厅、省妇女联合会、吉林东北亚出版传媒集团有限公司主办，省图书馆、省全民阅读协会、“学习强国”吉林学习平台、吉林逸品传媒集团承办，可谓发动了社会各界宣传力量，群策群力。针对疫情，吉林省陆续开展了抗疫诗歌散文征集、“致敬最美逆行者”交响音乐诗会、新时代青少年爱国主义教育主题阅读、吉林讲书堂、“我的书屋我的梦”主题阅读、“亲子阅读大赛”、“家庭阅读推广工程”、“文化吉林讲坛”、“好书相伴校园阅读”等2020年“书香吉林阅读季”重点活动。

“线上热闹闹，线下静悄悄。”囿于不能开展聚集性活动，“零接触”成为新兴的生活方式，2020年的全民阅读活动只能隔着屏幕进行。“云阅读”“阅读直播”等线上活动活跃的背后，也透露出这一时期中国书业发展的艰难。客观地说，疫情对于全民阅读活动的线下开展的确造成了不小的影响，而且在疫情爆发之前，传统出版行业与实体书店等本就已经面临经营困境，随着疫情的肆虐，线下图书机构更失去了类似“4·23”等营销宣传的良机，失去了很多积攒人气、提高业绩的宝贵机会，让本就不太景气的图书市场雪上加霜。

二、疫情下线下传统出版业的困局

根据北京开卷信息技术有限公司的调查数据显示，2020年1月至3月，国内图书零售市场销售额同比下降15.93%，网店渠道同比上升3.02%，实体店渠道同比下降54.79%，实体书店2月零售总额比去年同期下降86.36%，这是北京开卷信息技术有限公司自进行相关统计以来获取到的最低值。其中，一二线城市和较大规模的书城所受影响更为严重。春节、寒假本应是实体书店的销售高峰，但疫情爆发后，全国各地实体书店纷纷停业，业务受到极大影响，2020年1月实体书店的最大降幅高达90%。据实体书店品牌书萌对全国1021家书店的调查显示，目前90.7%的书店选择停业，超过99%的书店没有正常收入，如果疫情持续，77.62% 的书店表示坚持不到三个月。

2020 年的春天并没有转暖，新冠病毒疫情又为传统图书出版销售领域带来了一场“倒春寒”，严酷的数据背后所浮现的是一个个实体图书销售个体的经营困境。以实体书店为例，高昂的人工和房租一直是书店的最大支出，这两项成本已经达到总成本的 50% 以上。受限于这部分高额成本，传统书店在与互联网平台的竞争中本就盈利微弱，再加上互联网平台经营产品的多样性、进货渠道的广阔性、数量取胜的低廉性，都使得传统图书出版业日渐式微、失去优势。实体书店领域的知名“网红”品牌单向空间书店受疫情影响，其 2 月份收入较往年下滑 80%。单向空间表示，在疫情蔓延的一个月里，其名下的四家实体书店仅有北京朝阳大悦城店开业，北京东风店、杭州店、秦皇岛店全部闭店，北京爱琴海店已于去年年底停业。而且，唯一营业的店每天仅卖出 15 本书。在这样的重压之下，本该在 2020 年迎来 15 周年生日的单向空间，却在 2020 年 2 月 25 日发出了一份“众筹续命”的计划书，该书店创始人之一的许知远坦言：“这是一封求助信，也是一份邀请函，15 年前，我们创办单向街时，就希望它不只是一家书店，更是生活和精神方式……疫情迟迟没有尽头，书店撑不住了。原本我们计划在 2020 年庆祝单向空间 15 周年的生日，没想到会以这样一种方式开始，请求大家的帮忙。”在这份《走出孤岛、保卫书店，坚持了 15 年的单向求众筹续命》的微信推文中，发起了充值 50 元到 8000 元不等的“单向自救会员计划”。无独有偶，江西省南昌市的青苑书店作为一家建成 28 年的老牌独立书店，早在2020年1月底就发起了“我是青苑书店，请不要让我冻毙于风雪”的援救行动，号召读者和会员进行 200 元到 2000 元的“充值办卡”，以盘活现金流，让书店挺过严冬。乍一看去，书店的这种做法颇有些“收割”情怀的味道，但也显示了实体书店面对严酷疫情重压之下的万不得已与无可奈何。

实体书店销售遭遇重创，这对出版机构来说也是重大打击。疫情对于出版的影响主要包括三个层面：（1）从直接层面来说，因疫情造成的关门歇业或生意惨淡给相关传统图书出版行业带来了直接的经济损失。由于避免人流聚集的需要，教育出版、图书市场、编辑工作、流通市场、线下门店等纷纷受到冲击，而且疫情势必会带来码洋的萎缩、线下销售收入的大幅下跌，由此引起的线下门店关闭等带来的影响可能导致全年 1/6 销量的损失。同时，印刷厂、库房和物流的负责人员多为外地员工，其复工难问题也无形中拉长了图书的出版周期、延缓了图书的发货进度。（2）从间接层面来说，图书线上交易虽仍可以保持微弱增长，但也因物流遭受挤压而造成销售额下降。图书并非刚需产品，虽说宅在家中的成人与孩子有很多将读书当成了消遣活动之一，在一定程度上维持了图书线上的交易额度，但在流通环节可以发现，很多电商渠道也因为疫情期间紧急物流的“挤压”而受阻。以中国画报出版社为例，2020 年第一季度，出版社整个线下业务销售量下降了 70%，线上天猫店的销售量因受物流等因素影响也下降了 50%，线上业务总量保持了微弱的 0.08% 的增长。（3）从长远发展来说，疫情给国内国际社会带来的后期影响可能持续发酵，跨领域的贸易交流往来存在较大变数。就目前情况来看，疫情在国际上仍未得到很好的控制，即使在国内，大规模的人员聚集也重启时间未知，如此一来，国内各省市、国际市场上的各类国际书展、地方书展等相继停摆，非刚需的跨领域图书交易需求被暂时搁置，这将为传统图书出版业带来不可估量的未知影响。

因此，疫情影响下的出版业陷入困局：许多近期推出的重量级新书推迟了上市销售的时间，新书的线下发货也因书店采购量锐减而大幅下降。出版社的图书发行受到较大波及，预计将对第一季度甚至第二季度出版社的发货和收款工作造成困难。然而，“塞翁失马焉知非福”，在疫情的作用下，虽然使得出版发行领域的内容创作、生产印制、线下营销等多个环节受到了不同程度的冲击，但同时，电子书、有声读物、网络文学、知识服务等新兴出版形态的数字文化需求大大增加，也充分显露出了数字出版在业务流程、传播渠道、平台及资源等方面的优势。正是疫情让传统图书出版人看到了线下领域在网络服务与数字化平台建设方面的欠缺，看到了与出版信息化、产业化发展导向之间的现实差距，从而引起了业界对于图书出版数字化转型的高度重视与深刻反思。传统图书出版业对自身定位以及发挥作用的客观审视，以及原有出版流程、运营模式的调整方向，都成为行业内不断迎合用户需求、摆脱发展困局需要思考的问题。

三、我国全民阅读行业的自救策略

任何危机都有可能成为转机。疫情影响下的线下实体渠道受阻、销量锐减，同时也意味着线上资源盘活、迎来出版融合新机遇。以疫情为契机，其实也是出版业通过内容质量获取用户注意力、盘活已有线上资源优势、塑造品牌影响力、实现融合转型发展的一个有利时机。以国家相关政策为指引，由传统图书出版业融合发展优势主动出击，我国全民阅读行业走上了轰轰烈烈的抗击疫情、转型自救之路。

2020 年 3 月 11 日，国家新闻出版署面向各省、自治区、直辖市和新疆生产建设兵团新闻出版局，中国出版协会、中国书刊发行业协会、中国新华书店协会等单位发布了《关于支持出版物发行企业抓好疫情防控有序恢复经营的通知》（以下简称《通知》），对疫情防控工作进行了详细部署。《通知》除了在疫情防控具体工作上提出要完善企业防控体系、强化企业主体责任、加强人员健康管理、加强工作场所防控、加强营业场所防控、做好异常情况处置等要求外，还提出各级新闻出版行政部门要针对发行企业遇到的迫切困难，用足用好中央和地方出台的扶持政策，推动“减免房屋租金”“企业用人稳岗”“减轻税费负担”“强化金融支持”等积极经济措施的落地落实，以有序推动实体书店恢复营业，保障网上书店正常经营配送。同时，《通知》还专门提出要整合宣传文化系统资源，从资金、项目、产业等方面加大对发行企业的支持力度，提出了六个有针对性的策略措施：（1）强化文产资金扶持，重点开展应急救急和“靶向式”“点穴式”扶持，如对在疫情期间坚持开店营业、保障重点图书发行的企业给予一定补贴，以帮助发行企业解决短期性资金压力；（2）注重产业项目引领，将发展基础好、潜力大的实体书店纳入项目库并享受相关扶持政策，以促进其新技术应用、数字化建设、融合化发展；（3）优化政府购买服务，通过向城乡群众发放购书券、委托开展全民阅读活动等方式，引导群众到实体书店读书购书、体验消费，提振实体书店发展信心；（4）发挥行业协会作用，从而能够及时了解、回应、协调、解决发行企业困难，加强企业信息共享、产业对接和业务推广；（5）加强上游下游协同，推动出版、印刷、发行和物流企业协同复工复产，加强上下游产销对接，确保产业链畅通；（6）推动线上线下合作，协调大型电商平台对入驻发行企业给予适当费用减免、金融支持、运营培训、渠道资源、流量引导、物流服务等帮扶支持，并制止恶性价格战，倡导理性促销。另外，国家新闻出版署还就推动发行企业转型升级、做好政府部门服务保障等方面作了具体而全面的要求，从而能够有效解决疫情造成的资金链紧张、供应链不畅、政策信息不明、市场信心不足以及行业协同乏力、渠道恶性竞争等问题，为出版发行业复工复产营造了良好环境，提供了重要保障。

《通知》如同主心骨，为全民阅读相关行业共克时艰、健康发展打了气、鼓了劲、使了力。我国图书出版发行业得以心无旁骛地研究技术革新与产业转型，不断满足用户特殊时期的文化需求，坚定履行疫情之下文化企业的使命担当。

首先，各大图书出版机构致力于防疫图书纸电同步出版，助力一线抗疫工作。“读者在哪里，群众的健康需求在哪里，作为出版人的触角就要伸向哪里。”为助力疫情防控，不少出版社纷纷推出疫情防控相关出版物，如2020年1月23日广东科技出版社出版的《新型冠状病毒感染防护》，不仅包括常识篇、预防篇等章节，还介绍了该病的临床表现、公共场所注意事项等内容。2020年2月2日，《张文宏教授支招防控新型冠状病毒》1.0数字版上线。2月8日，该书的2.0版纸质版与数字版同时上线。除了《预防新型冠状病毒肺炎宣传手册》《新型冠状病毒肺炎防护知识读本》《协和新型冠状病毒肺炎防护手册》等各种防护知识读本、防护手册等疫情相关防控书籍出版外，致力于缓解疫情期间人们的心理压力、进行心理健康指导的诸如《新型冠状病毒感染的肺炎疫情下心理健康指导手册》《抗新冠肺炎心理自助手册》等心理自助手册也不断问世并实现了线上传播，还可以为用户免费提供电子版内容。截至2020年3月，在出版物数据中心登记的涉及新冠肺炎选题的出版物达到140多种，内容涉及科普知识、疫情防控、健身防疫、相关法律法规以及文学作品等多个品类。

其次，持续开发自主建设的数字平台，高效、精准地传播丰富的数字化内容。为了更好地应对市场变化和疫情影响，传统图书出版实体产业加速转战线上，主要进行了以下几方面的拓展与创新：第一，开展线上阅读活动，以增强社群黏性，探索变现可能。如广西师范大学出版社举办了“致青春·为家国”第二届广西青少年经典云共读活动、线上“阅读一小时”活动，首都图书馆联合北京市各区图书馆以“书香战疫，阅读通未来”为主题发起多场“云”活动等。通过这样的探索，可以建立以尊重读者兴趣和意愿、为读者提供优质服务为己任的书友群，有利于不断积聚人气、获得关注、打开线上市场，将线下的零散个体聚拢到线上社群中，不仅使得用户能够对出版社有更加清晰、直观的了解，也为实现网络变现创造了可能、奠定了基础。第二，借助各类平台进行直播营销，尝试开辟线上销售渠道。例如广西师范大学出版社组织的“书店燃灯计划”，在浦发银行的鼎力支持下实现了每次活动覆盖200家书店、近5万人的好成绩。由北京阅读季、深圳读书月联手推出的“同光互助行动”，每场活动联动150余家实体书店，惠及读者约3万人。人民文学出版社自疫情发生以来抖音号播放量超过 200 万的视频有 2 条，抖音粉丝数量增长了 18 万。其今日头条的公号粉丝数量达到 44 万，视频直播活动做了 40 场。就现状来看，各种形式的线上“直播带货”对图书销售的效果并不理想，未来需要谋求更丰富的内容、更多元的形式，以不断调动网络流量，幸运的是，这也是图书出版机构最擅长的。第三，利用数字系统玩转出版全流程，实现居家办公同步化。对于出版全流程数字化的探索其实开始得很早，如华东师范大学出版社早在 2009 年就开始使用 ERP 系统，基本实现了审批、流转等出版流程的全部线上系统性操作，也才得以在疫情防控期间出版社尚未复工的情况下实现了两本书从策划到出版的全流程操作。新冠肺炎疫情的影响何时彻底消退仍是个未知数，从长远来看，引进数字出版系统不仅有利于规避疫情的辐射力，而且能够有力提高工作效率，值得深入尝试与全面推开。

总之，新冠肺炎疫情为我国全民阅读带来的影响有弊有利，要一分为二地看待。弊端是显而易见的，图书出版业线上线下的销售额均受到了不同程度的影响，而且很有可能保持长期相对低迷的态势，而实体店铺的线上转化客观上也会造成对资源的抢夺和竞争的加剧。因疫情而得“福”的益处在于，疫情并未影响各地开展阅读推广活动的初心和动力，反而促使全民阅读活动在线上的开展显示出优势与特色：这种集读、听、看、玩于一体的综合性阅读体验尝试，时间跨度更长、参与性更强、阅读品类更为丰富，受到更多层次用户的关注与重视。越来越多的人参与进来，不仅促进了各地线上公共文化服务的提档升级，更加快了图书出版业转型融合的步伐，这是有利于形成上下贯通、横向联合、网格化全民阅读工作体系的号角，是有利于提高图书出版业利用新技术新形式实现跨越式增长的转向，更是有利于“多读书、读好书，以书香战疫情”的全民阅读意识形成的风向标。

第三节　新冠肺炎疫情下我国“听书”行业的破与立

在全民阅读领域与新冠肺炎疫情的斗争中，传统图书出版机构有一种做法非常引人注目：出版社在完成纸质出版的同时，不约而同地将为读者提供优质电子书、有声书等免费资源作为己任，尤其是在适应特殊时期用户求知需求上殚精竭虑，不仅用最短的时间出版了一大批以抗击疫情为主题的手册、指南、图书，而且尽可能地实现了数字平台上线与音频转化。如《新型冠状病毒感染防护》《张文宏教授支招防控新型冠状病毒》《新型冠状病毒感染的肺炎公众防护指南》等电子书，其内容均可线上免费阅读；人民出版社提前推出了主题图书《中国疫苗百年纪实》电子书，并在学习强国、掌阅、亚马逊及人民出版社读书会等多家数字平台同步上线，免费供公众阅读；《抗疫期间中小学生及家长心理防护手册》电子书于2020年2月7日在线上发布，有声书同步上线喜马拉雅。

根据开卷数据显示，数字内容平台新增用户数量相比一般时期有超过20%的增长，甚至有的平台新增用户数相比一般时期增幅超过300%。同时，日均活跃用户数也有10%～30%不等的增长，且用户使用时长也有明显提升。因此，不同于全民阅读线下产业的资金流断裂危机，相反地，对于线上数字内容平台及“听书”行业来说，基于疫情防控需要的“宅家隔离”策略反而为平台发展提供了机遇。那么，疫情影响下我国听书产业迎来了哪些变化与转向？又如何在线下内容生产平台不景气的当下脱颖而出？本章节将以我国移动听书平台为主要研究对象，分析新冠肺炎疫情下我国“听书”行业的破与立。

一、疫情之下“听书”的三大挑战

受新型冠状病毒引起的肺炎疫情影响，2020年春节期间最奢侈的两个字是——“出行”。这不仅对音频、视频等娱乐休闲行业造成了影响，更深刻冲击了全国国民经济的发展总态势。在经济整体下行的大背景下，三大挑战冲击着“听书”行业。

1. 现金流吃紧，“听书”产业链遇危机

听书平台作为完全依赖于互联网兴起的移动App，乍看之下似乎受疫情波及较小，但继续深挖则会发现，听书产业早已成为媒介融合、供需链接的内容提供模式中的重要一环，听书产业生产链条上下游企业的兴衰都会为音频平台折射出疫情的冲击。如同实体书店的困境一般，“听书”产业链中流动资产储备不足的企业也会因现金流吃紧而面临经营危机。以“听书”平台的上游内容提供商为例，无论是传统出版商还是数字阅读平台，版权运营收入都成为占据其收入半壁江山的核心业务，尤其是热门影视IP转化，更是为其带来了巨额收益。然而疫情期间，电影撤档、影视剧停拍、综艺节目延迟录制，就连一年一度的盛事——春节联欢晚会都开启了无观众模式。在全国最大的影视拍摄基地

横店，春节期间大约 30 个剧组、6000 多名工作人员只能暂停拍摄。影视业拍摄停摆意味着影视公司现金回流受阻，自然使得出版阅读机构的版权收入和尾款结算面临严峻挑战。如此一来，行业企业面临洗牌风险，听书平台优质内容资源的供给受到影响。同时，听书产业下游企业也遭遇了销售寒冬，听书衍生产品无法实现变现，听书平台的业务拓展也停滞不前。总体而言，在经济一体化的当下，覆巢之下安有完卵？听书产业受到影响在所难免。

2. 经济大环境走弱，抑制用户内容付费

如果说产业链受挫为听书平台带来的是间接影响，那么经济大环境走弱则直接降低了听书平台的主要收入来源——内容付费。内容付费是与版权转化并行的、听书平台核心收入的两驾马车之一，也是提高市场占有率、扩大行业影响力的根本之所在。从用户规模扩大化转向活跃用户付费化成为近年来听书平台的发展方向与目标。然而受疫情影响，经济大环境下行，各行业吃紧，听书平台的用户中有较大一部分人，比如企业员工、自由职业者、第三产业服务人员等，全部陷入了停产停工的恐慌与焦虑中，因为宅家就意味着没有收入。因此，这必然导致这部分用户的消费趋于保守，从而引发了内容付费率的相对下降。对于听书平台来说，版权收入降低是不以其意志为转移的外界因素，为了维护平台现金流运营，必然会将发力点放在用户内容付费上，这是可以调控的部分。为了最大程度地拉动用户的消费意愿、充分挖掘用户的消费潜力，听书平台必须要不断调整经营策略，将全场景营销、会员福利和套餐智能化作为经营重点，不仅为用户提供全场景联动的听书体验，更好地满足其需求，而且要以更加精准、经济的会员福利与套餐设置满足不同人群的心理预期，搭配出更加丰富多样的付费选项，引导用户进行消费。

3. 视频平台竞争，引发流量与用户流失

听书产业的发展与快节奏生活状态下用户的碎片化阅读需求密不可分。“听书”能够满足用户零散时间下随时随地获取信息与知识或消遣娱乐的需求，在一定程度上说，它补足的是视频平台在时间上、方式上、场景上的短板。然而新冠肺炎疫情形成的“宅家经济”为视频平台引流构成强大利好，视频平台超强的内容黏性再次发挥了强大的竞争力，成为用户消遣娱乐的主要方式。同时，对于疫情信息与发展状况的解读、各地抗“疫”奋战一线的完整呈现、普通民众疫情当下的生活与精神状态，都通过视频平台得到了更好的表现与诠释，成为人们的关注点。因此，虽然移动听书平台的线上流量和用户黏性也呈整体上涨趋势，但丧失了独特优势的听书还是在一定程度上被各大视频平台强势抢夺了一部分活跃用户。音频与视频的差异化竞争在所难免。听书平台必须通过优质、创新的内容资源来稳定活跃用户，维护用户黏性，同时深挖“银发群体”、三四线城市尚存的下沉市场余量，为这部分用户提供更具契合性、更具吸引力的体验与服务，从而从根本上获得增量流量。另外，音频与视频的内容合作成为大势所趋，听书平台也应该积极探索与视频网站在差异化竞争下的内容合作，从短视频入手，进行业务拓展的探索，借助视频内容优势双向赋能。

二、疫情之下“听书”的三大机遇

祸兮福所倚，福兮祸所伏，即使疫情肆虐也不例外。对于移动听书行业来说，三大挑战中同样蕴含着三大机遇。宅家经济带来的线上红利、优质内容创作的集中呈现、战“疫”倡议书下的口碑提升，都成为黑色疫情下听书平台发展的契机与闪光点。

1. 宅家经济带来线上红利

抛却疫情的特殊原因，从好的方面考虑，2020 年其实是一段让全体国民印象深刻的“休闲”时光。即使是在春节期间也免去了拜年、串门的奔波，不论年龄、不论行业地全部一致宅在家中，得以静静地享受了一段难得的阅读时光、听书时光。宅家经济促进了综合阅读平台与移动听书平台用户使用时长和流量的显著增长。根据易观千帆对疫情期间综合阅读用户规模及黏性的统计分析，从 2019 年 12 月到 2020 年 2 月，综合阅读平台月活跃用户数分别为 30274 万人、30188 万人、31896 万人，平台使用时长分别达到了 993562 万小时、995033 万小时、1077610 万小时。总体来说，用户使用时长环比增长 8.3%，月活跃用户数增长 5.7%，红利明显。另外，对于移动音频平台的统计发现，在 2020 年 1 月、2 月期间，移动端音频应用人数分别为 1.12 亿人和 1.14 亿人，到 2020 年 3 月，移动音频 MAU 为 1.30 亿人，环比增幅达到 14.5%，为 2018 年 1 月以来的最高值。以喜马拉雅 FM 为例，2020 年 3 月，其活跃用户规模位居移动音频应用榜首，达到了 8661.0 万人，用户启动次数达到了 341965.6 万次，用户使用时长达到了 44545.8 万小时，维持并巩固了音频平台竞争格局中的超级地位。这些都说明，疫情期间移动端音频应用在已获得稳定用户群体的同时实现了持续扩张。总体来说，宅家经济为移动听书产业带来了线上红利，实现了赋能，促进了听书平台在疫情挤压下的突破与蜕变。

2. 优质内容创作集中产出

听书平台用户规模与活跃度的增长必然带来内容需求的提升，而疫情时期的全民居家恰恰让潜在的或者兼职的音频主播有了足够的空闲时间进行音频创作，在客观上促进了优质内容的集中产出，从而使得听书平台的内容供与需达到了较好的契合。听书产业优质内容的集中产出主要得益于 UGC 模式下用户的积极参与和 PGC 模式下 MCN 的运营与发展。具体来说，在以 UGC（用户生成内容）为主打的移动听书平台，大量用户在疫情期间自得其乐，或者进行了首次尝试，或者完成了内容创作的精进与拓展，从而将制作音频、与粉丝互动当成了娱乐消遣与排解焦虑的主要方式，实现了高产、优产。同时，疫情期间听书产业将源于国外的成熟的 MCN 网红经济运作模式发挥到了极致，借助多频道网络的产品形态，将 PGC（专业内容生产）内容联合起来，在资本的有力支持下，保障了内容的持续输出，最终实现了稳定变现，促使内容付费凭借 34% 的比例成为听书平台重要的收入增长点。根据喜马拉雅 2020 年年初的统计，2019 年平台主播数量达到 1000 万 +，MCN 主播数量增长 779%，平台专辑数量达到 2000 万 +，MCN 专辑数量增长 140%。总体来说，疫情促使潜在的、活跃的用户参与到了创作中来，推动 MCN 在听书领域中的应用与完善，再加上听书平台本身对于优质内容的深入探索，最终收获了优质内容创作数量与质量的双高增长。

3. 行业战“疫”倡议发出

新型冠状病毒感染的肺炎疫情牵动着 14 亿国人的心，在全国上下众志成城抗击新型冠状病毒肺炎疫情之际，2020 年 1 月 30 日，由中国音像与数字出版协会数字阅读工作委员会提议、中国音像与数字出版协会发起了《数字阅读行业战“疫”倡议书》，呼吁全行业积极响应当前疫情防控工作，集结数字阅读行业力量共同战“疫”，为抗击疫情、稳定民心、增强信心、鼓舞士气贡献力量。倡议主要包括两个部分：第一，为用户提供免费阅读服务。加强优质内容供给，助力公众充实居家精神文化生活，充分发挥阅读平台的主体责任，为抗击疫情贡献企业社会责任。2020 年 2 月 1—29 日，各数字阅读企业精选优质内容供全国用户免费阅读。第二，传播防疫知识内容。持续响应社会关切，扎实有效作好舆论引导，助力公众及时了解疫情防护科学知识内容，加快上线并免费传播疫情防护相关专题电子书和有声读物，为疫情防控工作提供有力支撑。倡议发出后，喜马拉雅、凯叔讲故事、懒人听书、蜻蜓FM等为代表的移动听书平台，咪咕、掌阅、阅文集团、得到、连尚文学等为代表的数字阅读平台，高等教育出版社、中信出版集团、中国少年儿童新闻出版总社等为代表的传统出版机构，60余家数字阅读平台及数字出版企业积极响应，充分体现了数字阅读行业的初心使命与责任担当，在正向引导、调动资源、履行职责、抗击疫情等方面作出了应有的贡献，极大地提升了行业的社会美誉度与认可度。

三、移动听书平台的战“疫”征程

2020年，新冠肺炎病毒袭来，各个行业面临突然性冲击，移动听书行业更因为其行业属性和内容触达形式，同时面临机遇与挑战。一方面，听书产业链遭遇重创，内容付费率相对下降，用户引流视频平台现象严重。另一方面，疫情带来的宅家经济又反向带来了听书线上红利，推动了优质内容的集中产出，尤其是《数字阅读行业战“疫”倡议书》的发出与拥护，更是树立起了行业乃至社会的标杆。在这场没有硝烟的战争中，以移动听书平台为代表的数字阅读出版企业和平台变不利为有利，化危机为转机，意气风发、斗志昂扬地打了一场漂亮的翻身仗，赢得了战“疫”征程中的阶段性胜利。

1. 推出免费阅读，践行疫情当下的使命担当

为了让人民群众了解疫情，正确面对疫情，弘扬社会正气，科学防控，理性应对，切实做好疫情相关知识学习和舆情工作的积极引导，我国移动听书平台充分发挥了精神文化生活主阵地、主力军的作用，通过发布免费内容、开设疫情专栏、缔结抗疫共同体等方式，为打赢疫情防控阻击战提供了有力支撑。

首先，响应《数字阅读行业战“疫”倡议书》的号召，各大数字阅读与听书平台在最短时间内整合了大量优质资源，制作上线了“免费阅读，共克时艰，取得战‘疫’胜利”阅读专区，在倡议书发出后短短5天的时间内，精选各平台电子书和网络文学作品数10万种，有声读物约4万种，音频约40万个，视频约10万段/集，课程约18000门近10万个小时，另外还包括近些年积累的大量学术文献和杂志等优质内容。上述所有资源自2020年2月1日起至2月29日，供全国用户免费阅读。在疫情爆发之初，喜马拉雅即宣布向所有用户免费赠送14天VIP会员，可免费畅听10000+本有声书、400+位大咖课程以及各类热门内容。同时，喜马拉雅旗下App会员，如喜马拉雅儿童版App、顶空

App 等会员全部免费。这种福利形式丰富了用户的居家生活，满足了其精神需求，也在一定程度上缓解了疫情带来的焦虑。

其次，各大听书平台均上线了抗疫专区，以平台自制、联合出品等多种形式，通过专家、明星、主播等多维助力，整合权威媒体报道及权威机构发布，向用户传递权威信息和可靠防护措施，助力抗击新冠肺炎疫情。如蜻蜓 FM 在其“战疫情”专区开展疫情动态、疫情科普、限免听单、7×24 小时网上免费线上义诊等服务，同时整合中央人民广播电台、新华社、人民网、武汉疾控等权威媒体机构信息，自制科普节目《抗击疫情 权威科普》，为用户提供积极的信息服务和文化娱乐内容。喜马拉雅 FM 开设“抗肺炎”专栏，联合 55 位明星主播倾情献声《新型冠状病毒感染防护》特别节目，并联合华大基因上线《战疫》专题节目，联合平安好医生推出免费咨询公益活动，联合多位专家进行抗疫相关主题直播，联合多位明星打造公益科普节目，联合教育资源与合作生态打造儿童精品课程助力孩子们“宅家抗疫”停课不停学。

再次，各大听书平台通过各种形式的活动号召用户共同抗疫，使其紧密联结成为抗疫情感共同体。荔枝 FM 推出了“春节陪伴计划”，邀请李霄云、卢思浩等明星与平台主播一起，每晚以聊天、唱歌、脱口秀等方式，陪伴所有宅在家中的荔枝用户，用他们温暖的声音、坚定的信念传递希望。同时，荔枝 FM 启用“录音声援”模块，还提供了为前线加油鼓劲的文稿，供用户充分发挥声音才华，为前线声援。其中《武汉加油，中国加油》短文，短短两天便有一万名用户参与朗读，一起用声音为武汉加油。另外，荔枝 FM 在完成捐款捐赠的同时，还上线了“一起加油”“抗击肺炎”“春风暖心”等特殊的虚拟礼物，并承诺爱心礼物的全部收益将全部捐出用于抗击疫情，支援医护人员前线战疫。类似的还有喜马拉雅 FM，其上线了由“学习强国”总编辑刘汉君撰写的诗歌《致敬武汉人民》，并发起了全民读诗朗读活动，声援“抗疫”传递温暖。通过类似这样的方式，参与用户既能尽己所能声援一线抗疫人员，又在激情澎湃、豪情满怀的斗志中结成了特殊的情感共同体，用户黏性大大增强。

2. 开展精准营销，内容加开放打造音频生态

在集中优质资源奋力抗疫的过程中，我国听书平台展示了应有的胸怀与气度。同时，在借力疫情反击发展的谋划中，各大听书平台积极应战、精准营销，以内容扶持加平台开放的模式实现了音频生态的打造，显示了经营的理念

与智慧。

2019 年 12 月，智能车载音频服务商“听伴”完成由四维图新主导的新一轮融资，并就车载娱乐系统等领域与四维图新旗下四维智联达成合作。听伴的前身是 2013 年上线的音频品牌考拉 FM，其发展融合了自身丰富的电台运营经验与车载音频制作经验，是专业的智能车载音频服务商。听伴倾力打造了 K-radio、品牌电台两个核心产品，一方面将内容集成并分发到车载场景中，另一方面针对车企进行内容的定制化生产，最终形成内容方和车厂互利互惠、共享收益的商业模式。听伴的发展是在互联网红利结束期对于新兴车联网市场的准确把握与探索，其将车载市场作为主要发力方向，致力于“做强场景中的强媒体”。

2020 年 1 月，UGC 音频社区荔枝（原荔枝 FM）在纳斯达克正式挂牌上市，股票代码“LIZI”，成为中国音频行业第一股。荔枝始终将目光瞄准语音直播和 UGC 社区，形成了直播社交、付费内容、粉丝会员、游戏联运等多种商业模式，创立六年终于迎来了敲钟时刻。根据招股书显示，荔枝已拥有超过 2 亿累计用户，2019 年第三季度月均活跃用户数超 4660 万，拥有超过 570 万月活跃内容创作者。通过技术赋能音频社区，荔枝将不断创新音频产品形态并拓宽新的商业模式，通过音频创造与分享将世界人民联结在一起，以打造全球化的音频社区。

2020 年 3 月，蜻蜓 FM 在内部信中宣布，公司获得了来自小米的战略投资，双方将建立更加紧密的战略协同关系，共同探索打造 AIoT 时代的智能音频生态。在此前的 2015 年 1 月，蜻蜓 FM 就曾获得过小米科技、顺为资本等的数千万美元的 C 轮融资。蜻蜓 FM 作为一家电台音频聚合平台，收录了中国大陆、港澳台地区、海外地区等世界各地的广播电台，内容支持用户在线收听，也支持用户下载后收听，用户还可以与主播在微社区和直播专区实时互动。2019 年，蜻蜓 FM 发布了全场景音频生态的成绩单，MAU 1.3 亿，日收听时长 2500 万小时，更在直播年终盛典和会员日活动等方面屡破纪录、再创新高。未来，蜻蜓 FM 将与小米、百度以及阿里巴巴等战略投资方一起，继续共同推动全场景音频生态建设。

2020 年 4 月，喜马拉雅 FM 大手笔频出。先是直播发布了“春生计划”，针对优质公会、MCN 机构、声优工作室推出包括分成改革、流量升级、生态赋能、版权加持、工会培养、主播输送等在内的六大扶持政策，共计投入10亿流量，计划在2020年打造100家年收入过千万的声音机构。本次计划对喜马拉雅而言，意味着继知识付费、有声书之后，语音直播成为其发展的第三级火箭；对行业而言，则意味着音频直播已成为“耳朵经济”的新蓝海。2020年喜马拉雅第三届“423听书节”期间，喜马拉雅与26家出版机构达成了战略合作，协同开发音频产品，拉开了有声书“供给侧改革”的大幕。喜马荐课官李海峰携喜马拉雅出品的重磅课程《全球精英的5分钟成长学院》，直播1小时卖出超1万单，内容消费额超200万元。喜马拉雅还发布了“有声图书馆计划”，出版机构可由此获得更多流量，开辟新的营收渠道。

总之，各大移动听书平台面对疫情不畏惧、不退缩，既践行了优质企业在引领社会导向共同抗“疫”中的使命担当，又发挥自身优势打造了独具特色的音频生态蓝海。2020年第一季度，有声阅读人数同比增长63%，有声阅读总时长同比增长100%。这是我国移动听书平台在与疫情抗击中打出的漂亮翻身仗，更是在特殊当下交给用户的满意答卷！

第四节　新冠肺炎疫情下“数字新声活”的探索：以秦皇岛为例

2020年年初突如其来的新冠肺炎疫情，不仅为全民阅读的方式方法提出了新标准，更为如何凝心聚力不断提高民众尤其是青少年的思想文化建设提出了新的更高要求。那么，如何在疫情背景下庞杂的国际国内声音中牢牢把握意识形态建设，推动全民阅读活动的持续开展？如何在疫情当下将移动听书与民众的具体生活紧密结合起来，以政府为指导开展“数字新声活”的探索？本书的最后，笔者将以秦皇岛市为例，就“共抗疫情，阅读相伴，牢牢把握意识形态话语权”的主题，具体深入地提出构建秦皇岛市全民阅读“数字新声活”的建议。

秦皇岛是首都经济圈的重要功能区、京津冀辐射东北的重要门户和节点城市，更是国家历史文化名城、中国唯一一个因皇帝帝号而得名的城市，还是拥有13所高等院校、80余名享受国务院特殊津贴专家、15万名在校大学生的国家创新型试点城市。秦皇岛可谓人杰地灵、资源优势突出。疫情当前，围绕着“举旗帜、聚民心、育新人、兴文化、展形象”的使命任务，秦皇岛市更应因时而变、随时而制，根据疫情需要采取新的举措，健全支持开展群众性文化活动机制，推动基层文化惠民工程扩大覆盖面、增强实效性，以"倡导全民阅读、迎接数字新声活"为突破口，在优质自然人文资源的基础上，培育新型文化项目开发，为建设一流国际旅游城市营造良好氛围。

一、新冠肺炎疫情为秦皇岛全民阅读提出新任务新挑战

2020年，河北省提出要推动《河北省全民阅读工作条例》出台，深化"美丽河北·书香燕赵"系列主题读书活动，完善公共文化服务体系。秦皇岛市也指明，要进一步开展全民阅读活动，开放"沙滩书吧"，办好惠民书市，深化农家书屋延伸服务。这也是对秦皇岛市委十二届四次全会精神中关于"牢固树立以人民为中心的发展思想，合理安排民生项目，扎实办好民生实事"，不断提高群众获得感、幸福感、安全感的深刻解读与回应，更是筑牢基层意识形态阵地建设的最优路径。

秦皇岛市在全民阅读工作中已经有了一些成绩与尝试。2018年4月，"书香秦皇岛"全民阅读活动全面启动。2019年9月，秦皇岛图书馆承办的"读经典、学新知、链接美好生活"图书展暨"秦皇岛市第三届全民阅读活动摄影大赛"摄影作品展举行，这也是秦皇岛市第十届读书节的系列活动之一。另外，秦皇岛还开展了名家讲座、图书交换跳蚤市场、移动阅读亭等形式各样的全民阅读活动，"书香秦皇岛"的文化品牌正在日益擦亮。

但是必须承认，秦皇岛全民阅读活动在举办过程中还存在参与度低、影响力弱等问题。同时，突如其来的新冠肺炎疫情也为秦皇岛市全民阅读活动的开展提出了新任务、新挑战。

（1）根据专家的解析，新冠肺炎疫情在国内得到全面控制只是这场战役的上半场胜利，国外确诊患者向境内的输入是下半场面临的严峻考验，也即是说，在复工复课、恢复正常生活后较长一段时间内，仍要保持安全的社交距离。曾经以讲座、展会为主要形式的全民阅读未来将以何种形式开展，成为需要思考的问题。

（2）疫情当前，各类价值观念和理想信念的冲击与碰撞凸显了社会主义文化价值体系的重要性。全民阅读拥有天然的文化教育优势，其工作的开展不应停，也不能停。如何对全市人民尤其是青少年进行正确的价值理念传播，维护社会主义核心价值观，把握意识形态领域的话语权，成为秦皇岛市全民阅读工

作开展的重点之一，也是难点之一。

二、三大主体共推秦皇岛全民阅读“数字新声活”

随着 VR（虚拟现实）、人工智能、大数据等技术的应用，进一步丰富和提升了数字阅读的应用场景和用户体验，促使致力于“耳朵经济”的听书平台脱颖而出，日益成为更多人的全新选择。三大主体联合，共促“听书”的推广与扩展，成为疫情之下的必然选择，也将为秦皇岛全民阅读的发展迎来“数字新声活”。

三大主体包括：（1）文化事业单位，主要包括图书馆、作家协会、出版社、广播电台等；（2）有声书平台，包括喜马拉雅 FM、蜻蜓 FM、懒人听书等主要听书 App；（3）学校，主要是以各类中小学生为对象。由三大主体共推的秦皇岛“数字新声活”服务链条如图 6-5 所示。

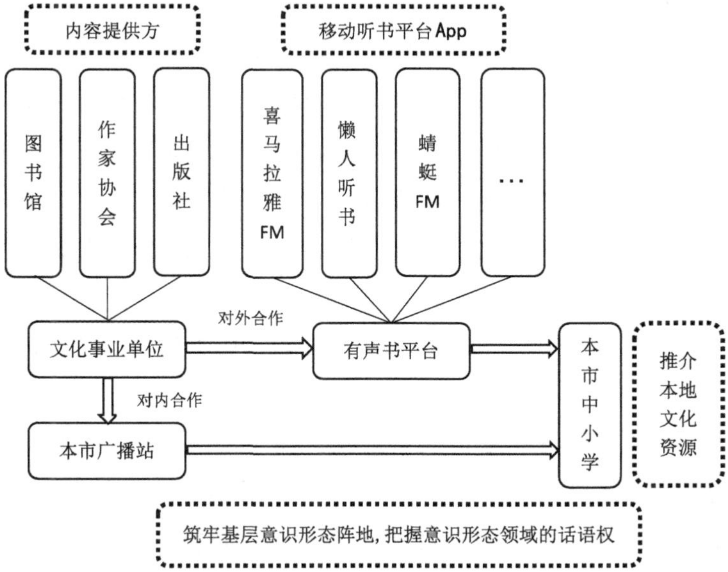

图 6-5　三大主体共建秦皇岛“数字新声活”

1. 秦皇岛文化部门塑造与衍生知识型 IP

IP（I Park in Your Mind），即具象化的品牌，是指“能凭借自身吸引力挣脱那些单一平台束缚的内容”，简而言之就是可以在多个平台分发的内容品牌或人物。秦皇岛作为历史悠久的文化古城，拥有丰富的天然 IP 资源，比如流传千年、哭倒长城的忠贞女子孟姜女，挥斥方遒、亲临碣石的中国第一位皇帝秦始皇，底蕴丰厚、久负盛名、实现中原农耕文化和北方游牧文化多元结合的孤竹文化，等等。可以说，秦皇岛是一座既蕴含古都风韵又富有现代气息的文化都市，作为国家首批公共文化服务体系示范区，其山海文化、长城文化、旅游文化、民俗文化特色鲜明，中西多元文化交融汇聚，城市文化印记俯拾皆是；秦皇岛拥有优质的内容生产平台，全市共有公共图书馆 8 个，群众艺术馆、文化馆 8 个，文化站 106 个，海港区、开发区、抚宁、北戴河等区县均有作家协会组织，并拥有冀东唯一一家出版社——燕山大学出版社，等等。另外，全市共登记不可移动文物 619 处，全国重点文化保护单位 11 处，文物藏品 5000 多件，拥有在册非物质文化遗产 97 项，国家级 5 项。长城博物馆、玻璃博物馆、港口博物馆、北戴河博物馆、轮滑博物馆、青龙民族博物馆等 12 个博物馆不仅承载着这座城市的历史文明，也成为与世界交流的平台。

秦皇岛市要借助以上这些优质的文化生产平台，加强优秀作品的创作生产，进一步完善创作出版扶持和激励机制，对现有文化资源进行深度开发。充分发挥市文联、图书馆、作协的作用，将本地流传的故事传说整理成文，增添故事性、趣味性，进行有声化改编；搜集已经出版的、与秦皇岛市有关的诗歌、散文、小说等，筛选出作者影响力较大或者内容广受好评的作品，依托原有粉丝群进行有声转化。最终，通过作品的有声化传播，塑造知识型 IP。

2. 与内部广播电台和外部听书平台合作

在秦皇岛市知识型 IP 基础上，要积极寻求与听书领域的合作，广泛开展多渠道分发。

在内部，可以依托秦皇岛市自建广播电台，加强对精品力作的宣传推广。秦皇岛市目前拥有县级以上广播电台 5 座，自办广播节目 9 套，有多位深受听众喜爱的电台主持人。完全可以开辟专门的秦皇岛文化传播专栏，由主持人朗读或者播放本土热门 IP 内容，既可以是连载小说，也可以是诗歌散文，从而不断扩大秦皇岛的文化影响力，并进一步在潜移默化中提升市民阅读的质量和水平。

在外部，可以通过与移动听书平台的合作，为秦皇岛打造崭新的城市名片。目前比较有影响力的三大听书平台主要是喜马拉雅 FM、懒人听书、蜻蜓 FM，三者侧重点各有不同。喜马拉雅是综合性听书平台，用户数量最多、影响力最大，它开通了各大城市的本地专栏，但是真正本土化的内容却并不多。因此，可以不断充实、完善“秦皇岛”专栏，将整理的有声内容汇总连入，持续打造文化品牌；懒人听书是立足版权的垂直听书平台，可以谋求与本市已出版内容的有声化版权合作，进一步扩大作品传播范围。例如由董耀会所著的《长城：追问与共鸣》一书，首次全面翔实讲述了长城历两千年的修造史，全景展现了长城文化价值与中华文明之关系，非常适合与懒人听书进行合作传播；蜻蜓FM与高德地图合作推出了“声随大咖、听游天下”的城市文化地图解读栏目，秦皇岛完全可以参与其中，借助专业主播大咖的推介，全方位展示本地独有的特色资源与旅游优势，不断发展集群化的听书用户，即使在疫情当下，也能足不出户游遍秦皇岛，这将为本地旅游产业积聚大量的潜在消费对象。等到春暖花开，亲自来秦皇岛看看可好？

3. 以中小学校为主要对象进行内容分发

将中小学生作为主要对象，原因有四：第一，疫情当下，学校尚未复课，通过听书方式阅读既有利于让孩子养成良好的学习习惯，又能保护孩子的眼睛免受电子产品侵害，还能利用听书平台的“青少年模式”保障其听书秩序与上网安全；第二，少儿阅读是全民阅读的基础，秦皇岛全民阅读应坚持少儿优先，培育阅读兴趣、阅读习惯、阅读能力必须从小抓起；第三，土生土长的秦皇岛人应该了解本地的文化与传统，热爱源于了解，只有对秦皇岛“知根知底”，才能为身为一个秦皇岛人而自豪，才能成为宣传秦皇岛的积极介绍者与传播者；第四，疫情凸显了价值观念与理念的冲击碰撞，秦皇岛市全民阅读推介的内容能够传递积极向上的正能量，引导青少年热爱家乡、热爱祖国，从小形成正确的价值观念。

截至2018年年末，秦皇岛市共有小学419所，招生数3.79万人，在校生20.57万人。普通中学158所，招生数4.90万人，在校生14.12万人。特殊教育学校5所，招生数95人，在校生640人。中等职业教育学校42所，招生数1.08万人，在校生3.29万人。秦皇岛市的全民阅读重点工作应当不断实现下移，以38万中小学生为主要对象进行内容分发，以学校为单位进行移动听书平台秦皇岛本地文化资源内容的推介，设立打卡转发奖励机制，连续完成打卡并转发朋友圈的，依据相应奖励规则兑换奖品，如可以兑换原版图书或移动听书平台阅读币等，以充分调动本市少年儿童的阅读积极性、主动性和创造性，鼓励孩子们参与进来、加入进来。

另外，全民阅读还可以尝试采用直播形式，积极联系作者、译者、学者、金牌荐书人等专业人士，通过这种新奇、接地气的推广方式积聚流量，打造品牌。同时，以实体书店为代表的相关机构还可以尝试开拓更多元的经营路径，如“宅家逛书店”、文创开发，在外卖平台上线“点餐”送精神食粮等。总之，不同阅读领域业务各有侧重，除了政府扶持外，还应不断升级产品线，逐步从有形产品拓展到课程、知识、服务等无形产品。

正如法国文学家罗曼·罗兰所言：“和书籍在一起，你永远不会叹气。”全民阅读功在当代、利在千秋，是应当长期坚持、大范围普及的一项惠民工程。秦皇岛应持续转变全民阅读活动思路，更新移动互联传播方式，共抗疫情、阅读相伴，在牢牢把握意识形态话语权的同时，努力迎接秦皇岛全民阅读的“数字新声活”！

结　语

根据喜马拉雅FM与新华社联合发布的《有声阅读趋势报告》显示，我国人均收听有声书专辑数稳步上升，2019年全年，人均收听专辑数达到10.7本，而在2020年第一季度，人均收听专辑数就已经达到5.6本，预期2020年全年可能是2019全年的2倍。

以上数据称得上是我国移动听书行业在疫情冲击下提交的亮眼答卷。自新冠肺炎疫情爆发以来，我国全民阅读各相关领域与机构坚守文化使命，舍小利、担大义，不仅及时推出了一批抗疫主题图书，还迅速推出了一批电子书、有声读物，满足了人民群众多样化的阅读需求。尤其是以喜马拉雅FM、蜻蜓FM等为代表的移动听书平台，借助声音的力量传播防疫科学知识，讲述战疫一线感人故事，让人们心灵得以慰藉、精神受到鼓舞，更加坚定了战胜疫情的信心和决心。

2019年，我国音频市场规模达到87.72亿元，相比2018年增长56.5%。未来，市场增量空间将随着音频产品与盈利模式的日渐成熟、音频生态的效益精进而进一步打开，预计到2023年整体市场规模将超过340亿元。乘着行业发展的东风，借助此次抗击疫情战争中积累的宝贵经验，我国将以“听书”为主要方式坚持不懈地开展全民阅读，与时俱进、不断创新，在阅读方式拓展、阅读内容深化的基础上构筑我国全民阅读的“数字新声活”！

参考文献

[1] 蔡翔，王睿．从国民听书率看我国有声阅读产业发展趋势 [J]. 现代出版，2018（1）：65-70.

[2] 李淼．数字“新声活”：融媒场景中移动音频的知识传播与实践 [J]. 中国编辑，2018（9）：76-80.

[3] 柯佳秀，章小童，邓小昭．新媒体环境下大学生听书行为意向影响因素研究 [J]. 图书情报工作，2017，61（10）：101-109.

[4] 蒋娟，吴燕．出版业形态的有益补充——中国有声书发展研究 [J]. 中国编辑，2017（10）：26-31.

[5] 吴钊．中国式“听书”发展四阶段论 [J]. 杭州师范大学学报（社会科学版），2018，40（1）：116-122.

[6] 张鹏，王铮．“听书”形态的起源、发展与趋势——兼论图书馆面对新型音频资源的应对策略 [J]. 图书馆理论与实践，2016（3）：8-12.

[7] 陈爱香．数字化环境下高校图书馆移动听书阅读疗法研究 [J]. 图书馆工作与研究，2019（5）：107-111.

[8] 陈颖．电子听书资源建设与图书馆网络时代的发展 [J]. 图书馆工作与研究，2011（3）：54-56.

[9] 乔菊英．网络环境下图书馆举办听书活动初探 [J]. 新世纪图书馆，2009（3）：10-12.

[10] 申艺苑，袁曦临．图书馆用户朗读听书分享平台之构建研究 [J]. 图书馆杂志，2015，34（4）：52-56.

[11] 王笑语，华薇娜，柯青．听书还是看书？——信息媒体对低年级儿童阅读效果影响研究 [J]. 图书馆建设，2019（6）：117-127.

[12] 刘冰．我国地方县市全民阅读“数字新声活”的探索——以秦皇岛市为例

[J]. 科技传播，2020（10）：100-101.
[13] 范喆 . 数字化背景下的儿童有声读物出版营销策略 [J]. 编辑之友，2014（3）：33-35.
[14] 杨木容 .“用耳朵来阅读”：儿童阅读推广研究 [J]. 图书馆工作与研究，2016（11）：113-116.
[15] 赵丽华 . 从朗读到有声阅读：阅读史视野中的“听书”[J]. 现代出版，2018（1）：71-76.
[16] 宋青 . 从广播长书到有声阅读——改革开放 40 年中国广播文艺发展媒介学解读 [J]. 出版发行研究，2018（8）：15-20.
[17] 蔡骐，丁雨婷 . 个体选择 • 产业创新 • 社会嵌入——考察听书现象的三个维度 [J]. 中国编辑，2019（11）：8-12.
[18] 杨航 . 我国“听书”产业在网络下的发展和标杆性策略分析 [J]. 编辑之友，2011（8）：73-76.
[19] 方海博 . 新技术环境下碎片阅读的新选择 [J]. 人民论坛，2019（34）：138-139.
[20] 尚硕彤，蒋若晴 . 基于我国移动有声 App 平台发展视角的公共图书馆有声阅读服务现状与分析——以宁夏地区公共图书馆为例 [J]. 图书馆理论与实践，2018（12）：71-75.
[21] 李林华 . 我国移动听书 App 的发展对建设移动有声图书馆的启示 [J]. 图书馆工作与研究，2018（10）：69-74.
[22] 蒋晶 . 提升听读软件传播效果策略分析 [J]. 中国出版，2017（22）：41-44.
[23] 刘艳 . 开辟阅读蓝海：“听”经济时代下公共图书馆阅读推广策略研究 [J]. 图书馆建设，2017（11）：85-91.
[24] 吴钊，杨垒垒 . 中国移动听书研究：历史源流与现实图景 [J]. 现代传播（中国传媒大学学报），2018，40（3）：151-157.
[25] 刘冰 . 新时期移动“听书”的挑战与机遇探析 [J]. 新媒体研究，2020（10）：95-96.
[26] 孟丹丹 . 移动互联时代有声读物的发展现状、问题与对策 [D]. 开封：河南大学，2016.
[27] 侯润章，赵鹏 . 有声读物在移动互联时代的发展潜力 [J]. 通讯世界，2015

（17）：39.
[28] 傅乃芹 . 移动互联时代有声读物发展潜力研究 [J]. 中州学刊，2015（6）：174-176.
[29] 施勇勤，甘露 . 懒人听书出版经营管理模式探析 [J]. 出版科学，2018,26(2)：96-100.
[30] 施勇勤，张玉璞 . 移动听书 App 现状与发展趋势探析——以“懒人听书”为例 [J]. 出版发行研究，2018（7）：12-18.
[31] 赵俊玲 . 阅读推广 [M]. 北京：国家图书馆出版社，2013.
[32] 戴联斌 . 从书籍史到阅读史 [M]. 北京：新星出版社，2017.
[33] 夏蒂埃 . 书籍的秩序 [M]. 北京：商务印书馆，2013.
[34] 邱璨 . 移动互联网时代我国有声读物创新发展策略研究 [D]. 保定：河北大学，2017.
[35] 孔凡红 . 全媒体时代有声读物的市场策略探究 [D]. 北京：北京印刷学院，2017.
[36] 新华网 .《全民阅读“十三五”时期发展规划》发布 [EB/OL].（2016-12-27）. http：//www.xinhuanet.com/politics/2016-12/27/c_129421928.htm.
[37] 未来智库 .2020 年中国互联网发展趋势报告 [EB/OL].（2020-04-08）.https：//baijiahao.baidu.com/s ？ id=1663310515422533057&wfr=spider&for=pc.
[38] 产品壹佰 .2020 中国移动阅读市场年度综合分析 [EB/OL].（2020-04-08）. http：//www.chanpin100.com/article/111272 ？ utm_source=tuicool&utm_medium=referral.
[39] 移动阅读 .2018 年度数字阅读白皮书 [EB/OL].（2019-04-22）.http：//www.199it.com/archives/864410.html.
[40] 艾媒大文娱产业研究中心 .2018 中国有声书市场专题研究报告 [EB/OL].（2018-04-24）.https：//www.iimedia.cn/c400/61220.html.
[41] 新知榜 . 新知榜 2018—2019 内容付费行业白皮书 [EB/OL].（2018-12-04）. https：//www.xinzhibang.net/art-441.
[42] 前瞻产业研究院 .2018 年中国数字阅读市场现状及发展趋势：有声阅读成为新增长点 [EB/OL].（2019-02-21）.https：//www.qianzhan.com/analyst/detail/220/190220-f47d7475.html.

[43] 艾媒大文娱产业研究中心 .2018—2019 中国有声书市场专题研究报告 [EB/OL].（2019-03-18）.https：//www.iimedia.cn/c400/63471.html.

[44] 出版人杂志 .2018 中国有声阅读行业发展趋势分析 [EB/OL].（2018-11-29）.https：//www.sohu.com/a/278655724_211393.

[45] 易观 .2018 中国移动阅读市场年度综合分析 [EB/OL].（2018-06-24）.https：//www.useit.com.cn/thread-19507-1-1.html.

[46] 易观 .2018 中国移动音频市场发展趋势洞察 [EB/OL].（2018-05-06）.https：//www.analysys.cn/article/detail/1001323.

[47] 艾媒大文娱产业研究中心 .2019—2020 年中国在线音频专题研究报告 [EB/OL].（2019-12-13）.https：//www.iimedia.cn/c400/67192.html.